Coursebook

Willkommen! 2
German
Intermediate course

Heiner Schenke

JOHN
MURRAY
LEARNING

First published in Great Britain in 2017 by John Murray Learning

ISBN 978 1471 80515 8
Impression number 10 9 8 7 6 5 4 3 2 1

The publisher has used its best endeavours to ensure that any website addresses referred to in this book are correct and active at the time of going to press. However, the publisher and the author have no responsibility for the websites and can make no guarantee that a site will remain live or that the content will remain relevant, decent or appropriate.

The publisher has made every effort to mark as such all words which it believes to be trademarks. The publisher should also like to make it clear that the presence of a word in the book, whether marked or unmarked, in no way affects its legal status as a trademark.

Every reasonable effort has been made by the publisher to trace the copyright holders of material in this book. Any errors or omissions should be notified in writing to the publisher, who will endeavour to rectify the situation for any reprints and future editions.

Cover image © Shutterstock.com
Illustrations by Barking Dog Art and Will McPhail
Typeset by Integra Software Services.
Printed and bound in Dubai by Oriental Press.

John Murray Learning policy is to use papers that are natural, renewable and recyclable products and made from wood grown in sustainable forests. The logging and manufacturing processes are expected to conform to the environmental regulations of the country of origin.

Carmelite House
50 Victoria Embankment
London EC4Y 0DZ
www.hodder.co.uk

Acknowledgements

The author would like to thank the various people involved in the project. He is grateful to Cecilia Bembibre, Federico Louhau and Marcella Gasche for their work on the video and to all the interviewees who kindly agreed to take part. He is also grateful to the reviewers whose input was invaluable, to his co-author of many years, Paul Coggle, and to Shirley Baldwin and Sarah Cole from John Murray for their continuing support and skilful management of this project. Thanks are due to Bruno Paul for his help and guidance in the preparation of this course and to his colleague Anna Miell for her invaluable comments, proofreading expertise and encouragement. He is also very grateful for the support of his family.

Photo acknowledgements

iStockPhoto.com: p3 diego_cervo, p6, p7 Okssi68, p9 thehague, p36 (right) Bernd Wittelsbach, p86 (right) eurotravel, p104 (left) Getty Images, (right) ZU_09, p108 (bottom) merrymoonmary, p171 maodesign.

Shutterstock.com: p1 Monkey Business Images, p8 (centre right) bikeriderlondon, (bottom left) mavo, (bottom right) Zurijeta, p16 (far left) g-stockstudio, (centre left, centre right) Daniel M Ernst, (far right) Pressmaster, p19 racorn, p20 (top) Monkey Business Images, (bottom) Phovoir, p21 gary yim, p23 (left) wavebreakmedia, p24 (top) struvictory, (bottom) wavebreakmedia, p32 (top) oneinchpunch, (left) View Apart, (bottom) Robert Kneschke, p33 (top left) View Apart, (top right) Daniel M Ernst, (bottom left) Dubova, (bottom right) Antonio Guillem, p36 (left) gary718, (centre Kzenon, p37 (top) Mariia Golovianko, (left) Wolfilser, (centre) Isaac Mok, (right) varandah, p38 solominviktor, p39 goodluz, p41 Iakov Filimonov, p48 (top left) wavebreakmedia, (top right) Jeanette Dietl, (centre left) Alexander Raths, (centre right) Africa Studio, (bottom left) Minerva Studio, (bottom right) Monkey Business Images, p51 (top) bikeriderlondon, (bottom) Monkey Business Images, p52 (right) CandyBox Images, (centre) wavebreakmedia, (right) **Lopolo**, p53 wavebreakmedia, p.57-59 Syda Productions, p67 (top left) LaMiaFotografia, (top centre) Tupungato, (top right) ilolab, (centre left) photo.ua , (centre) pisaphotography, (centre right) Ppictures, (bottom left) Oscity, bottom right canadastock, p69 (left) T.W. van Urk, (right) VanderWolf Images, p71 (top) Kulniz, (centre bottom left) 4kclips, p72 bikeriderlondon, p73 (top left) Robert Kneschke, (right) Jasminko Ibrakovic, (bottom left) mimagephotography, p77 bikeriderlondon, p84 (left) llaszlo, (top right) Wolfgang Zwanzger, (centre), p86 (centre) Bildagentur GmbH, (bottom left) Max Topchii, (bottom right) telesniuk, p90 (left) Kzenon, (right) Yauhen D, (bottom) Ugis Riba, p91 (top right) g-stockstudio, (centre left) racorn, (centre right) Daniel M Ernst, (bottom left) racorn, p95 (centre) r.classen, (bottom right) monticello, p96 (top) 211production, (bottom) puhhha, p97 (bottom left) Anna Pustynnikova, (bottom right) Contrail, p104 (left) bellena, (bottom) Heiko Kueverling, p108 (right) Featureflash Photo Agency, p109 (left) Maridav, p110 wavebreakmedia, p112 (top) Photographee.eu, (bottom) Ivan Cholakov, p113 (centre left) Rena Schild, (bottom right) Photographee.eu, p115 Adam Gregor, p116 Kzenon, p123 (top) Ataka, (centre) Jacek Chabraszewski, (bottom right) racorn, p124 (top) wavebreakmedia, (bottom) fizkes, p125 (right) ESB Essentials, (left) TunedIn by Westend61, p126 wavebreakmedia, p127 ProStockStudio, p129 (top left) Billion Photos, p129 (centre) wavebreakmedia, (bottom right) Alexander Raths, p131 Daxiao Productions, p133 Matej Kastelic, p134 (top) Vaclav P3k, (centre) Ralf Gosch, (bottom) gary yim, p135 goodluz, p136 (top) Yulia Mayorova, p143 (left) d13, (centre) WDG Photo, p144 (far left) mangostock, (centre left) racorn, (centre right) ruzgar344, p147 p148 (left) Botond Horvath, (centre) Patrick Poendl, (far right) goodluz, p151 View Apart, p152 Hadrian, p153 (top) George Rudy, (bottom) eldar nurkovic, p163 (top left) Georgios Kollidas, (top centre) 360b, (top right) Vlad1988, (centre left) s_bukley, (centre right) Everett Historical, (centre far right) Everett Historical, (bottom far left) neftali, (bottom far right) Monkey Business Images, p168 twoandonebuilding, p169-170 wong yu liang, p172 Monkey Business Images, p174 racorn, p176 (top) TonyV3112, (centre) Sergey Kohl, (bottom) Route 66, p177 (right) JurateBuiviene, (left) defotoberg.

Other:
P76 (top) Sue Ream, 1989, (bottom left) Bundesarchiv, B 145 Bild-P054320 / Weinrother, Carl / CC-BY-SA 3.0, (bottom right) Everett Historical, p147 Ian Mungall (right), p163 (centre far left) Public Domain, (bottom centre) Ronald Feldman Fine Arts - Ronald Feldman Fine Arts, CC BY-SA 3.0

Thanks are also due to the following for use of their material in this book:
P97 (left) WurstMeisterei, Meersburg, p97 (top right) GEFRO, (centre right) Naumann & Göbel Verlagsgesellschaft, (centre) marzipanland, p110 ©DEUTSCHE WELLE, p113 DaWanda, p136 (top) worldlottos, p145 (top) Bundesregiergung, p150 Uwe Karwath © 2007, p153 (centre) Der Spiegel, p167 CreateSpace Taschenbuch, p170 (bottom) ©Studieren in Deutschland, p175 (bottom) Adidas group.

Introduction

Welcome to Willkommen! 2

This exciting course for adults is the continuation of the best-selling **Willkommen!** level 1. It is aimed at learners with a basic knowledge of German who are looking to reach an intermediate level, whether for work, pleasure or other purposes, and takes students from A2 to B1+ of the Common European Framework of Reference (CEFR).

Specifically designed for classroom use, **Willkommen! 2** will also be invaluable as a revision course for those wishing to brush up their language skills, for one-to-one instruction or self-study.

The approach aims to involve the student as much as possible in the learning process. The course is built around interesting and authentic topics relevant to everyday communication needs. The materials reflect the ongoing concerns of people living, studying or working in German-speaking countries and cover a wide range of topics and contemporary issues, such as aspects of work, health and fitness or media habits.

All four language skills – listening, speaking, reading and writing – are developed, along with an appreciation of culture. The emphasis is on using German fluently, but the course also aims to provide insights into how the language works, so you can make it your own and thus create meaning from the very first lesson.

The coursebook is made up of 10 chapters **(Kapiteln)**, a list of irregular verbs followed by a glossary of grammatical terms at the end of the book, with a German–English **Glossary** available online. Every chapter is divided into three parts, each introducing a different theme. Chapters are organised as follows:

Learning aims	At the start of the chapter, a text box highlights the language to be covered, both in terms of what you will be able to communicate in German by the end and the grammar points to be studied.
Language presentation	New language is introduced through dialogues and reading texts, many of which are recorded on the CDs which accompany the course and are available separately. To make sense of new language, **Vokabeln** and **Tipp** boxes draw attention to specific meanings or language patterns.
Listening and reading	The listening passages prepare you for understanding German as it is spoken in fluent conversations between native speakers and in radio or TV broadcasts. The conversations or interviews in the coursebook are recorded on the audio CDs (see below). For students who have access to the CDs and those using them for revision or self-study, it is recommended that you try to understand the listening passages first without reading the scripts. The reading texts are adapted from authentic print and web sources and are designed to gradually increase your comfort level with more formal, journalistic uses of German.

Language help	New language forms (the grammar) are brought into focus throughout each chapter. Explanations draw on the language you have just read or heard, so there is always a context for applying language rules.
Practice	Practice is graded. Activities are sequenced to go from *recognition* (how much is understood) to *production* (how much can be independently spoken or written) in German.
Grammatik	This section summarises in German all the grammar from the chapter. It can be used as a reference or opportunity to check understanding of the patterns through more examples.
Mehr Übungen	These are further activities designed for review and consolidation. They allow you to demonstrate how the vocabulary and language patterns presented in the chapter have been absorbed.
Deutschland-Info	These vignettes offer additional information on important aspects of German culture or daily life in Germany. They are designed to spark an interest and awaken a desire to know more about, for example, migrant workers in Germany, the history of the Berlin Wall or regional foods.
Video activities	**Willkommen! 2** is supported by a video programme (see below). The 10 videos on the accompanying DVD expand on the themes in each chapter by featuring authentic interviews with native German speakers. Linked exercises at the end of the chapter will enable those with access to the videos who wish to go beyond the more controlled language on the audio programme to increase their vocabulary and improve their understanding of German spoken at full speed.
Self-check	Rounding up the exercises, a self-check box allows you to tick the items you have learned and the language functions you are able to perform in German. It is recommended that this opportunity is used to monitor progress before starting on the following chapter.
Vokabeln	At the end of every chapter, a bilingual list of new terms that have been presented allows you to review and test yourself.

A separate **Support Book** containing the answers to all closed-answer exercises, the scripts of the audio and video recordings along with further information on how to use the videos is available online at www.hodderplus.co.uk/willkommen.

We hope that making progress in German with **Willkommen! 2** will be enjoyable. Mastering a new language takes time and perseverance, but it should also be fun!

Willkommen! 2 CD & DVD Set (contains 1 DVD, 2 CDs)

Wilkommen! 2 Course Pack (contains a coursebook, 1 DVD, 2 CDs)

Willkommen! 2 Activity Book

The author

Heiner Schenke is Principal Lecturer in German and Director of the institution-wide language programme at the University of Westminster. He has taught German at all levels and is the co-author of several German language and grammar books, including **Teach Yourself German** and **Enjoy German**.

Study Programme

Symbols used in Willkommen! 2

 Speaking

 Listening

 Reading

 Writing

 Pairwork

 Groupwork

 Video

Abbreviations

(m) = masculine
(f) = feminine
(nt) = neuter
(pl) = plural
(no pl) = no plural

nom. = nominative case
acc. = accusative case
dat. = dative case
gen. = genitive case

Note that separable verbs are indicated with a vertical bar: auf|stehen, ein|laden.

1 eins
Leute, Leute

- Share personal details
- Describe your daily work and home life
- Give reasons for learning languages
- Give reasons why you study German

■ *Prepositions – common usage*
■ *Reflexive verbs*
■ *Conjunctions and clauses (I)*

A | Über sich und andere sprechen
Talking about yourself and others

Hören Sie das Interview mit Katja Neuer und finden Sie die fehlenden Informationen.

Katja Neuer:
- a) Geburtsort: ....
- b) Geschwister: ....
- c) wohnt in: ....
- d) Beruf: ....
- e) Fremdsprachen: ....
- f) verheiratet seit: ....
- g) Kinder: ....
- h) Freizeit: ....

Lesen Sie jetzt den Dialog und überprüfen Sie Ihre Antworten.

Reporter	Frau Neuer, können Sie ein bisschen über sich erzählen?
Frau Neuer	Ja, mein Name ist Katja Neuer. Ich bin in Berlin geboren und bin dort auch aufgewachsen. Ich habe zwei Geschwister, einen Bruder und eine Schwester.
Reporter	Und was machen Ihre Geschwister?
Frau Neuer	Sie leben beide noch in Berlin. Meine Schwester geht noch in die Schule und mein Bruder macht gerade ein Auslandsjahr.
Reporter	Aber Sie leben jetzt in Köln?
Frau Neuer	Ja, ich lebe seit fünf Jahren hier in Köln.
Reporter	Und sind Sie berufstätig?
Frau Neuer	Ja, ich arbeite als Kundenberaterin bei einer großen, internationalen Firma. Die Arbeit macht mir sehr viel Spaß. Ich kann oft mein Englisch benutzen, das finde ich besonders gut.
Reporter	Wo haben Sie Englisch gelernt?
Frau Neuer	In der Schule natürlich und dann habe ich auch ein Jahr in Bristol gelebt und dort an der Universität studiert.

VOKABELN

auf|wachsen	to grow up
das Auslandsjahr (-e)	year abroad
berufstätig sein	to be working, to work
der Kundenberater(-)/	customer advisor
die Kundenberaterin (-nen)	
fließend	fluent(ly)
die Anfängerkenntnisse	beginners' knowledge
selbstständig	self-employed
praktisch	practical

Reporter	Welche Sprachen sprechen Sie?
Frau Neuer	Ich spreche fließend Englisch und Französisch und habe Anfängerkenntnisse in Chinesisch.
Reporter	Und sind Sie verheiratet?
Frau Neuer	Ja, ich bin seit vier Jahren verheiratet und wir haben ein Kind, den Oskar.
Reporter	Und was macht Ihr Mann?
Frau Neuer	Mein Mann ist selbstständig und hat ein kleines Architektenbüro hier in Köln. Er kann oft von zu Haus arbeiten, das ist natürlich sehr praktisch.
Reporter	Was machen Sie denn in Ihrer Freizeit?
Frau Neuer	Im Moment habe ich leider nicht viel Zeit. Ich mache aber regelmäßig Yoga und gehe gern in Ausstellungen.

ÜBUNG 2

Richtig oder falsch?

Korrigieren Sie die falschen Aussagen.

Beispiel
Katja ist in Köln aufgewachsen. → *Falsch. Sie ist in Berlin aufgewachsen.*

a) Katja arbeitet bei einer kleinen Firma.
b) Sie hat ein Jahr in Bristol verbracht.
c) Ihr Mann arbeitet als Angestellter in einem Architektenbüro.
d) Katja hat Anfängerkenntnisse in Französisch und Chinesisch.
e) Sie macht nur selten Yoga.

ÜBUNG 3

Welches Wort fehlt?

Lesen Sie den Dialog noch einmal und finden Sie das fehlende Wort.

a) Frau Neuer arbeitet. → Sie ist *berufstätig*.
b) Sie mag ihre Arbeit. → Die Arbeit macht ihr _____ .
c) Katja spricht viel Englisch. → Sie kann oft ihr Englisch _____ .
d) Sie hat einen Ehemann. → Sie ist _____ .
e) Ihr Mann hat eine eigene Firma. → Er ist _____ .
f) Sie besucht gern Museen und Galerien. → Sie geht gern in _____ .

Präpositionen *Prepositions*

Wenn man sagen möchte, woher man kommt, wo man arbeitet oder studiert etc., braucht man die richtige Präposition. Hier sind einige Beispiele:

Ich komme **aus** Köln.	*to come **from***
Sie hat Deutsch **in** der Schule gelernt.	*at school*
Katja hat **an** der Universität in Bristol studiert.	*to study **at** university*
Er arbeitet **als** Architekt.	*to work **as***
Ich arbeite **bei** einer Versicherungsfirma.	*to work **for** a company*
Sie lebt **seit über** zehn Jahren in Köln.	***for over** ten years*

Mehr im Grammatikteil, Seite 11.

Wie heißen die Präpositionen?

Ich bin am 10. Dezember 1994 _____ München geboren und aufgewachsen. Meine Eltern kommen aber _____ Salzburg. Im Moment studiere ich hier _____ der Universität. Nebenbei jobbe ich _____ Kellner _____ einem Hotel. Ich kenne meine Freundin Britta _____ drei Jahren. Britta arbeitet _____ Softwareentwicklerin _____ einer Internetfirma. Sie lernt Italienisch _____ einer Sprachschule. In den Ferien fahren wir oft _____ dem Auto _____ Rom.

1.2

Und jetzt Sie!

Was können Sie über sich erzählen? Bereiten Sie Ihre Antworten vor und interviewen Sie dann eine oder mehr Personen in der Klasse. Sie können die Fragen auch auf dem Audio hören.

Fragen	Sie	Ihr Partner/Ihre Partnerin
Wie ist Ihr Name?	Mein Name ist …	
Woher kommen Sie?	Ich komme …	
Wo sind Sie aufgewachsen? Was können Sie über den Ort / die Stadt sagen?	Ich bin …	
Haben Sie Geschwister? Wenn ja, was machen sie?		
Sind Sie berufstätig oder studieren Sie? Was machen Sie?		
Sind Sie verheiratet? Haben Sie Kinder?		
Welche Sprachen sprechen Sie? Lernen Sie gern Sprachen?		
Wie lange lernen Sie Deutsch? Haben Sie Deutsch in der Schule gelernt?		
Sind Sie schon einmal in Österreich, in der Schweiz oder in Deutschland gewesen? Wenn ja, was haben Sie dort gemacht?		
Haben Sie ein deutsches Lieblingswort?		
Was machen Sie gern in Ihrer Freizeit?		

Finden Sie mehr Fragen. Stellen Sie dann eine Person aus der Klasse vor.

ÜBUNG
6

Schreiben Sie jetzt ein kurzes Porträt über sich.

NÜTZLICHE AUSDRÜCKE

Ich bin pensioniert.	*I am retired.*
Ich bin arbeitslos.	*I am unemployed.*
verheiratet, single/ledig, geschieden	*married, single, divorced*
Ich habe einen Freund/eine Freundin.	*I've got a boyfriend/girlfriend.*
Ich habe einen Partner/eine Partnerin.	*I've got a partner.*
Ich bin in einer Beziehung.	*I am in a relationship.*
Es ist kompliziert.	*It's complicated.*
Kein Kommentar!	*No comment.*

B | Mein Alltag
My everyday life

ÜBUNG
7

Aktivitäten
Was machen die Leute? Ordnen Sie bitte zu.

1 sich freuen

2 sich schminken

3 sich ärgern

4 sich duschen

5 sich waschen

6 sich rasieren

7 sich anziehen

8 sich entspannen

Reflexive Verben *Reflexive verbs*

Im Deutschen gibt es einige Verben, die man oft reflexiv benutzt. Beispiele sind die Verben aus Übung 7, wie **sich waschen, sich schminken, sich rasieren, sich entspannen**. Das heißt, diese Verben haben ein **Reflexivpronomen** (*reflexive pronoun*) wie **mich** (*myself*) oder **uns** (*ourselves*) etc.:

Ich wasche **mich**. *I wash* **myself**.
Wäschst du **dich**? *Do you wash* **yourself**?
Waschen Sie **sich**? *Do you wash* **yourself**?
Tim wäscht **sich**. *Tim washes* **himself**.
Sie wäscht **sich**. *She washes* **herself**.

Wir waschen **uns**. *We wash* **ourselves**.
Wascht ihr **euch**? *Do you wash* **yourselves**?
Waschen Sie **sich**? *Do you wash* **yourself**?
Sie waschen **sich**. *They wash* **themselves**.

Mehr im Grammatikteil, Seite 11.

ÜBUNG 8

Sehen Sie sich die Bilder noch einmal an und ergänzen Sie die Sätze.

a) Es ist halb sieben. Hardy *rasiert sich*.

b) Beate geht nachher zu einer Party. Sie _____ _____ vor dem Spiegel.

c) Petra und Mesul sind in einem Wellnessclub und _____ _____ .

d) Tom hat im Garten gespielt. Er _____ _____ jetzt.

e) Ulrika muss zur Uni gehen. Sie _____ _____ schnell an.

f)   Die Mannschaft hat gewonnen. Die Spieler _____ _____ .

ÜBUNG 9

Nicos Blog

Nico ist vor zwei Wochen nach Hamburg gezogen und hat ein Praktikum angefangen. Lesen Sie auf der Seite 6, was er an einem typischen Tag macht und machen Sie dann die Übungen.

V O K A B E L N

das Praktikum (Praktika)	*internship, work placement*
der Praktikant (-en), die Praktikantin (-nen)	*trainee, intern*
die Umstellung (-en)	*change, adjustment*
unterwegs	*on the way to ... / on the way there ...*
die Kinderstation (-en)	*children's ward*
vergehen	*to pass (of time)*
im Großen und Ganzen	*by and large*
auf|räumen	*to tidy up, to clean up*
staub|saugen	*to hoover, to vacuum*

Hallo, endlich wieder ein Lebenszeichen von mir. Wie ihr wisst, bin ich vor zwei Wochen nach Hamburg gezogen und habe ein Praktikum im Eppendorfer Krankenhaus angefangen. Ich habe jetzt eine eigene, kleine Wohnung – das ist natürlich super. Aber es ist auch eine große Umstellung, wenn man allein lebt. Ich schreibe euch mal, was ich an einem normalen Tag mache:

6.00 Der Wecker klingelt. Ich stehe schnell auf, rasiere mich, wasche mich und ziehe mich an. Meistens frühstücke ich zu Hause. Wenn nicht genug Zeit ist, hole ich mir unterwegs einen Kaffee und ein Croissant. Ich fahre meistens mit dem Bus zum Krankenhaus. Die Fahrt dauert ungefähr 20 Minuten.

7.00 Meine Arbeit beginnt. Im Moment arbeite ich auf der Kinderstation. Ich helfe den Krankenschwestern und lerne sehr viel. Ich mache auch einige Arbeiten am Computer.

Die Zeit vergeht meistens sehr schnell.

12.00 Mittagspause. Ich gehe in die Kantine und hole etwas zu essen. Das Essen ist natürlich nicht wie in einem Michelin-Restaurant, aber im Großen und Ganzen OK. Der Nachtisch ist besonders gut.

13.00 Ich treffe die anderen Praktikanten und wir haben verschieden Seminare. Letzte Woche haben wir zum Beispiel einen Erste-Hilfe-Kurs gemacht.

16.00 Feierabend. Meistens fahre ich nach Hause. Unterwegs kaufe ich oft noch etwas ein. Dann räume ich die Wohnung auf, manchmal muss ich staubsaugen. Im Keller gibt es eine Waschmaschine, da kann ich meine Wäsche waschen. Diese Hausarbeiten sind ziemlich langweilig. Wenn das Wetter gut ist, fahre ich ein bisschen Fahrrad.

19.00 Ich esse Abendbrot. Manchmal koche ich etwas oder ich mache Brote und Salat. Abends bleibe ich im Moment meistens zu Hause und entspanne mich. Ich sehe fern, spiele ein paar Computergames oder skype. Letztes Wochenende bin ich mit anderen Praktikanten ins Kino gegangen und danach waren wir noch tanzen.

22.00 Zeit ins Bett zu gehen. Am nächsten Morgen muss ich wieder früh aufstehen.

1.3 Können Sie alle Wörter richtig aussprechen? Hören Sie den Blog und überprüfen Sie Ihre Aussprache.

Nicos Tag

Was macht Nico wann? Nummerieren Sie.

( ) geht in die Kantine; ( ) räumt auf; ( ) arbeitet am Computer; ( ) rasiert sich; ( ) fährt Fahrrad; ( ) hat ein Seminar; ( ) isst Abendbrot; (**1**) steht auf; ( ) skypt; ( ) fährt mit dem Bus.

Beantworten Sie die Fragen.

a) Was macht Nico, bevor er frühstückt?
b) Wie fährt er zur Arbeit?
c) Wo arbeitet er zurzeit?
d) Wo isst er zu Mittag? Und wie findet er das Essen?
e) Was für Hausarbeiten macht er?
f) Was macht er normalerweise am Abend?

Und jetzt Sie!

Wie sieht Ihr Alltag aus? Sprechen Sie mit Ihrem Partner/Ihrer Partnerin.

Wann stehen Sie normalerweise auf?

Was machen Sie, bevor Sie aus dem Haus gehen?

Wie fahren Sie zur Arbeit/Universität etc.?

Was machen Sie am Morgen?

Was essen Sie meistens zu Mittag?

Was machen Sie meistens am Nachmittag?

Wann und wo essen Sie zu Abend?

Kochen Sie oft selber?

Was für Hausarbeiten machen Sie?

Wie oft machen Sie Hausarbeiten?

Machen Sie diese gern?

Was machen Sie normalerweise am Abend?

Haben Sie letztes Wochenende vielleicht etwas Interessantes gemacht?

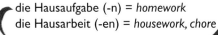

TIPP

die Hausaufgabe (-n) = *homework*
die Hausarbeit (-en) = *housework, chore*

C | Warum lernen Sie Deutsch?
Why are you learning German?

ÜBUNG
13

Lesen und Lernen
Vier Personen erzählen, warum sie
Deutsch lernen.

V O K A B E L N	
die Vorfahren (pl.)	ancestors
aus|wandern	to emigrate
der Fortschritt (-e)	progress
die Mentalität (-en)	mentality
die Deutschkenntnisse (pl.)	knowledge of German
ich interessiere mich für	I am interested in
im Ausland	abroad

Ilan Portner,
42, Universitätsangestellter

Ich liebe Fremdsprachen und spreche Französisch, Spanisch,
Italienisch und Portugiesisch. Ich lerne jetzt Deutsch, weil ich auch
eine germanische Sprache sprechen möchte. Außerdem habe ich
deutsche Vorfahren. Meine Großeltern kommen aus der Nähe von
Berlin. Sie sind in den 1930er Jahren aus Deutschland ausgewandert.

Julia Volkova,
25, Personalberaterin

Ich lerne Deutsch, weil mein Mann Deutscher
ist. Wir haben vor zwei Jahren geheiratet und fahren ein- oder
zweimal im Jahr zu seinen Eltern. Sie sprechen nur Deutsch. Ich
mache gute Fortschritte, obwohl ich die Grammatik manchmal
ein bisschen schwierig finde. Außerdem verstehe ich jetzt viel
mehr von der deutschen Kultur und Mentalität.

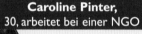

Caroline Pinter,
30, arbeitet bei einer NGO

Ich lerne Deutsch, weil ich aus beruflichen Gründen oft nach
Frankfurt fahre. Meine Deutschkenntnisse helfen mir, obwohl die
meisten Meetings auf Englisch sind. Daneben interessiere ich mich
auch für deutsche Geschichte und Kultur, aber vor allem für Musik
und Literatur. Ich hoffe, dass ich eines Tages deutsche Bücher im
Original lesen kann.

Shahzad Ahmad,
19, studiert Business

Ich studiere Business. Ich lerne Deutsch, weil
ich mit Deutsch bessere Berufschancen habe. Es ist klar, dass
Deutsch eine wichtige internationale Sprache ist und ich möchte
später gern im Ausland arbeiten. Außerdem besuche ich oft
Frankfurt, weil ich dort viele gute Freunde habe. Frankfurt ist
einfach eine tolle Stadt.

NÜTZLICHE AUSDRÜCKE

außerdem	*besides, furthermore*
daneben	*in addition, at the same time*
aus welchen Gründen	*for what reasons*
aus beruflichen Gründen	*for professional reasons*
aus familiären Gründen	*for family reasons*
aus persönlichen Gründen	*for personal reasons*

ÜBUNG 14

Finden Sie heraus, aus welchen Gründen die vier Personen Deutsch lernen.

	aus persönlichen Gründen	*aus familiären Gründen*	*aus beruflichen Gründen*
Ilan	liebt Fremdsprachen – möchte eine germanische Sprache lernen	hat deutsche Vorfahren	X
Julia			
Caroline			
Shahzad			

---

dass, weil, obwohl *that, because, although*

Die Konjunktionen **dass** *that*, **weil** *because* und **obwohl** *although* senden das Verb ans Ende:
Es ist klar, **dass** Deutsch eine wichtige internationale Sprache **ist.**

Ich lerne Deutsch, **weil** ich aus beruflichen Gründen oft nach Frankfurt **fahre.**

Sie macht Fortschritte, **obwohl** sie die Grammatik ein bisschen schwer **findet.**

Gibt es zwei Verben, geht das Modalverb (möchten, wollen etc.) in die letzte Position:

Ich lerne jetzt Deutsch, **weil** ich auch eine germanische Sprache **sprechen** möchte.

Vor **dass**, **weil** und **obwohl** steht normalerweise ein Komma.

Mehr im Grammatikteil, Seite 12.

ÜBUNG 15

Schreiben Sie, warum Herr Johnson Deutsch lernt. Benutzen Sie **weil.**

Beispiel
Er braucht es für seinen Beruf. → *Herr Johnson lernt Deutsch, weil er es für seinen Beruf braucht.*

a) Er ist geschäftlich oft in München.

b) Er fährt gern deutsche Autos.

c) Er trinkt gern Weine aus Rheinhessen.

d) Seine Freundin kommt aus Berlin.

e) Er muss manchmal Verhandlungen auf Deutsch führen.

f) Er möchte deutsche Zeitungen und Blogs lesen.

1.4

Hatten Sie recht? Überprüfen Sie Ihre Antworten auf dem Audio.

Fremdsprachen sind wichtig!

Das Sprachcaffe ist eine Sprachschule in Frankfurt. Frau Kistas stellt die Schule kurz vor, danach erklären vier Sprachschüler, warum sie Deutsch lernen und am Ende gibt ein Lehrer, Herr Giengos, Tipps zum Sprachenlernen.

Hören Sie zu: Wen können Sie gut verstehen? Wen nicht so gut?

Sehen Sie das Video noch einmal und beantworten Sie die Fragen.

Teil A – Monika Kistas

a) Welche Sprachen kann man im Sprachcaffe lernen?
b) Welche Levels bietet die Schule an?

Teil B – Sprachschüler

Finden Sie die fehlenden Informationen.

	Herkunftsland	Sprachen	Was gut an dem Kurs ist	Warum sie Deutsch lernen
Kaspar Kustan				–
Maria Rzezniczek			–	–
Yu Ping Jang				
Ornella Gialla				

Teil C – Johannes Giengos

a) Wie lange unterrichtet er Deutsch als Fremdsprache?
b) Wann, denkt er, ist Deutsch nicht so schwierig?
c) Welche Tipps gibt er Deutschlernern?

Und jetzt Sie!

Finden Sie mindestens zwei Gründe, warum Sie Deutsch lernen und schreiben Sie ein kurzes Statement wie in Übung 13. Benutzen Sie die Ausdrücke und Strukturen aus Kapitel 1.

Berichten Sie dann in der Klasse. Aus welchen Gründen lernen die meisten Personen in Ihrem Kurs Deutsch?

Deutschland-Info

MUTTERSPRACHE, FREMDSPRACHE

Deutsch spricht man nicht nur in Deutschland, sondern auch in Österreich, in der Schweiz, in Südtirol (Italien) und in Luxemburg. Insgesamt gibt es etwa 105 Millionen Menschen, die Deutsch als Muttersprache sprechen.

Weltweit lernen mehr als 14 Millionen Menschen Deutsch als Fremdsprache (DaF), *German as a foreign language*. Mit über zwei Millionen gibt es die meisten Deutschlerner in Polen.

Um den Level von einer Fremdsprache zu bestimmen, benutzt man heutzutage meistens den Gemeinsamen europäischen Referenzrahmen für Sprachen, kurz GER genannt (*Common European Framework of Reference for Languages*, CEFR, auf Englisch). Danach stehen A1 und A2 für Anfängerkenntnisse und grundlegende Kenntnisse, B1 und B2 für mittlere Sprachkenntnisse und selbstständige Sprachverwendung und C1 und C2 sind die höchsten Levels.

V O K A B E L N

die Möglichkeit (-en)	*opportunity*
circa	*about, approximately*
jedoch	*however*
das Niveau (-s)	*level*

Grammatik

Prepositions – common usage

As you saw in the grammar box on page 2, the prepositions used in German are often different from those English speakers might expect. Here are a few guidelines to help you decide what preposition to use in a given context. The list is not comprehensive, but it does cover some of the most commonly used prepositions.

Origins/personal details

to live in	Claudia wohnt *in* Dresden.
to come from	Ich komme *aus* Berlin.
to be married to	Er ist *mit* Michaela verheiratet.

Work

to work in an office	Sie arbeitet *in* einem Büro.
to work as (a)	Er arbeitet *als* Architekt.
to work for a company	Ich arbeite *bei* einer Internetfirma.

Time

20 years ago	*vor* 20 Jahren
for 20 years	*seit* 20 Jahren

Study/leisure time

to go to school / to attend school	Die Kinder gehen *in* die Schule. / Die Kinder gehen *zur* Schule.
to study at	Er studiert *an* der Humboldt-Universität.
to go to a course / to attend a course	Sie geht *zu* einem Englischkurs. / Sie besucht einen Englischkurs.

Home

at home	Sie sind heute Abend *zu* Hause.
going home	Susanne geht *nach* Hause.

Reflexive verbs

Reflexive verbs refer to an action where the subject of a sentence is doing something to himself/herself. These verbs use a reflexive pronoun (**mich, sich** etc.). There are two types of reflexive verbs in German:

I   A large group of verbs which are often used in a non-reflective way but can also function reflexively:

Non-reflexive

Ich wasche das Auto. *I wash the car.*

Reflexive

Ich wasche mich. *I wash myself.*

Other verbs include: **sich ärgern** *to be angry,* **sich anziehen** *to get dressed,* **sich duschen** *to have a shower,* **sich entscheiden** *to decide,* **sich rasieren** *to shave oneself,* **sich schminken** *to put on make-up,* **sich verletzen** *to hurt oneself,* **sich vorstellen** *to introduce oneself.*

2 'True' reflexive verbs which can only be used reflexively. They include: **sich amüsieren** *to amuse oneself*, **sich bedanken** *to say thank you*, **sich beeilen** *to hurry (up)*, **sich erholen** *to get better, to recuperate*, **sich entspannen** *to relax*, **sich freuen** *to be happy, to be pleased*, **sich verlieben** *to fall in love*.

Both types of reflexive verbs are mostly used with an accusative pronoun. These are:

ich → **mich**	wir → **uns**
du → **dich**	ihr → **euch**
Sie → **sich**	sie → **sich**
er, sie, es → **sich**	

Conjunctions and clauses (I)

Conjunctions are words like *and*, *but* or *because* which link two sentences or clauses together. There are two main groups in German:

1 Coordinating conjunctions
These include **und** *and*, **aber** *but*, **oder** *or*, **denn** *because* and **sondern** *but* (after a negative statement). These words normally combine two main clauses and don't affect the word order.

2 Subordinating conjunctions
Subordinating conjunctions normally link a main and a dependent (subordinate) clause. They send the verb to the end of the subordinate clause. Apart from **dass** *that*, **weil** *because* and **obwohl** *although*, they include: **da** *since (because)*, **wenn** *when/if*, **bevor** *before*, and **als** (*when in the past*).

Main clause	Subordinate clause
Sie lebt gern in Hamburg,	**obwohl** es dort viel **regnet**.
Ich bin sehr fit,	**weil** ich viel Sport **mache**.
Ich gehe ins Fitnessstudio,	**wenn** ich Zeit **habe**.
Er frühstückt,	**bevor** er aus dem Hause **geht**.

There is usually a comma in front of these prepositions. If there is more than one verb, the *auxiliary verb* (often modal verbs such as **können, sollen, müssen** or **haben** and **sein** when forming the present perfect tense) will go into the last position:

Mir macht mein Job Spaß, **obwohl** ich oft lange **arbeiten** *muss*.

Er spricht gut Englisch, **weil** er als Kind in London **gelebt** *hat*.

You will practise most of these prepositions in the next chapters.

Mehr Übungen ...

1　Welche Präpositionen fehlen?

a) Ich denke, dass Peter jetzt _____ Mechaniker _____ VW arbeitet.

b) Komm – wir fahren _____ dem Bus _____ Hause.

c) Leider kann ich _____ persönlichen Gründen nicht kommen.

d) Marion ist _____ zwei Jahren _____ Carsten verheiratet.

e) Er ist _____ 14 Tagen _____ Hamburg gezogen.

f) Es gibt ein interessantes Fußballspiel im Fernsehen. Wir bleiben _____ Hause.

2　Wie heißt es richtig? Ergänzen Sie die fehlenden Reflexivpronomen.

> uns　　sich　　sich　　mich　　dich　　euch

a) Michael hat _____ gestern beim Sport verletzt.

b) Hast du _____ auf der Party gut amüsiert?

c) Darf ich _____ vorstellen? Mein Name ist Gertrud Werner.

d) Petra kann _____ schwer entscheiden.

e) Es ist schon halb zwei. Ihr müsst _____ beeilen.

f) Nach der Fitnesssession haben wir _____ bei einem Glas Wein entspannt.

3　Was passt besser: *weil* oder *obwohl*?

Verbinden Sie die zwei Sätze mit *weil* oder *obwohl*.

Beispiel

Frau Neuer mag ihren Beruf. Sie kann oft ihr Englisch benutzen. → *Frau Neuer mag ihren Beruf, weil sie oft ihr Englisch benutzen kann.*

a) Sie macht regelmäßig Yoga. Sie hat eigentlich nur wenig Zeit.

b) Nico freut sich. Er hat eine eigene Wohnung.

c) Valeria lebt gern in Hamburg. Es gibt hier sehr gute Clubs.

d) Marion spricht sehr gut Spanisch. Sie war noch nie in Spanien.

e) Axel geht meistens nicht so spät ins Bett. Er muss morgens früh aufstehen.

4　Finden Sie die Satzteile, die zusammen gehören.

a) Sie fährt mit dem Fahrrad,　　　　　　1　wenn du Durst hast.

b) Er lernt Deutsch,　　　　　　　　　　2　bevor er aus dem Haus geht

c) Katja spricht sehr gut Englisch,　　　　3　obwohl es regnet.

d) Trink ein Glas Wasser,　　　　　　　　4　als wir Kinder waren.

e) Nico frühstückt meistens,　　　　　　5　da er in Frankfurt arbeiten will.

f) Wir haben in Berlin gelebt,　　　　　　6　weil sie in Bristol studiert hat.

5 Ihr Blog. Schreiben Sie einen Blog über Ihren Alltag wie Nico in Übung 9.

Am Ende von Kapitel 1 können Sie jetzt:

1 über sich und andere sprechen?   ❑
   (Seiten 1–4)

2 Ihren Alltag/Tagesablauf beschreiben?   ❑
   (Seiten 4–7)

3 verstehen, warum andere Leute eine Fremdsprache lernen?   ❑
   (Seiten 8–10)

4 erklären, warum Sie Deutsch lernen?   ❑
   (Seite 10)

5 mindestens fünf reflexive Verben nennen?   ❑
   (Seiten 4–7)

Vokabeln

PERSÖNLICHE ANGABEN — *Personal details*

angestellt	employed
arbeitslos	unemployed
auf|wachsen	to grow up
berufstätig sein	to be working, to have a job
getrennt	separated
geschieden	divorced
pensioniert	retired
single/ledig	single
selbstständig sein	to be self-employed
verheiratet	married
in einer Beziehung sein	to be in a relationship
einen Freund/eine Freundin haben	to have a boyfriend / girl friend
der Partner (-)/die Partnerin (-nen)	partner

VERBEN FÜR DEN ALLTAG — *Verbs for everyday life*

auf|räumen	to tidy up
staub|saugen	to hoover, to vacuum
skypen	to skype
sich an|ziehen	to get dressed
sich amüsieren	to amuse oneself
sich ärgern	to be angry
sich bedanken	to say thank you
sich beeilen	to hurry up
sich duschen	to have a shower
sich entscheiden	to decide
sich entspannen	to relax
sich freuen	to be happy, to be pleased
sich rasieren	to shave oneself
sich schminken	to put on make-up
sich verlieben	to fall in love
sich verletzen	to hurt oneself
sich vorstellen	to introduce oneself
sich waschen	to wash oneself
ich interessiere mich für …	I am interested in …

SPRACHKENNTNISSE — *Language skills*

die Anfängerkenntnisse (pl.)	beginners' knowledge
der Dialekt (-e)	dialect
der Fortschitt (-e)	progress
die Fremdsprache (-n)	foreign language
mittlere Sprachkenntnisse (pl.)	intermediate language skills
die Muttersprache (-n)	mother tongue, native language
das Lieblingswort (-¨er)	favourite word
fließend	fluent(ly)
benutzen	to use
verbessern	to improve

VERSCHIEDENE NOMEN — *Miscellaneous nouns*

das Auslandsjahr (-e)	year abroad
der Erste-Hilfe-Kurs (-e)	first-aid course
die Hausaufgabe (-n)	homework
die Hausarbeit (-en)	housework, chores
die Kinderstation (-en)	children's ward
der Kundenberater (-) / die Kundenberaterin (-in)	customer advisor
das Lebenszeichen (-)	sign of life
die Mentalität (-en)	mentality
das Praktikum (Praktika)	internship, work placement
der Vorfahr (-en) / die Vorfahrin (-nen)	ancestor
die Umstellung (-en)	change, adjustment

NÜTZLICHE WÖRTER — *Useful words*

außerdem	besides, furthermore, also
daneben	in addition; at the same time
im Ausland	abroad
im Großen und Ganzen	by and large
im Original	in the original (language)
praktisch	practical(ly)
unterwegs	here: on the way to … / on the way there …

GRÜNDE — *Reasons*

aus beruflichen Gründen	for professional reasons
aus familiären Gründen	for family reasons
aus persönlichen Gründen	for personal reasons

Schule, Ausbildung, Studium

- Describe your impressions of education and school life
- Compare different education systems
- Understand students' views about their career prospects
- Discuss plans for the future

- *The simple past tense of modal verbs*
- *The future tense*
- *The verb* **werden**

A | Schule
School

ÜBUNG
1

2.1

Sind Sie gern in die Schule gegangen?

Vier Leute erzählen über ihre Schulzeit. Hören Sie zu.
Was sagen die Personen?

a) Timo
b) Daniela
c) Dennis
d) Inge

1 War glücklich, als die Schule vorbei war.
2 Hat viel in der Schule gelernt.
3 War kein besonders guter Schüler.
4 Hat noch viele Freunde aus der Schulzeit.

Lesen Sie jetzt die Texte und überprüfen Sie Ihre Antworten.

Die Schule hat mir Spaß gemacht, obwohl ich kein besonders guter Schüler war. Die Lehrer waren freundlich und es gab keinen großen Leistungsdruck. Ich glaube, dass die jungen Leute heute mehr Druck haben, weil die Noten wichtiger sind.	Ich bin gern in die Grundschule gegangen, weil wir sehr viel Freiheit hatten. Ich habe immer noch Kontakt zu meinen Mitschülern. In der weiterführenden Schule mussten wir immer so viele Hausaufgaben machen. Das hat mir nicht gefallen.	Ich war froh, als die Schulzeit vorbei war. Ich bin ein praktischer Mensch und in der Schule war alles zu theoretisch. Meine Noten waren nicht so gut. Nach der Schule habe ich gleich eine Lehre als Gärtner angefangen. Die Lehre macht mir viel Spaß.	Die Schulzeit – oh, das ist lange her. Wir hatten sehr strenge Lehrer. Wir mussten viel auswendig lernen, mussten still sitzen und durften nur sprechen, wenn die Lehrer uns gefragt haben. Das waren ganz andere Zeiten. Aber ich habe viel gelernt.

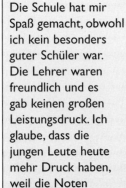    

Timo Schmidt, **35, IT-Spezialist**	**Daniela Gomez,** **24, Verkäuferin**	**Dennis Busemann,** **17, macht eine Lehre**	**Inge Krause,** **87, Rentnerin**

Beantworten Sie die Fragen.

a) Wie waren die Lehrer von Timo?
b) Warum denkt er, dass junge Leute heute mehr Leistungsdruck haben?
c) Warum ist Daniela gern in die Grundschule gegangen?
d) Was denkt Dennis über die Schule?
e) Was hat er nach der Schulzeit gemacht?
f) Was mussten die Kinder in der Schule von Inge machen?
g) Für wen, denken Sie, war die Schulzeit am schwierigsten?

V O K A B E L N	
die Note (-n)	grade, mark
es gab	there was / there were
der Leistungsdruck (no pl.)	pressure (to perform)
die Grundschule (-n)	primary school
der Mitschüler (-)/	classmate
die Mitschülerin (-nen)	
die weiterführende Schule	secondary school
gleich	here: immediately (afterwards)
die Lehre (-n)	apprenticeship, training
streng	strict
auswendig lernen	to learn by heart

Welches Wort fehlt?

Lesen Sie die Texte noch einmal und finden Sie für die Wörter in *kursiv* die Ausdrücke mit den ähnlichen Bedeutungen.

Beispiel
Die Schule hat mir *gefallen*. → Die Schule hat mir *Spaß gemacht*.

a) Die jungen Leute haben viel *Stress*. → Sie haben viel _____ .
b) Timo war kein *sehr* guter Schüler. → Er war kein _____ guter Schüler.
c) Sie mussten viele *Übungen zu Hause* machen. → Sie mussten viele _____ machen.
d) Dennis war froh, als die Schule *zu Ende* war. → Er war froh, als die Schule _____ war.
e) In der Schule gab es zu *viel Theorie*. → Die Schule war zu _____ .
f) Die Lehrer von Inge waren *nicht liberal*. → Sie waren sehr _____ .

Über die Vergangenheit sprechen *Talking about the past*

Wenn man im Deutschen über die Vergangenheit **spricht**, benutzt man meistens das **Perfekt** (*present perfect*):
Die Schule **hat** mir Spaß **gemacht**. Ich **bin** gern in die Grundschule **gegangen**.

Aber es gibt auch Ausnahmen, wo man das **Präteritum** (*simple past*) benutzt, zum Beispiel für Modalverben wie **dürfen**, **können**, **müssen**:
Wir **durften** bis 11 Uhr aufbleiben. *We were allowed to stay up until 11 pm.*
Er **konnte** sehr gut Fußball spielen. *He could play football very well.*
Ich **musste** viele Hausaufgaben machen. *I had to do a lot of homework.*

Auch **haben**, **sein** und **geben** benutzt man beim Sprechen oft im **Präteritum**:
Wir **hatten** gutes Wetter.
Es **war** schön.
Es **gab** viele gute Restaurants.

Mehr im Grammatikteil, Seite 28.

Lesen Sie die vier Texten noch einmal. Wie viele Beispiele für das Präteritum können Sie finden?

ÜBUNG 4

Wie heißt es richtig?

Setzen Sie die Modalverben in den Klammern ins Präteritum.

Beispiel
Stefan _____ seiner Mutter oft bei der Hausarbeit helfen. (müssen) → Stefan *musste* seiner Mutter oft bei der Hausarbeit helfen.

a) Ich _____ gestern nicht mit zur Party gehen. (können)
b) Als Kind _____ ich kein eigenes Smartphone haben. (dürfen)
c) Ich war krank und _____ leider im Bett bleiben. (müssen)
d) Franziska _____ in ihrer Schule drei Fremdsprachen lernen. (können)
e) Wir _____ letzten Samstag um 6 Uhr aufstehen. (müssen)
f) _____ ihr länger aufbleiben? (dürfen)
g) _____ du dein Passwort ändern? (können)

ÜBUNG 5

Marc Pitzke erzählt über seine Schulzeit.

Setzen Sie die Verben in die Vergangenheitsform. Benutzen Sie das Präteritum für **sein, haben, können, dürfen** und **wollen**.

Beispiele
Ich / in Karlsruhe / aufwachsen. → Ich *bin* in Karlsruhe *aufgewachsen*.
Meine Grundschule / sein / nicht weit von unserem Haus. → *Meine Grundschule war* nicht weit von unserem Haus.

a) Ich / sehr gern in die Schule / gehen.
b) Meine Lieblingsfächer / sein / Mathematik, Sozialkunde und Kunst.
c) Ich / haben / sehr gute und engagierte Lehrer.
d) Wir / können / auch sehr selbstständig arbeiten.
e) In der 10. Klasse / dürfen / ich ein Praktikum bei einer bekannten Designerfirma / machen.
f) Es / Spaß / machen und / ich / viel lernen.
g) Nach der Schule / wollen / ich / Produktdesign studieren.
h) Ich / vor drei Monaten / mein Studium / anfangen.

Das Perfekt *The perfect*
Nicht vergessen – das Perfekt bildet man mit **haben** und **sein**, sowie dem *Partizip II* des Verbs.

1 Regelmäßige Verben
Bei den meisten regelmäßigen Verben beginnt das *Partizip II* mit '**ge**' und endet mit '**t**'. Es gibt keinen Vokalwechsel. Man verwendet normalerweise **haben**:
Ich **habe** viel ge**lernt**.
Nach der Schule **hat** er gleich eine Lehre ge**macht**.

2 Unregelmäßige Verben
Das Partizip II bei unregelmäßigen Verben hat oft einen Vokalwechsel und endet mit '**en**':
Ich **habe** keine Schuluniform ge**tragen**.
Sie **ist** zu Fuß zur Schule ge**gangen**.

Es gibt auch einige **gemischte Verben**, die im Perfekt einen Vokalwechsel haben, aber auf '**t**' enden:
Das hat er nicht ge**wusst**.

Haben oder sein?
Man benutzt **haben** für die meisten Verben. Man benutzt **sein** für Verben, die Bewegung von A nach B beschreiben (fahren, gehen, kommen etc.) oder beschreiben, wie sich ein Zustand verändert (einschlafen, wachsen, sterben etc.).

Für eine Liste der unregelmäßigen Verben siehe Seiten 184–185.

Und jetzt Sie!

Wie war Ihre Schulzeit? Sprechen Sie mit Ihrem Partner/Ihrer Partnerin.

Sind Sie gern in die Schule gegangen?

Wo war Ihre Grundschule und wo war Ihre weiterführende Schule?

Hatten Sie ein Lieblingsfach/Lieblingsfächer?

Hatten Sie ein Horrorfach?

Konnten Sie zu Fuß zur Schule gehen oder mussten Sie weit fahren?

Mussten Sie eine Schuluniform tragen?

Wenn ja, können Sie die Uniform beschreiben?

Welche Fremdsprachen konnten Sie in Ihrer Schule lernen?

Wie waren Ihre Lehrer?

Mussten Sie viele Hausaufgaben machen?

Was durften Sie nicht machen?

Wie waren die anderen Schüler?

Haben Sie noch Kontakt zu Ihren Mitschülern?

Was haben Sie nach der Schulzeit gemacht?

Haben Sie gleich gearbeitet, eine Lehre gemacht, studiert oder ein Gap Year gehabt?

Wie ist es dann weiter gegangen?

NÜTZLICHE AUSDRÜCKE

Mein Lieblingsfach war …	*My favourite subject was …*
Meine Lieblingsfächer waren …	*My favourite subjects were …*
Mein Horrorfach war …	*My least favourite subject was …*
In Geschichte war ich immer gut, aber Mathe war ein Alptraum für mich.	*I was always good at History, but Maths was a nightmare for me.*
Biologie *Biology*	Latein *Latin*
Chemie *Chemistry*	Mathematik/Mathe *Mathematics/Maths*
Erdkunde/Geografie *Geography*	Musik *Music*
Ethik *Ethics*	Physik *Physics*
Geschichte *History*	Sport *PE*
Informatik *IT*	Werken/Technik *Craft/Design and Technology*
Kunst *Art*	

B | Das deutsche Bildungs- und Ausbildungssystem
The German education system

Der folgende Text gibt einen kurzen Überblick über das Bildungs- und Ausbildungssystem in Deutschland. Was glauben Sie:

a) Wie alt sind die meisten Kinder in Deutschland, wenn sie in die Grundschule gehen?
b) Wie viele Schultypen gibt es nach der Grundschule?
c) Wie viele Jahre muss man mindestens zur Schule gehen?
d) Gibt es Studiengebühren in Deutschland?

Überprüfen Sie dann Ihre Antworten im Text.

Das deutsche Bildungs- und Ausbildungssystem

In Deutschland, wie in vielen anderen Ländern auch, gehen viele Kinder in ihren ersten Jahren in einen Kindergarten. Das ist aber nicht obligatorisch. Erst mit sechs Jahren muss man zur Schule gehen. Diese erste Schule, die man vier Jahre lang besucht, heißt Grundschule.

Nach der Grundschule wird meistens entschieden, in welche weiterführende Schule ein Kind anschließend geht. Da die Bildung in Deutschland Sache der verschiedenen Bundesländer ist, gibt es unterschiedliche Bildungssysteme. Normalerweise gibt es nach der Grundschule drei verschiedene Schultypen – die Hauptschule, die Realschule und das Gymnasium.

Die Hauptschule führt mit 15 oder 16 Jahren zum Hauptschulabschluss und ist beruflich orientiert. Die Realschule führt mit 16 Jahren zur mittleren Reife und ist oft der Beginn einer mittleren Karriere in der Wirtschaft oder im öffentlichen Dienst. Das Gymnasium bietet eine akademische Bildung und führt mit 18 oder 19 Jahren zum Abitur, das man traditionellerweise braucht, wenn man studieren möchte.

In einigen Bundesländern findet man alle drei Bildungsmöglichkeiten unter einem Dach in der sogenannten Gesamtschule.

In Deutschland muss man 12 Jahre lang zur Schule gehen. Nach neun Jahren (in manchen Ländern 10 Jahren) kann man die Vollzeitschule verlassen. Man beginnt dann meistens eine Lehre im Handwerk oder in der Industrie, die dann zu einem bestimmten Beruf, wie z.B. Kfz-Mechatroniker/in, Friseur/in oder Industriekaufmann/-kauffrau führt. Neben der Lehre

muss man auch eine Schule, die sogenannte Berufsschule besuchen, meistens einmal pro Woche. Diese Kombination von Lehre und Berufsschule nennt man das duale System.

Mit dem Abitur hat man theoretisch das Recht, an einer Universität oder Hochschule zu studieren. In der Praxis gibt es heutzutage für viele Fächer ein Quotensystem. Das Studienjahr hat zwei Semester – das Wintersemester und das Sommersemester.

Die deutschen Universitäten bieten Bachelor- und Masterkurse an. Wie in anderen Ländern auch dauert das Bachelorstudium meistens drei Jahre und das Masterstudium noch ein bis zwei Jahre. Mittlerweile kann man auch ein duales Studium machen: das heißt, man studiert, arbeitet aber auch bei einer Firma. Das Studium an einer staatlichen Universität ist kostenlos – es gibt keine Studiengebühren.

V O K A B E L N

der öffentliche Dienst	public service
das Bundesland (-¨er)	federal state
sogenannt	so-called
das Handwerk	trade, craft
Kfz-Mechatroniker (-)/die	car mechanic
Kfz-Mechatronikerin (-nen)	
der/die Industriekaufmann/frau (-¨er/-en)	industrial business sales person
das Quotensystem (-e)	quota system
die Studiengebühr (-en)	tuition fee

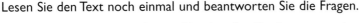

2.2 Können Sie alle Wörter richtig aussprechen? Hören Sie den Text und überprüfen Sie Ihre Aussprache.

ÜBUNG
8

Lesen Sie den Text noch einmal und beantworten Sie die Fragen.

a) Müssen alle Kinder in Deutschland in den Kindergarten gehen?
b) Was für eine berufliche Karriere machen Schüler aus der Realschule oft?
c) Wie heißt der Abschluss am Gymnasium?
d) Was ist das besondere an der Gesamtschule?
e) Was müssen Leute tun, die eine Lehre machen?
f) Wie heißt die Kombination von Lehre und Berufsschule?

ÜBUNG 9

Welches Wort passt zu welcher Definition?

Finden Sie das fehlende Wort.

a) Können Kinder besuchen, bevor sie in die Schule gehen: _____

b) Dorthin müssen alle Kinder gehen: _____

c) Führt oft zu einer Lehre im Handwerk oder in der Industrie: _____

d) Der Abschluss dort heißt mittlere Reife: _____

e) Dort macht man das Abitur: _____

f) Muss man besuchen, wenn man eine Lehre macht: _____

g) Braucht man, wenn man studieren möchte: _____

h) Ein Abschluss, den man an der Universität macht: _____

1 Bachelor
2 Hauptschule
3 Kindergarten
4 Realschule
5 Gymnasium
6 Abitur
7 Berufsschule
8 Grundschule

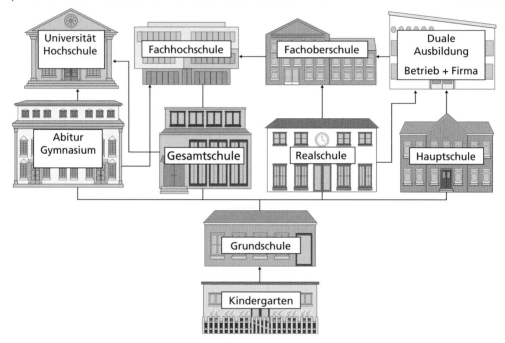

ÜBUNG 10

Eine Zusammenfassung

Schreiben Sie eine kurze Zusammenfassung über das deutsche Ausbildungssystem. Benutzen Sie die Informationen aus dem Text von Übung 7.

a) *In Deutschland gehen die Kinder meistens mit 6 Jahren …*

b) *Nach der Grundschule …*

c) *Insgesamt müssen die Kinder mindestens …*

d) *Wenn man eine Lehre macht, muss man …*

e) *Wenn man studieren möchte, braucht man normalerweise …*

f) *Das Bachelorstudium dauert meistens …*

g) *An einer staatlichen Uni gibt es …*

TIPP

Ein Unterschied ist, dass …
Ein anderer Unterschied ist, dass …

ÜBUNG 11

Wie ist das Ausbildungssystem in Ihrem Land?

Beschreiben Sie das Ausbildungssystem in Ihrem Land. Benutzen Sie die Strukturen aus Übung 10. Was ist ähnlich in Ihrem Land, was ist anders? Versuchen Sie, mindestens zwei Unterschiede zu finden.

C | Studium – und was dann? Zukunftspläne
And then what? Future plans

Was studieren die Deutschen?

Sehen Sie sich die Liste an und finden Sie die Informationen:

a) Was ist das beliebteste Studienfach in Deutschland?
b) Studieren mehr Männer oder Frauen Maschinenbau?
c) Welche zwei Fächer sind bei Männern und Frauen
    sehr beliebt?
d) Ist der Lehrerberuf bei Männern oder Frauen beliebter?

> **TIPP**
> das Studienfach
> *subject, field of study*
> die Studienfächer
> *subjects, fields of study*
> beliebt
> *popular*

Die beliebtesten Studienfächer in Deutschland

Platzierung	Frauen	Männer
1	Betriebswirtschaftslehre (BWL)	Betriebswirtschaftslehre (BWL)
2	Germanistik	Maschinenbau
3	Medizin	Informatik
4	Jura	Elektrotechnik
5	Pädagogik	Jura
6	Englisch	Wirtschaftsingenieurwesen

http://www.studieren-im-netz.org

Gibt es in Ihrem Land auch Unterschiede, was Männer und Frauen studieren?

Vokabeltraining – Universität

Welche Definition passt zu welchem Wort? Verbinden Sie.

a) das Seminar   1 Kantine an einer Universität
b) die Vorlesung   2 Lehrer/in an einer Universität
c) die Mensa   3 Veranstaltung, wo ein Lehrer spricht
d) die Bibliothek   4 schriftliche Prüfung
e) der Dozent / die Dozentin   5 man studiert einige Monate im Ausland
f) die Klausur   6 Veranstaltung, wo Lehrer und Studenten diskutieren
g) das Auslandssemester   7 Bücherei an einer Universität

2.3

Tina, eine Biologiestudentin, sucht einen Platz in der Mensa und lernt Marcus kennen. Hören Sie zu und beantworten Sie die Fragen.

a) Was studiert Marcus?
b) Wie findet Tina ihr Studium?
c) Was möchte sie nach ihrem Bachelor machen?
d) Was macht Marcus nächstes Jahr?
e) Wie sieht er seine Berufschancen nach dem Studium?

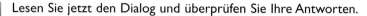

Lesen Sie jetzt den Dialog und überprüfen Sie Ihre Antworten.

Tina	Hallo, ist hier noch frei?
Marcus	Ja, natürlich, bitte schön. Ich studiere Informatik. Und was studierst du?
Tina	Biologie im fünften Semester. Isst du jeden Tag hier in der Mensa zu Mittag?
Marcus	Es hängt davon ab, ob ich zu einem Seminar oder zu einer Vorlesung muss. Ich arbeite oft von zu Hause und esse dann auch da zu Mittag.
Tina	Da hast du aber Glück. Wir Biologiestudenten müssen fast jeden Tag ins Labor. Das Studium ist sehr zeitintensiv, aber ich finde es auch total interessant. Nächstes Semester werde ich dann meinen Bachelor machen.
Marcus	Und was hast du danach vor?
Tina	Ich möchte mich für einen Master einschreiben und mich auf Zellbiologie spezialisieren. Und was sind deine Pläne?
Marcus	Ich werde nächstes Jahr ein Semester in Kanada studieren. Ich freue mich schon. Aber vorher muss ich erst einmal meine Klausuren bestehen.
Tina	Ach, das schaffst du schon. Und weißt du schon, was du nach dem Studium machen willst?
Marcus	Da mache ich mir noch keine Gedanken. Ich bin ja erst im zweiten Semester. Es gibt in Deutschland eine große Nachfrage nach Informatikern. Ich bin ziemlich sicher, dass ich nach dem Studium einen interessanten Job finden werde.
Tina	Mit dem Auslandssemester, das finde ich eine sehr gute Idee.
Marcus	Ja, ich werde mir bestimmt viele neue Erfahrungen sammeln und viele neue Leute kennenlernen.

V O K A B E L N

ab|hängen von	*to depend on*
das Labor (-e)	*laboratory, lab*
sich ein|schreiben	*to register, to enrol*
sich spezialisieren auf	*to specialise in*
bestehen	*here: to pass (an exam, test)*
sich Gedanken machen	*here: to contemplate, to think about*
die Nachfrage (-n)	*demand*
Erfahrungen sammeln	*to gain experience*

Richtig oder falsch? Korrigieren Sie die falschen Aussagen.

a) Marcus studiert Informatik und ist im dritten Semester.
b) Tina ist nur selten an der Uni.
c) Marcus sagt, dass es nicht viele Jobs für Informatiker in Deutschland gibt.
d) Er denkt, dass er im Auslandssemester viele neue Erfahrungen machen wird.

Deutschland-Info

STUDIEREN IN DEUTSCHLAND

Wie in anderen Ländern in Europa sind die meisten Studiengänge in Deutschland in Bachelor- und Masterkurse aufgeteilt. Auch bieten viele Unis Studiengänge auf Englisch an. Daher hat sich die Zahl von ausländischen Studenten in Deutschland in den letzten Jahren, vor allem in Masterprogrammen, stark erhöht. Mittlerweile gibt es mehr als 300.000 ausländische Studenten.

Mehr Informationen:
www.studieren-in-deutschland.org

Die Zukunft ausdrücken
Expressing the future

Wenn man auf Deutsch über die Zukunft spricht, gibt es zwei Möglichkeiten:

1   Das Präsens (*present tense*), so lange der Kontext klar ist:
Ich beginne mein Studium im Oktober.

2   Die Zukunftsform – **werden** + **Infinitiv**:
Ich **werde** mein Studium im Oktober **beginnen**.
Vorsicht – **werden** ist unregelmäßig:

ich werde	wir werden
du wirst	ihr werdet
Sie werden	Sie werden
er/sie/es wird	sie werden

Mehr im Grammatikteil, Seite 28.

*Im Dialog (Übung 14) gibt es vier Beispiele für das Futur mit **werden**. Können Sie diese finden?*

ÜBUNG 16

Was werden die Leute machen?

Beantworten Sie die Fragen, indem Sie **werden** benutzen.

Beispiel
Wann macht Andrea ihr Abitur? (im Juni) → Sie wird im Juni ihr Abitur machen.

a) Wann schreibt Marcus seine Klausuren? (in zwei Wochen)
b) Wann beginnt das Seminar? (um 16.00 Uhr)
c) Wo machen Abir und Sandra ihr Auslandssemester? (in den USA)
d) Bei welcher Firma macht Susanne ihre Lehre? (bei der Telekom)
e) Wann fängt Fabian seinen neuen Job an? (in einem Monat)
f) Was macht ihr im Sommer? (arbeiten)

ÜBUNG 17

2.4

Und jetzt Sie!

Was werden Sie machen? Bereiten Sie Ihre Antworten vor und interviewen Sie dann eine oder mehr Personen. Benutzen Sie das Präsens oder **werden** + Infinitiv.

Fragen	Sie	Ihr Partner/Ihre Partnerin
Was werden Sie nach dem Deutschunterricht machen?		
Was haben Sie morgen vor?		
Was sind Ihre Pläne fürs Wochenende?		
Werden Sie in den nächsten Wochen etwas Besonderes unternehmen?		
Was werden Sie in den Sommerferien machen?		
Was sind Ihre beruflichen Pläne?		

Finden Sie noch mindestens zwei weitere Fragen. Sie können die Fragen auch auf dem Audio hören.

NÜTZLICHE AUSDRÜCKE

Was sind Ihre Pläne fürs Wochenende?	*What are your plans for the weekend?*
Was haben Sie morgen vor?	*What are you planning to do tomorrow?*
Werden Sie etwas Besonderes unternehmen?	*Will you do (lit. undertake) something special?*
beruflich ...	*workwise, professionally*

Drei Studenten im Interview

Die Johann Wolfgang Goethe-Universität ist eine der bekanntesten Universitäten in Deutschland. Sie hat über 40.000 Studenten und bietet mehr als 170 Studiengänge an. Drei Studenten sprechen über ihr Studium und ihre Pläne. Sehen Sie das Video und finden Sie die fehlenden Informationen.

	Alina Lausecker	Sewar Karkoky	Lucia Gerharz
Was sie studieren			
In welchem Semester sie sind			
Was ihnen an dem Studium gefällt			
Was ihnen nicht gefällt			
Job neben dem Studium			
Wie sie ihre Berufschancen sehen	–		

Pläne für die Zukunft

Hören Sie noch einmal zu und ergänzen Sie.

a) Sewal möchte ...
b) Lucia steht kurz vor ihrem ...
c) Alina denkt, dass man später, wenn man fertig ist, ...
d) Sewal glaubt, seine Berufschancen sind gut, denn ...
e) Lucia hat in den letzten Jahren an ...
f) Daher konnte sie ...
g) Sie denkt, sie hat gute ...

> **TIPP**
> **denn** hat dieselbe Bedeutung wie **weil** (*because*), das Verb geht aber nicht ans Ende: Ich studiere in Frankfurt, **denn** die Uni **ist** gut.

Die drei Studenten sehen ihre Berufsaussichten sehr positiv. Wie ist im Moment die Situation für Studenten und junge Leute in Ihrem Land? Wie sehen sie ihre Zukunftschancen? Diskutieren Sie in der Klasse.

VOKABELN

der Magister (no pl.)	*Master's degree*
das Verständnis	*understanding*
auf|tauchen	*to appear, to surface*
vertiefen	*to deepen*
sich auseinander|setzen mit etwas	*here: to examine sth.*
kellnern	*to work as a waiter/waitress*
der Lektor (-en) / die Lektorin (-nen)	*editor*
der Arbeitsmarkt (-¨e)	*job market*

Grammatik

Talking about the past – simple past tense of modal verbs and *haben, sein, geben*

When **talking** about the past, for instance to discuss people's educational backgrounds, German normally uses the **present perfect tense** *(Perfekt)*.

However, there are a few exceptions. These include modal verbs whose **simple past** forms *(Präteritum)* are easier to use than their present perfect forms:

Präteritum: Er **konnte** das nicht.
Perfekt: Er **hat** das nicht **gekonnt**.

The simple past of modal verbs is formed by adding the relevant ending to the stem. Note that **dürfen, können** and **müssen** also drop the umlaut:

	ending	dürfen	können	müssen	sollen	wollen
ich	**-te**	durfte	konnte	musste	sollte	wollte
du	**-test**	durftest	konntest	musstest	solltest	wolltest
Sie	**-ten**	durften	konnten	mussten	sollten	wollten
er/sie/es	**-te**	durfte	konnte	musste	sollte	wollte
wir	**-ten**	durften	konnten	mussten	sollten	wollten
ihr	**-tet**	durftet	konntet	musstet	solltet	wolltet
Sie	**-ten**	durften	konnten	mussten	sollten	wollten
sie	**-ten**	durften	konnten	mussten	sollten	wollten

Other examples of verbs which are frequently used in the simple past tense are **haben** and **sein**:

haben			sein	
ich **hatte**	wir **hatten**		ich **war**	wir **waren**
du **hattest**	ihr **hattet**		du **warst**	ihr **wart**
Sie **hatten**	Sie **hatten**		Sie **waren**	Sie **waren**
er/sie/es **hatte**	sie **hatten**		er/sie/es **war**	sie **waren**

To say **there is / there are** German uses the phrase **es gibt**. The equivalent to the English **there was / there were** is **es gab**:

Es gab viel Sonne.   *There was lot of sunshine.*
Es gab viele Leute.   *There were a lot of people.*

The future tense

The future tense in German is formed with the present tense of **werden** together with the infinitive of the verb in question:

ich **werde** spielen	wir **werden** spielen
du **wirst** spielen	ihr **werdet** spielen
Sie **werden** spielen	Sie **werden** spielen
er/sie/es **wird** spielen	sie **werden** spielen

The future tense has rather limited use in German and the present tense is used more widely than it is in English to refer to future events as long as the context makes the time reference clear.

Words or expressions which give an indication of a time in the future include:
morgen *tomorrow*, **übermorgen** *the day after tomorrow*, **bald** *soon*, **später** *later*, **nachher** *after(wards)*, **in zehn Minuten** *in ten minutes*, **heute Abend** *tonight*, **nächste Woche** *next week*.

Morgen um diese Zeit sind wir in München.	*This time tomorrow, we'll be in Munich.*
Wir gehen **heute Abend** ins Restaurant.	*We'll go to the restaurant tonight.*

It is certainly possible to use the future tense in most instances where a future time reference is given. Nevertheless, the present tense is normally preferred. As a general rule, the future tense tends to be used to make predictions, to state intentions or to emphasise a point:

Heute wird es nicht mehr regnen.	*It won't rain any more today.*
Ich werde nächstes Jahr in Kanada studieren.	*I'll be studying in Canada next year.*
Das Spiel wird um 20.00 Uhr beginnen.	*The match will start at 8 pm.*

Word order

In main clauses *werden* is the second element while the main verb is at the end:
Heute **wird** es nicht mehr *regnen*.
Ich **werde** nächstes Jahr in Kanada *studieren*.

In subordinating clauses *werden* goes into last position, following the main verb:
Ich bin mir sicher, dass ich einen interessanten Job *finden* **werde**.
Er weiß noch nicht, was er nach dem Studium *machen* **wird**.

The verb *werden*

The verb *werden* is quite versatile. As you just saw, it is used to form the future tense. However, it can also stand on its own, meaning **to become, to get**:

Sie wird Journalistin.	*She'll become a journalist.*
Es wird wärmer.	*It's getting warmer.*

In addition, *werden* is used in forming most passive structures (Chapter 7) as well as the subjunctive and conditional (Chapter 8).

Mehr Übungen ...

1 Welches Verb passt am besten?

auswendig lernen	bezahlen	einschreiben	besuchen	sammeln
bestehen	studieren	gehen	bekommen	

a) in die Schule: _____
b) einen Text: _____
c) eine Berufsschule: _____
d) Noten: _____
e) an einer Universität: _____

f) Studiengebühren: _____
g) eine Klausur: _____
h) neue Erfahrungen: _____
i) sich für einen Master: _____

2 Finden Sie die Satzteile, die zusammen gehören.

a) Als Kind wollte

b) In der Schule durften

c) Weil das Abitur nicht gut war, konnte

d) Für sein Medizinstudium musste

e) Nach ihrem Bachelor wollte

f) Für das Seminar solltet

1 wir keine Markenkleidung tragen.

2 er Latein lernen.

3 sie gleich einen Master machen.

4 er Popstar werden.

5 ihr die Texte lesen.

6 Maja nicht gleich studieren.

3 Wie heißt es richtig? Setzen Sie die passende Form von **werden** ein.

a) Morgen _____ es regnen.

b) _____ ihr wieder Urlaub in den Bergen machen?

c) Ich _____ den Kindern bei den Hausaufgaben helfen.

d) _____ du bald deine Ausbildung anfangen?

e) Sabrina kann nicht kommen, weil sie nach Berlin fahren _____ .

f) Ich glaube, dass die Besucher um 19.00 Uhr kommen _____ .

4 Meine Zukunftspläne

Machen Sie Notizen und sprechen Sie dann über Ihre Zukunftspläne. Benutzen Sie die Satzanfänge unten.

Morgen werde ich ...

Am Wochenende ...

Nächsten Montag muss ich ...

In zwei Wochen ...

Letzten Sommer waren wir in Italien, diesen Sommer ...

In den kommenden Monaten ...

Beruflich ...

Am Ende von Kapitel 2 können Sie jetzt:

1 über Ihre Schulzeit sprechen?
(Seiten 16–19) ❏

2 das deutsche Ausbildungssytem mit dem System in Ihrem Land vergleichen?
(Seiten 20–22) ❏

3 eine Diskussion über das Universitätsleben verstehen?
(Seiten 23–26) ❏

4 über Ihre Zukunftspläne sprechen?
(Seiten 26–27) ❏

5 das Präteritum der Modalverben bilden?
(Seiten 17–19) ❏

Vokabeln

SCHULE UND AUSBILDUNG	*School and education*
das Bildungssystem (-e)	*educational system*
das Fach (-¨er)	*subject (school, university)*
das Horrorfach (-¨er)	*least favourite subject*
der Leistungsdruck (no pl.)	*pressure (to perform)*
das Lieblingsfach (-¨er)	*favourite subject*
der Mitschüler (-) / die Mitschülerin (-nen)	*classmate*
die Note (-n)	*grade, mark*
die Schuluniform (-en)	*school uniform*
die Grundschule (-e)	*primary school*
die weiterführende Schule	*secondary school*
die Hauptschule (-n)	*type of secondary school*
die Realschule (-n)	*type of secondary school leading to an intermediate qualification (mittlere Reife)*
das Gymnasium (Gymnasien)	*type of secondary school, comparable to British grammar school, leading to A-levels (Abitur)*
die Gesamtschule (-n)	*comprehensive school*
die Lehre (-n)	*apprenticeship, training*
die duale Ausbildung	*dual education system, combining an apprenticeship in a company with education at a vocational school (Berufsschule)*
auswendig lernen	*to learn by heart*
sich beweben um	*to apply for*
sogenannt	*so-called*
unter einem Dach	*under one roof*

Für eine Liste von Schulfächern, siehe Seite 19.

UNIVERSITÄT	*University*
das Auslandssemester (-)	*semester abroad*
die Bibliothek (-en)	*library*
der Dozent (-en) / die Dozentin (-nen)	*lecturer*
die Klausur (-en)	*(written) exam*
der Kommilitone (-n) / die Kommilitonin (-nen)	*fellow student*
das Labor (-e)	*laboratory*
die Mensa (Mensen)	*canteen*
das Quotensystem (-e)	*quota system*
das Seminar (-e)	*seminar*
das Sommersemester (-)	*summer semester, summer term*

die Studiengebühr (-en)	*tuition fee*
das Studienjahr (-e)	*academic year*
der Studienplatz (-¨e)	*university/college place*
das Studium (Studien)	*studies*
die Vorlesung (-en)	*lecture*
das Wintersemester (-)	*winter semester, winter term*
bestehen	*to pass (an exam, test)*
sich ein|schreiben	*to register, to enrol*
sich spezialisieren auf	*to specialise in*

ADJEKTIVE	*Adjectives*
akademisch	*academic*
engagiert	*committed*
froh	*happy, to be pleased*
kostenlos	*free (of charge)*
liberal	*liberal*
obligatorisch	*compulsory, obligatory*
streng	*strict*
theoretisch	*theoretical*
zeitintensiv	*time-consuming*

VERSCHIEDENE NOMEN	*Miscellaneous nouns*
das Bundesland (-¨er)	*federal state*
der Kontakt (-e)	*contact*
die Kombination (-en)	*combination*
die Nachfrage (-n)	*demand*
der öffentliche Dienst	*public service*

ZUKUNFT	*Future*
bald	*soon*
nachher	*after(wards)*
übermorgen	*the day after tomorrow*
etwas Besonderes unternehmen	*to do something special*
etwas vor|haben	*to plan something*

SCHULFÄCHER	*School subjects*
Biologie	*Biology*
Chemie	*Chemistry*
Erdkunde/Geografie	*Geography*
Ethik	*Ethics*
Geschichte	*History*
Informatik	*IT*
Kunst	*Art*
Latein	*Latin*
Mathematik/Mathe	*Mathematics/Maths*
Musik	*Music*
Physik	*Physics*
Sport	*PE*
Werken/Technik	*Craft/Design and Technology*

3 | *drei*
Lifestyle, Freizeit, Kultur

- Understand and discuss leisure trends
- Summarise information about Munich
- Describe the quality of life and attractions in your town
- Express likes and dislikes
- Write a personal profile for your blog

■ *Verbs and prepositions*
■ *Infinitive constructions with* **zu**

A | Ich interessiere mich für …
I am interested in …

ÜBUNG
1

Freizeitaktivitäten

Was machen die Deutschen in ihrer Freizeit? Was glauben Sie: Auf welchem Platz sind die folgenden Aktivitäten? Sagen Sie auch warum.

Beispiel
Wir denken, dass Fernsehen auf Platz _____ ist. Fast alle Leute haben einen Fernseher.

| Joggen / Nordic Walking |
| Fernsehen |
| Musik hören |
| Internet |

Freizeit der Deutschen		
1 ------------------------------------	97%	Internet (4); Fernsehen (1); Joggen / Nordic Walking (11); Musik hören (7)
2 Radio hören	90%	
3 Telefonieren	89%	
4 ------------------------------------	73%	
5 Zeitungen, Zeitschriften lesen	72%	
6 Zeit mit dem Partner verbringen	68%	
7 ------------------------------------	54%	
8 Oper/Theater/Ballet	46%	
9 Ehrenamtlich arbeiten, in einem Verein aktiv sein	41%	
10 Onlinespiele/Videospiele	40%	
11 ------------------------------------	37%	
12 ins Fitnessstudio gehen	29%	

Überprüfen Sie dann Ihre Antworten. Was überrascht Sie?

ÜBUNG 2

Was machen Sie in Ihrer Freizeit?

Machen Sie eine eigene Liste. Welche vier Aktivitäten machen Sie oft in Ihrer Freizeit, welche vier Aktivitäten weniger oft? Warum?

Sprechen Sie dann mit Ihrem Partner/Ihrer Partnerin. Finden Sie heraus, was er/sie in der Freizeit macht und berichten Sie dann.

Beispiel
Er geht in seiner Freizeit oft ins Fitnessstudio, er geht aber fast nie ins Theater oder in die Oper.

VOKABEL

ehrenamtlich	*as a volunteer*

NÜTZLICHE AUSDRÜCKE

(sehr) oft	häufig	mehrmals
(very) often	*frequently*	*several times*
manchmal	(sehr) selten	(fast) nie
sometimes	*(very) rarely*	*(almost) never*

ÜBUNG 3

Umfrage – Vier Personen berichten über ihre Freizeitinteressen

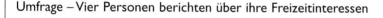

Statistisch gesehen haben wir immer mehr Freizeit. Aber wie verbringen wir sie? Wir haben vier Leute gefragt, was sie in ihrer Freizeit machen und welche Interessen sie haben.

PIERRE SCHRÖDER, 19

Ich interessiere mich am meisten für Musik und wenn ich Zeit habe, treffe ich mich mit meinen Freunden und wir spielen und üben zusammen. Wir machen Hip-Hop mit deutschen Texten. Neben der Musik interessiere ich mich auch für Politik und engagiere mich für den Umweltschutz.

ANNETTE KLARSEN, 42

Ich verbringe viel Zeit mit meinen zwei kleinen Kindern – wir fahren Rad, gehen in den Zoo, machen manchmal Ausflüge oder besuchen Freunde. Mehrmals in der Woche kümmere ich mich auch um meinen Vater. Er hat Alzheimer und lebt seit zwei Jahren in einem Pflegeheim.

KARINA BOYEK, 31

Ich shoppe gern, interessiere mich für Mode und gehe regelmäßig ins Fitnessstudio. Daneben bin ich oft in den sozialen Medien aktiv und schreibe meinen eigenen Blog. Außerdem reise ich gern – ich freue mich schon auf den nächsten Urlaub in Spanien.

DANIEL ZIELER, 25

Wenn ich ehrlich bin, beschäftige ich mich die meiste Zeit mit meiner Playstation. Ich spiele allein oder mit meinen Kumpeln oder online mit anderen Zockern. So kann ich am besten meinen Stress abbauen. Zu Heimspielen gehe ich auch oft ins Fußballstadion.

V O K A B E L N

die Umfrage (-n)	survey
sich engagieren für	here: to be involved in, to be committed to
der Umweltschutz	protection of the environment
sich kümmern um	to care for, to look after
das Pflegeheim (-e)	nursing home
ehrlich	honest
der Kumpel (-)	mate
der Zocker (-)/die Zockerin (-nen)	here: gamer

Beantworten Sie die Fragen.

a) Welche Interessen hat Pierre?
b) Wofür engagiert er sich?
c) Sind soziale Medien wichtig für Karina?
d) Warum kümmert sich Annette um ihren Vater?
e) Mit wem spielt Daniel?
f) Wie helfen ihm die Konsolenspiele?

TIPP
Für reflexive Verben und Reflexivpronomen siehe Kapitel 1.

Verben und Präpositionen *Verbs and prepositions*

Viele deutsche Verben brauchen häufig eine Präposition. Hier sind einige Beispiele:

denken an	to think of
glauben an	to believe in
träumen von	to dream of
warten auf	to wait for
sprechen mit/über	to talk with/about

Verben + Präpositionen gibt es oft mit reflexiven Verben:

sich ärgern über	to be annoyed about
sich beschäftigen mit	to occupy oneself with
sich engagieren für	to be involved in
sich freuen auf	to look forward to
sich freuen über	to be pleased about
sich interessieren für	to be interested in
sich kümmern um	to care for, to look after

Negation

Bei nicht-reflexiven Verben steht **nicht** meistens nach dem **Verb**:
Ich **glaube nicht** an Ufos.

Bei reflexiven Verben steht es nach dem Reflexivpronomen (**mich, sich** etc.):
Ich interessiere **mich nicht** für Mode.

Ja/Nein-Fragen

Bei Ja/Nein-Fragen steht das Verb am Anfang, gefolgt vom Subjekt und dem Reflexivpronomen (falls vorhanden):
Interessieren Sie sich für Musik?

Mehr im Grammatikteil, Seite 44.

Lesen Sie die vier Interviews (Übung 3) noch einmal. Wie viele Beispiele für Verben + Präpositionen können Sie finden?

ÜBUNG 4

Verbinden Sie.

a) Pierre interessiert sich
b) Seit 15 Minuten wartet sie
c) Annette kümmert sich
d) Daniel beschäftigt sich
e) Wir ärgern uns
f) Sie träumen manchmal
g) Karina freut sich

1 mit Online-Spielen.
2 von einem Lottogewinn.
3 auf ihren Urlaub.
4 auf den Bus.
5 über eine langsame WLAN-Verbindung.
6 für Musik.
7 um ihren Vater.

ÜBUNG 5

Wie heißen die Fragen?

Unten sehen Sie, was Conny Andresen über verschiedene Sachen denkt. Aber was waren die Fragen? Finden Sie zu jeder Antwort eine Frage. Frage a) ist schon gemacht.

a) Interessieren Sie sich für Mode?
   Nein, ich interessiere mich nicht für Mode. Mode finde ich langweilig und uninteressant.

b) _____ ?
   Ja, ich ärgere mich über das Wetter. Es ist im Allgemeinen zu kalt und es regnet zu viel.

c) _____ ?
   Ufos? Nein, ich glaube nicht an Ufos. Ich denke, dass es keine Außerirdischen gibt.

d) _____ ?
   Nein, ich interessiere mich nicht sehr für Fußball, obwohl ich manchmal ein Spiel im Fernsehen anschaue.

e) _____ ?
   Ja, ich beschäftige mich viel mit sozialen Medien. Ich habe eine Facebook-Seite und twittere auch.

f) _____ ?
   Nein, ich träume nicht von einem Lottogewinn. Die Gewinnchancen sind, glaube ich, eins zu 15 Millionen.

g) _____ ?
   Ja, ich freue mich auf die Ferien, weil ich für zwei Wochen in die Karibik fliege.

3.1

Hatten Sie recht? Überprüfen Sie Ihre Fragen auf dem Audio.

ÜBUNG 6

Und jetzt Sie!

Beantworten Sie die Fragen von Übung 5. Begründen Sie Ihre Antworten mit mindestens 2–3 Sätzen. Interviewen Sie dann eine oder mehr Personen in der Klasse. Wenn Sie möchten, finden Sie mehr Fragen.

B | München – die Kulturstadt
Munich – a city of culture

ÜBUNG
7

Arbeiten Sie mit einem Partner/einer Partnerin oder in einer kleinen Gruppe. Was wissen Sie schon über München?

a) In welchem Bundesland liegt München?
b) Ist es größer oder kleiner als Hamburg?
c) Welche bekannte Autofirma hat ihren Sitz in München?
d) Woher kommen die meisten ausländischen Gäste?
e) Was ist das Wahrzeichen der Stadt?
f) Wie heißt das Stadion, wo der FC Bayern München spielt?
g) Was ist das Oktoberfest?

Lesen Sie dann den Text und finden Sie die Informationen. Welche Gruppe hat die meisten richtigen Antworten?

NÜTZLICHE AUSDRÜCKE

Ich vermute, dass …	*I suppose that …*
Ich glaube, dass …	*I believe that …*
Wir denken, dass …	*We think that …*
Wir sind (absolut) sicher, dass …	*We are (absolutely) certain that …*
Ehrlich gesagt, ich habe keine Ahnung.	*Honestly, I don't have a clue.*

München – Weltstadt mit Herz

Sie gilt als die Weltstadt mit Herz und nach einer Umfrage der Zeitschrift *Focus* ist sie die Stadt, in der die meisten Deutschen leben möchten: München, die Landeshauptstadt von Bayern, mit etwa 1,4 Millionen Einwohnern, nach Berlin und Hamburg, die drittgrößte Stadt Deutschlands.

Ein Ort zum Wohlfühlen also, der viel Lebensqualität bietet – italienisches Flair, Biergärten, elegante Shopping-Boutiquen, große Seen in unmittelbarer Nähe und bis zu den Alpen ist es nur eine Stunde mit dem Auto. Man nennt die Stadt auch oft das „Millionendorf" oder „die nördlichste Stadt Italiens". Viele Gründe also, warum München in einer Studie über Städte weltweit auf Rang 4 steht, was die Lebensqualität betrifft. Der Nachteil: Neben Düsseldorf hat

München die höchsten Miet- und Immobilienpreise in der Bundesrepublik – im Durchschnitt etwa 19 € pro Quadratmeter.

Wirtschaftlich ist München sehr erfolgreich und die Heimatstadt von BMW, Siemens, vielen Banken, Versicherungen, Modefirmen und Brauereien. Täglich pendeln mehr als 450 000 Menschen. Und auch für Bücher ist München von Bedeutung: Es ist die größte Verlagsstadt in Europa.

Kein Wunder, dass München viele Touristen anlockt: 105 Millionen Tagesbesucher und über 13,5 Millionen Übernachtungen zählt die Stadt pro Jahr, wobei die meisten ausländischen Gäste aus den USA und den Golfstaaten anreisen. Viele Besucher kommen auch wegen des kulturellen Angebotes – mehr als 60 Museen und 70 Theater bietet die Stadt. Zwei Tipps: Das Deutsche Museum, das jährlich von einer Million Menschen besucht wird und die Pinakotheken, die Kunst vom Mittelalter bis ins 21. Jahrhundert zeigen.

Andere Attraktionen sind die Frauenkirche, das Wahrzeichen der Stadt, der Englische Garten, einer der größten städtischen Gärten der Welt, das BMW-Museum und die Allianz Arena, wo der FC Bayern München, der deutsche Fußballrekordmeister, seine Heimspiele austrägt. Und nicht zuletzt das Oktoberfest, das größte Bierfest der Welt. Es findet meistens von Mitte September bis Anfang Oktober statt.

ÜBUNG 8

Richtig oder falsch? Korrigieren Sie die falschen Aussagen.

a) München ist die zweitgrößte Stadt in Deutschland.
b) Die Lebensqualität in München ist nicht sehr hoch.
c) Ein Problem sind die hohen Preise für Mieten und Immobilien.
d) Wirtschaftlich hat die Stadt Probleme.
e) München hat 105 Millionen Übernachtungen pro Jahr.
f) Die Pinakotheken zeigen vor allem moderne Kunst.

V O K A B E L N

gelten als	to be regarded as
ein Ort zum Wohlfühlen	a place to feel at home in
der Nachteil (-e)	disadvantage
die Bedeutung (-en)	here: importance, significance
der Verlag (-e)	publishing company
an|locken	to attract
das Mittelalter (no pl.)	Middle Ages, medieval times
das Wahrzeichen (-)	landmark
aus|tragen	here: to host

Was passt am besten?

a) Lebensqualität
b) Touristen
c) Übernachtungen
d) Leute zur Arbeit
e) Kunst
f) Heimspiel

1 pendeln
2 zeigen
3 anlocken
4 austragen
5 zählen
6 bieten

Verben und Präpositionen – Fragen *Verbs and prepositions – Questions*

1 Sie haben schon gesehen, dass bei Ja/Nein-Fragen das Verb am Anfang steht:
Interessieren Sie sich für Mode?

2 Fragewörter konstruiert man mit **wo(r)** + Präposition:
sich interessieren für → wo + **für**: **Wofür** interessieren Sie sich?
sich ärgern über → wor + **über**: **Worüber** ärgert er sich?

Das gilt auch für Adjektive + Präpositionen:
bekannt für → wo + **für**: **Wofür** ist die Stadt bekannt?

Mehr im Grammatikteil, Seite 44.

Ein Münchener erzählt

Jonas Schmidt wohnt in München. Er erzählt über die Stadt und den Lebensstil der Münchener. Hören Sie zu. Welche Antwort stimmt?

3.2

a) Jonas denkt, dass München sehr ruhig und freundlich / friedlich ist.
b) Für einen Fahrradfan ist die Stadt nicht gut / großartig.
c) Das Motto „leben und leben lassen" passt / passt nicht zu München.
d) Im Bahnhofsviertel kauft man billig / teuer ein.
e) Es gibt genügend freie Wohnungen, aber sie sind zu teuer. / Es gibt kaum freie Wohnungen.
f) Staus und Baustellen sind ein / kein Dauerthema.
g) Die Ost-West-Friedenskirche von Väterchen Timofei ist für ihn der spannendste / spirituellste Ort in München.

Was sagt Jonas noch?

München – Ein Überblick

Benutzen Sie die Informationen aus Übung 7 und 10 und ergänzen Sie:

a) München gilt als Weltstadt …
b) Man nennt die Stadt auch …
c) Das Wahrzeichen von München ist …
d) Das Kulturangebot ist sehr groß – es gibt …
e) Bekannte Attraktionen sind …
f) Ein Problem sind die …

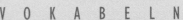

V O K A B E L N

einerseits … andererseits	*on the one hand …*
	on the other hand
frei und ungezwungen	*free(ly) and at ease*
übertrieben	*exaggerated*
die Lockerheit (-en)	*here: ease, relaxed nature*
der Schirmherr (-en)	*patron, sponsor*
der Stau (-s)	*traffic jam*
die Baustelle (-n)	*here: roadworks*

g) Manche Münchener ärgern sich auch …
h) Wirtschaftlich …
i) Die meisten Deutschen möchten …
j) Als Fazit kann man sagen – München bietet eine …

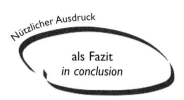

Nützlicher Ausdruck

als Fazit
in conclusion

ÜBUNG
12

Und jetzt Sie!

Wie ist das Leben und der Lebensstil in Ihrer Stadt? Diskutieren Sie in kleinen Gruppen oder in der Klasse. Wofür ist Ihre Stadt bekannt?

Gibt es ein oder mehrere Wahrzeichen?

Was sind die wichtigsten Attraktionen?

Gibt es ein gutes Kulturangebot?

Wie sind die Freizeitmöglichkeiten?

Wie sind die Einkaufsmöglichkeiten?

Wie ist die wirtschaftliche Situation im Allgemeinen?

Welche Probleme gibt es? Worüber ärgern sich die Leute?

Ist Tourismus ein wichtiger Faktor?

Kann man gute Ausflüge in die Umgebung machen?

Welche anderen Aspekte finden Sie noch wichtig?

C | Vorlieben und Abneigungen …
Likes and dislikes …

ÜBUNG
13

Lesen und Lernen

Ein Freund fragt:

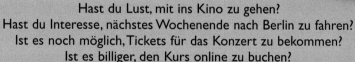

Hast du Lust, mit ins Kino zu gehen?
Hast du Interesse, nächstes Wochenende nach Berlin zu fahren?
Ist es noch möglich, Tickets für das Konzert zu bekommen?
Ist es billiger, den Kurs online zu buchen?

Das können Sie sagen:

Ja	**Nein**
Ja, ich habe große Lust, mit ins Kino zu gehen.	Tut mir leid, ich habe keine Lust / keine Zeit, mit ins Kino zu gehen.
Natürlich habe ich Interesse, nach Berlin zu fahren.	Ich habe leider kein Interesse / kein Geld, nach Berlin zu fahren.
Kein Problem, es ist noch möglich, Tickets zu bekommen.	Nein, es ist nicht mehr möglich, Tickets zu bekommen.
Ja, es ist billiger, den Kurs online zu buchen.	Nein, es ist nicht billiger, online zu buchen.

zu + Infinitiv   *zu + infinitive constructions*

Ausdrücke mit **ich habe + Nomen** und **es ist + Adjektiv** brauchen oft **zu + Infinitiv**:
Ich habe Lust, mit ins Kino zu gehen.
Es ist billiger, den Kurs online zu buchen.

Außerdem gibt es einige Verben, die häufig **zu + Infinitiv** haben, zum Beispiel **anfangen**
to start, **planen** *to plan*, **versuchen** *to try*:
Sie fängt an, Spanisch zu lernen.
Ich plane, ein neues Tablet zu kaufen.
Kannst du versuchen, ein bisschen früher zu kommen?

Mehr im Grammatikteil, Seite 45.

*Sehen Sie sich die Beispiele noch einmal an: Wo steht **zu + Infinitiv** im Satz? An welcher Stelle steht das Komma?*

ÜBUNG 14

Üben Sie.

Beantworten Sie die Fragen mit Ja oder Nein.

Beispiel
Habt ihr Lust, schwimmen zu gehen? (Nein) → Nein, wir haben keine Lust, schwimmen zu gehen.

a) Planst du, im Sommer nach Kairo zu fahren? – (Ja)
b) Ist es möglich, die Tickets zurückzugeben? – (Nein)
c) Macht es Spaß, ein Instrument zu lernen? – (Ja)
d) Hast du Zeit, mit shoppen zu gehen? – (Nein)
e) Versuchst du, deinen Lebensstil zu ändern? – (Ja)

ÜBUNG 15

3.3

Elena möchte Timo einladen

Hören Sie zu. Timo interessiert sich für Sport und Elena für Kultur. Machen Sie sich Notizen.

a) Welche Sportaktivitäten Timo macht und wie oft:

_____

_____

b) Wofür sich Elena interessiert:

_____

_____

Lesen Sie dann den Dialog und überprüfen Sie Ihre Antworten.

Elena	Übrigens, Timo, ich habe zwei Karten für die Oper. Hast du Lust mitzukommen?
Timo	Das ist sehr nett von dir, Elena, aber ehrlich gesagt, interessiert mich die Oper nicht besonders. Ich bin zwar schon kulturinteressiert, aber im Allgemeinen bevorzuge ich sportliche Aktivitäten.

Elena	Ach, komm, du musst doch auch mal was anderes sehen als nur dein Fitnessstudio und deinen Kampfsportclub. Wie oft machst du denn Sport pro Woche?
Timo	Na ja, ich gehe schon mehrmals in der Woche ins Fitnessstudio und dann trainiere ich zweimal mit meiner Jiu-Jitsu-Mannschaft. Ach, das weißt du ja noch gar nicht, ich habe jetzt auch angefangen, unsere Jugendmannschaft zu coachen.
Elena	Was? Jetzt coachst du auch noch? Wird das nicht zu viel? Dann ist ja deine ganze Freizeit verplant.
Timo	Mir macht es großen Spaß, die jungen Leute zu trainieren. Und so viel Zeit ist es auch nicht. Außerdem lerne ich selber sehr viel und ich mache etwas Sinnvolles. Ich mag auch die gesellige Seite im Verein, wir haben wirklich sehr viele nette und interessante Mitglieder.
Elena	So viel Zeit in einem Verein zu verbringen, das wäre nichts für mich. Sport hat mich eigentlich schon immer gelangweilt.
Timo	Und was sind deine Vorlieben?
Elena	Nun ja, ich interessiere mich für alles, was mit Kultur zu tun hat. Ich bin gern auf dem Laufenden, was die neuesten Filme, Theaterproduktionen und so weiter angeht.
Timo	Und magst du nur moderne Theaterstücke?
Elena	Nein, ich schätze auch Klassiker wie Goethe und Schiller. Abgesehen davon besuche ich auch regelmäßig Ausstellungen. Ich mag sowohl klassische als auch zeitgenössische Kunst. Letzte Woche war ich erst bei einer interessanten Videoinstallation von jungen Künstlern.

V O K A B E L N

der Kampfsport (no pl.)	*martial arts*
verplant sein	*to be all booked up, to have no time*
etwas Sinnvolles	*something meaningful*
gesellig	*social*
Das wäre nichts für mich.	*This wouldn't be for me.*
auf dem Laufenden sein	*to be informed, up to date*
schätzen	*here: to appreciate*
abgesehen davon	*apart from that, besides*
sowohl ... als auch	*as well as*
zeitgenössisch	*contemporary*

ÜBUNG 16

Beantworten Sie die Fragen.

a) Hat Timo Lust, in die Oper zu gehen?
b) Was sagt er über seine Trainertätigkeit?
c) Was mag er an seinem Verein?
d) Was wäre nichts für Elena?
e) Mag sie nur zeitgenössische Kunst?

ÜBUNG 17

Lesen Sie den Text noch einmal und ergänzen Sie die folgenden positiven und negativen Aussagen.

Vorlieben	Abneigungen 
Mir macht es großen …	Ehrlich gesagt, interessiert mich …
Ich mag auch die …	Ich bin zwar schon …, aber …
Ich … auch Klassiker wie Goethe und Schiller.	Das wäre nichts …
Ich mag sowohl …	Sport hat mich eigentlich …

Deutschland-Info

VEREINE

Vereine spielen eine wichtige Rolle in Deutschland. Insgesamt gibt es fast 600 000 verschiedene Vereine und viele Menschen arbeiten dort ehrenamtlich. Sportvereine haben die meisten Mitglieder – etwa 23 Millionen. Die folgenden Sportarten sind am beliebtesten:

| 1 Fußball | 3 Tennis | 5 Leichtathletik | 7 Wandern |
| 2 Turnen | 4 Sportschießen | 6 Handball | 8 Reiten |

ÜBUNG 18

Lisa Claire Pierro

Lisa Claire Pierro kommt ursprünglich aus Frankfurt und lebt und arbeitet jetzt in Offenbach, etwa 10 km von Frankfurt entfernt. Sie erklärt, was sie gern in ihrer Freizeit macht, wofür sie sich interessiert und wie ein perfektes Wochenende für sie aussieht. Sehen Sie das Video und machen Sie Notizen zu den folgenden Punkten:

a) Wie lange sie schon arbeitet
b) Was sie kulturell am Wochenende macht
c) Ihr musikalischer Background
d) Was sie über Shoppen und Mode sagt
e) Was sie gern mit ihren Freunden macht
f) Ehrenamtliches Engagement
g) Wie ihr perfektes Wochenende startet
h) Was sie am Samstagabend macht
i) Wie sie meistens ihren Sonntagabend verbringt

Was haben Sie außerdem noch gehört?

ÜBUNG 19

Lisas perfektes Wochenende

Hören Sie zu und ergänzen Sie den Text.

Mein perfektes Wochenende startet mit ___ ___ Frühstück. Danach treffe ich mich mit ___, fahre mit dem Fahrrad ___ ___ ___ und wir gehen dann dort auf ___ ___, essen eine ___ und trinken einen Kaffee. Abends gehe ich dann nach Hause erstmal und lade dann Freunde zu mir ___ ___ ein. Und ___ gehe ich dann gerne nicht ___ ins Bett, weil am Wochenende ist dann der ___ Tag, an dem man mal ___ wach bleiben kann und ausschlafen kann am nächsten Tag. Und am Sonntag ___ ich meistens meinen Tag so, das gehört ja auch noch zum Wochenende, dass ich dort viel Sport mache und mit Freunden, oder mit meinem Freund, Squash ___ ___. Und den Abend dann ... abends dann meistens mit dem *Tatort*___ ___.

> **TIPP**
> Die *Zeil* ist eine beliebte Einkaufsstraße in Frankfurt. Der **Tatort** ist die am längsten laufende TV-Krimiserie in Deutschland. Neue Episoden kann man sonntags um 20.15 Uhr sehen.

Verbendungen im gesprochenen Deutsch
Verb endings in spoken German

Im gesprochenen Deutsch lassen Leute manchmal die Verbendungen weg:
Und kulturell mach' ich viel am Wochenende.
Hab' sehr früh angefangen, Klavier zu spielen.
Das passiert vor allem in der Umgangssprache, wenn Leute schnell sprechen.

V O K A B E L N

ursprünglich	originally
die Querflöte (-n)	(transverse) flute
vernachlässigen	to neglect
die Laune (-n)	mood
das Umland (no pl.)	surrounding area
der Flüchtling (-e)	refugee
ausgiebig	extensive
ausklingen lassen	here: to unwind

ÜBUNG 20

3.4

Und jetzt Sie!

Sprechen Sie über Ihre Vorlieben und was Sie weniger mögen. Bereiten Sie Ihre Antworten vor und diskutieren Sie dann mit einer oder mehr Personen in der Klasse. Benutzen Sie die Vokabeln und Ausdrücke aus diesem Kapitel.

Fragen	Sie	Ihre Partnerin/ Ihr Partner
Interessieren Sie sich mehr für Kultur oder Sport? Oder ist beides wichtig für Sie?		
Welche Sportart(en) / Kunstform(en) mögen Sie? Welche nicht? Warum?		
Hören Sie sowohl moderne als auch klassische Musik? Haben Sie einen Lieblingsmusiker? Was schätzen Sie an ihr/ihm?		
Bevorzugen Sie zeitgenössiche oder ältere Kunst? Warum?		
Sind Sie oder waren Sie Mitglied in einem Verein? Wenn ja, was machen Sie / was haben Sie gemacht?		
Wie sieht Ihr perfektes Wochenende aus? Womit startet es? Was machen Sie am Samstag? Wie verbringen Sie den Sonntag? Machen Sie etwas Besonderes am Sonntagabend?		

Grammatik

Verbs and prepositions

Many German verbs are followed by a preposition. It is important to learn them as two-word verbs (verb + preposition) because their English translation often uses a different preposition altogether.

As you will probably remember, prepositions in German are followed by a certain case. Here is a list of commonly used verb and preposition combinations and the case they require:

an + accusative

denken an	*to think of*
sich erinnern an	*to remember*
glauben an	*to believe in*
schreiben an	*to write to*

auf + accusative

sich freuen auf	*to look forward to*
sich spezialisieren auf	*to specialise in*
warten auf	*to wait for*

bei + dative

sich entschuldigen bei	*to apologise to*

für + accusative

sich begeistern für	*to be enthusiastic about*
sich engagieren für	*to be committed to*
sich entschuldigen für	*to say sorry for*
sich interessieren für	*to be interested in*

mit + dative

aufhören mit	*to stop doing sth.*
sprechen mit	*to talk to*
telefonieren mit	*to phone somebody*

über + accusative

sich ärgern über	*to get annoyed about*
sich freuen über	*to be pleased about*
nachdenken über	*to think about, to reflect*
sprechen über	*to talk about*

um + accusative

sich bewerben um	*to apply for*
sich kümmern um	*to care for, to look after*

von + dative

träumen von	*to dream of, about*

Prepositions such as *an*, *auf* and *über*, which can be followed by either the accusative or dative case, usually take the accusative in a verb + preposition expression:
Ich schreibe an meinen Bruder.   *I'm writing to my brother.*

Some verbs also go with more than one preposition and change their meaning depending on the preposition used:
Ich freue mich **auf** den Film.   *I'm looking forward to the film.*
Ich freue mich **über** mein Geschenk.   *I'm pleased about my present.*

Verbs can also take more than one preposition at a time:
Ich habe **mit** Herrn Caspari **über** das Theaterstück gesprochen.

Questions

Yes/no questions involving verb and prepositions are formed by putting the verb at the beginning:
Interessieren Sie sich für Sport?

Most open-ended questions are constructed by using **wo(r)** + the relevant preposition. The letter **-r** is added if the preposition starts with a vowel:
sich interessieren **für** → **Wofür** interessieren Sie sich? *What are you interested in?*

sich ärgern **über** → **Worüber** ärgerst du dich? *What are you annoyed about?*
denken **an** → **Woran** denkst du? *What are you thinking about?*

Note that the same principle applies to adjective + preposition constructions:
bekannt **für** → **Wofür** ist München bekannt?

Negation

In a negative statement, *nicht* comes after the verb and the reflexive pronoun (if there is one), and before the preposition:
Sie glaubt **nicht** an Ufos. Er interessiert sich **nicht** für moderne Musik.

Prepositional pronoun

If you reply to a question that contains a verb + preposition construction, you don't have to repeat the whole phrase. By putting *da(r)* in front of most prepositions when you want to say **in it, about it**, etc., you can replace the noun with a so-called prepositional pronoun and avoid repetition:
Interessieren Sie sich **für** Sport? → Nein, ich interessiere mich nicht **dafür**.
Ärgerst du dich **über** das Wetter? → Nein, ich ärgere mich nicht **darüber**.

zu + infinitive constructions

A number of expressions that are often used to talk about hobbies, leisure time, etc. require *zu* + infinitive:
Ist es teuer, in die Oper zu gehen?   *Is it expensive to go to the opera?*
Er hat keine Zeit zu kommen.   *He doesn't have the time to come.*

As you can see, *zu* + infinitive go to the end of the sentence or clause. The second part of the sentence must be separated from the main clause by a comma, unless it consists only of *zu* + infinitive, as in the second example.

Verbs that often need *zu* + infinitive include: **anfangen** *to start*, **aufhören** *to stop*, **beabsichtigen** *to intend*, **hoffen** *to hope*, **planen** *to plan*, **versuchen** *to try*, **vornehmen** *to plan something*, **vorziehen** *to prefer*.

Many expressions which consist of a **verb + adjective** are often followed by *zu* + infinitive:
Es ist möglich, ...   *It is possible ...*
Es ist wichtig, ...   *It is important ...*

The same applies to expressions which consist of a **verb + noun**:
Ich habe (keine) Lust ...   *I (don't) feel like ...*
Es macht Spaß ...   *It is fun ...*

Mehr Übungen ...

1 Welche Ausdrücke haben eine ähnliche Bedeutung?
   a) Ich bin kulturinteressiert.   1 Ich weiß gern, was so passiert.
   b) Das hat mich schon immer gelangweilt.   2 Das ist mir viel wert.
   c) Das würde mir nicht gefallen.   3 Sport ist mir wichtiger.
   d) Ich bin gern auf dem Laufenden.   4 Ich interessiere mich für Kultur.
   e) Das schätze ich sehr.   5 Das mag ich nicht.
   f) Ich bevorzuge sportliche Aktivitäten.   6 Das fand ich schon immer langweilig.

2 Welches Fragewort passt?

> Wofür   Womit   Worüber   Wofür   Worauf   Worüber

a) _____ warten Sie?
b) _____ interessierst du dich?
c) _____ hast du dich geärgert?
d) _____ engagierst du dich?
e) _____ habt ihr gestern diskutiert?
f) _____ beschäftigen Sie sich im Moment?

3 Akkusativ oder Dativ? Ergänzen Sie die Endungen.
a) Ich muss über d____ Geschichte nachdenken.
b) Sie hat eine SMS an ihr____ Schwester geschickt.
c) Annette kümmert sich um ihr____ Vater.
d) Er hat gestern lange mit sein____ Bruder gesprochen.
e) Marcus hat sich bei sein____ Schwester entschuldigt.
f) Wir freuen uns auf d____ Ferien.

4 Was ich mag. Was ich nicht mag.
Schreiben Sie über Ihre Vorlieben
und Abneigungen für Ihr Profil in
Ihrem sozialen Netzwerk. Schreiben
Sie mindestens 2–3 Sätze für jede
Überschrift (*heading*). Finden Sie
mehr Überschriften, wenn
Sie möchten.

> Meine Interessen:
> Ich interessiere mich für …
>
> Was mich langweilt:
> Ich finde es sehr langweilig, …
>
> Worüber ich mich ärgere:
> Ich ärgere mich über …
>
> Worauf ich mich freue:
> Ich freue mich auf …

Am Ende von Kapitel 3 können Sie jetzt:

1 Freizeittrends verstehen und Ihre Freizeitinteressen beschreiben? ❑
   (Seiten 32–35)

2 einen Text über München zusammenfassen? ❑
   (Seiten 36–39)

3 über die Lebensqualität und Attraktionen in Ihrer Stadt sprechen? ❑
   (Seite 39)

4 einen Blogeintrag über Ihre Vorlieben und Abneigungen schreiben? ❑
   (Seiten 39–46)

5 acht Verben nennen, die oft eine Präposition brauchen? ❑
   (Seite 35–36)

6 Sätze mit zu + Infinitiv bilden? ❑
   (Seite 39–40)

Vokabeln

AKTIVITÄTEN	*Activities*
sich ärgern über (+ acc.)	*to be annoyed about*
sich beschäftigen mit (+ dat.)	*to keep oneself busy with*
sich engagieren für (+ acc.)	*to be committed to*
sich freuen auf (+ acc.)	*to look forward to*
sich freuen über (+ acc.)	*to be pleased about*
sich interessieren für (+ acc.)	*to be interested in*
sich kümmern um (+ acc.)	*to care for, to look after*
denken an (+ acc.)	*to think of*
glauben an (+ acc.)	*to believe in*
träumen von (+ dat.)	*to dream of*
warten auf (+ acc.)	*to wait for*
sprechen mit / über (+ dat. / acc.)	*to talk with / about*
coachen	*to coach*
twittern	*to tweet*
aktiv sein	*here: to be engaged in; to be active in*

STADTLEBEN	*City life*
der Ausflug (-̈e)	*excursion, trip*
die Baustelle (-n)	*here: roadworks*
die Einkaufsmöglichkeit (-en)	*shopping facilties*
das Flair (no pl.)	*here: (special) charm*
die Freizeitmöglichkeit (-en)	*leisure opportunities*
der Immobilienpreis (-e)	*house price, property price*
das Kulturangebot (-e)	*cultural offering, cultural scene*
die Landeshauptstadt (-̈e)	*here: capital of a German federal state*
die Lebensqualität (-en)	*quality of life*
der Mietpreis (-e)	*rent*
der Schirmherr (-en)	*patron, sponsor*
der Stau (-s)	*traffic jam*
die Umgebung (-en)	*surroundings, surrounding area*
der Verlag (-e)	*publishing house, firm*
das Wahrzeichen (-)	*landmark*
an|locken	*to attract*
pendeln	*to commute*

ADJEKTIVE	*Adjectives*
ehrenamtlich	*voluntary, as a volunteer*
ehrlich	*honest*
gesellig	*social*
klassisch	*classical*
spirituell	*spiritual*
übertrieben	*exaggerated*
wirtschaftlich	*economic*
zeitgenössisch	*contemporary*

VERSCHIEDENE NOMEN	*Miscellaneous nouns*
der Außerirdische (-n) / die Außerirdische (-n)	*alien, extraterrestrial being*
die Gewinnchance (-n)	*odds*
der Kampfsport	*martial arts*
der Kumpel (-)	*mate, buddy*
das Pflegeheim (-e)	*nursing home*
die Umfrage (-e)	*survey*
der Umweltschutz (no pl.)	*protection for the environment*
die WLAN-Verbindung (-en)	*Wifi connection*
der Zocker (-) / die Zockerin (-nen)	*here: gamer*

MEINUNGEN UND VERMUTUNGEN	*Opinions and presumptions*
Ich vermute, dass …	*I presume/assume that …*
Ich glaube, dass …	*I believe that …*
Ich denke, dass …	*I think that …*
Wir sind (absolut) sicher, dass …	*We are (absolutely) certain that …*
als Fazit …	*in conclusion*

VORLIEBEN UND ABNEIGUNGEN	*Likes and dislikes*
bevorzugen	*to prefer*
schätzen	*here: to appreciate*
Das wäre nichts für mich.	*That wouldn't be for me.*

NÜTZLICHE AUSDRÜCKE	*Useful expressions*
abgesehen davon	*apart from, besides*
gelten als	*to be regarded as*
einerseits … andererseits	*on the one hand … on the other hand*
sowohl … als auch	*as well as*
frei und ungezwungen	*free(ly) and at ease*
auf dem Laufenden sein	*to be informed, up to date*
etwas Sinnvolles	*something meaningful*

4 | vier
Die Arbeitswelt

- Talk about jobs and occupations
- Debate the positive and negative aspects of work
- Discuss job expectations and work-life balance
- Scan job adverts for key information
- Understand and format a standard CV

- ■ Conjunctions and clauses (II)
- ■ The simple past tense

A | Berufe
Professions

ÜBUNG
1

Lesen und Lernen

Stefanie Herbert ist Altenpflegerin in einem Seniorenheim.

Yasmin Özman ist gelernte Bankkauffrau und arbeitet als Kundenberaterin.

Carsten Antes arbeitet als Anlagemechaniker für Sanitär-, Heizungs- und Klimatechnik.

Benjamin Torres jobbt als Pizzafahrer.

Tobias Peters ist Ingenieur.

Josephine Kerber ist Modedesignerin in Hamburg. Sie hat ein eigenes Label.

ÜBUNG
2

Wer sagt das?

Lesen Sie die Texte. Welcher Text passt zu welchem Beruf von Übung 1?

VOKABELN

beraten	to advise
in Geldfragen	in money matters
vielseitig	varied
aus|liefern	to deliver
betreuen	to look after, to care for
die Sorge (-n)	concern, worry
die Geduld (no pl.)	patience
das Gehalt (-˝er)	salary
körperlich	physical(ly)
entwickeln	to develop, to engineer
das Verständnis für	understanding of

1 _____

> Ich berate Kunden in allen Geldfragen, zum Beispiel, welches Konto das richtige ist oder wie man Geld anlegen kann. Wenn man Leute über Geld berät, braucht man ein gutes Gefühl für Zahlen. Es ist ein abwechslungsreicher Beruf. Außerdem gibt es gute Karrierechancen.

2 _____

> Ich studiere und jobbe nebenbei. Ich liefere die Pizzen meistens mit dem Auto aus. Wenn man diesen Job macht, braucht man natürlich einen Führerschein. Meine Arbeitszeiten sind unregelmäßig. Mit dem Trinkgeld verdiene ich ganz gut. Man muss gern mit dem Auto fahren.

3 _____

> Ich designe Mode, vor allem Kleider, Jacken, Hosen und produziere sie zum Teil selber. Ich liebe es, kreativ zu sein und meine Ideen zu realisieren. Wenn man selbstständig ist, muss man sich auch für Finanzen interessieren. Ich mag, dass der Beruf sehr vielseitig ist.

4 _____

> Wir installieren und reparieren zum Beispiel Heizungen, Toiletten, Waschbecken und Solaranlagen. Man muss fit sein, wenn man in diesem Beruf arbeitet. Die Arbeit ist körperlich anstrengend. Wir sind ein tolles Team und die Arbeitsatmosphäre ist super.

5 _____

> Ich betreue ältere Leute, helfe beim Waschen, Anziehen oder beim Essen und spreche mit ihnen über ihre Probleme und Sorgen. Es ist ein Beruf mit viel Verantwortung. Man braucht viel Geduld und muss gut im Team arbeiten. Ich mag die Arbeit sehr, aber leider ist das Gehalt nicht sehr hoch.

6 _____

> Ich plane und entwickle neue Produkte und Geräte, wie zum Beispiel Waschmaschinen oder Geschirrspüler. Die Arbeit ist sehr interessant und vielseitig und wir versuchen immer, innovativ zu sein. Ein gutes Verständnis für Mathematik, Teamwork und Kommunikation sind wichtig.

4.1

Hatten Sie recht? Hören Sie zu und überprüfen Sie Ihre Antworten und Aussprache.

ÜBUNG 3

Beantworten Sie die Fragen.

a) Welche Personen sagen, dass ihre Arbeit sehr unterschiedlich ist?
b) Wer arbeitet körperlich hart?
c) Für wen ist Kreativität wichtig?
d) Wer ist mit der Bezahlung zufrieden? Wer nicht?
e) Welche Personen brauchen ein gutes Verständnis für Zahlen und Mathematik?
f) Für welche Personen ist Teamwork wichtig?

ÜBUNG 4

Lesen Sie die Texte noch einmal. Was machen die Leute und welche Fähigkeiten oder Eigenschaften braucht man in den Jobs?

Nützliche Ausdrücke

die Tätigkeit (-en)
activity, task
die Fähigkeit (-en)
skill, ability
die Eigenschaft (-en)
characteristic, ability

Beruf	Tätigkeiten	Fähigkeiten/Eigenschaften
Bankkauffrau/ Bankkaufmann	berät Kunden in allen Geldfragen	
Pizzafahrer/in		muss gern mit dem Auto fahren
Modedesigner/in		
Anlagemechaniker/in		
Altenpfleger/in		
Ingenieur/in		

TIPP
beraten ist ein unregelmäßiges Verb und hat einen Vokalwechsel:
ich berate → er/sie/es berät

Berufstitel *Job titles*

Berufstitel gibt es auf Deutsch normalerweise in der **männlichen** und **weiblichen** Form. Weibliche Berufsnamen enden meistens in **-in**. Manchmal haben sie auch einen Umlaut:
Arzt – Ärztin *doctor*
Rechtsanwalt – Rechtsanwältin *solicitor*

Es gibt einige Ausnahmen, zum Beispiel:
Krankenpfleger – Krankenschwester *male/female nurse*
Kaufmann – Kauffrau *businessman/businesswoman, trader*

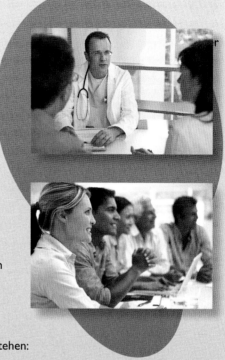

Konjunktionen und Wortfolge (1)
Conjunctions and word order (1)

Nebensätze mit **wenn** stehen meist am Ende von einem Satz:
Ich trinke einen Kaffee, **wenn** ich müde **bin**.
Man braucht einen Führerschein, **wenn** man diesen Job **macht**.

Die Konjunktion **wenn** kann aber auch am Satzanfang stehen:
Wenn ich müde **bin**, **trinke** ich einen Kaffee.
Wenn man diesen Job **macht**, **braucht** man einen Führerschein.

Dann beginnt der Hauptsatz mit dem Verb (hier: **trinke, braucht**) gleich nach dem Komma.

Gibt es im Hauptsatz zwei Verben, dann geht das zweite Verb (hier **haben**) ans Ende:
Wenn man selbstständig **ist**, **muss** man ein Interesse an Finanzen **haben**.

Mehr im Grammatikteil, Seite 62.

Wie viele **wenn**-Sätze gibt es in den Texten von Übung 2?

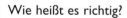 ÜBUNG **5**

Wie heißt es richtig?

Üben Sie Sätze mit **wenn** und finden Sie die richtige Wortfolge.

Beispiel
Wenn Sie Zeit haben, *eine SMS / Sie mir / schreiben.* → Wenn Sie Zeit haben, schreiben Sie mir eine SMS.
a) Wenn ich Mittagspause mache, *ich / meistens / esse / ein Sandwich.*
b) Wenn ich Urlaub habe, *in die Türkei / fliege / ich.*
c) Wenn man Designerin ist, *sein / man / kreativ / muss.*
d) Wenn man als Altenpfleger arbeitet, *man / hat / viel Verantwortung.*
e) Wenn man in einer Bank arbeitet, *ein gutes Gefühl für Zahlen / man / muss / haben.*
f) Wenn man eine Fremdsprache lernt, *man / muss / viel / üben.*

ÜBUNG 6

Und jetzt Sie!

Als was arbeiten Sie? Welche Tätigkeiten machen Sie? Welche Fähigkeiten braucht man, wenn man in Ihrem Beruf arbeitet? Wählen Sie Ihren oder einen imaginären Beruf und schreiben Sie ein kurzes Porträt wie in Übung 2. Diskutieren Sie dann in der Klasse.

Beispiele
Ich bin ... von Beruf.
Ich betreue/berate/repariere/entwickle etc. ...
Wenn man in diesem Beruf arbeitet, ...
Die Arbeit ist ...

NÜTZLICHE AUSDRÜCKE

Mehr Berufe

Beamter/Beamtin	*civil servant*	Büroangestellter/Büroangestellte	*office worker*
Fahrlehrer/in	*driving instructor*	Immobilienmakler/in	*estate agent*
Informatiker/in	*computer scientist*	Kfz-Mechatroniker/in	*car mechanic*
Koch/Köchin	*chef*	Jurist/in	*lawyer*
Sozialarbeiter/in	*social worker*	Sicherheitsmitarbeiter/in	*security guard*
Verkäufer/in	*shop assistant/salesperson*	Steuerberater/in	*tax advisor/accountant*

B | Erwartungen an den Beruf
Job expectations

ÜBUNG 7

Was ist wichtig im Beruf?

Was finden Leute in Deutschland und Österreich wichtig in ihrem Beruf? Arbeiten Sie mit einem Partner/einer Partnerin und ergänzen Sie die Tabelle. Was glauben Sie: Auf welchen Plätzen in der Tabelle sind die folgenden Punkte? Warum?

> Moderne Technologien   Ein hohes Gehalt
> Ein sicherer Arbeitsplatz   Arbeitsatmosphäre

DIE TOP 10-ERWARTUNGEN	
1 _____	95%
2 _____	91%
3 Weiterbildungsmöglichkeiten	86%
4 Persönliche Kontakte zu anderen Menschen	85%
5 Work-Life-Balance	83%
6 _____	73%
7 Gute Karrierechancen	73%
8 Flexible Arbeitszeit	72%
9 _____	58%
10 Internationales Unternehmen	34%

WORK-LIFE-BALANCE IMMER WICHTIGER

In der modernen Arbeitswelt spielt die Work-Life-Balance eine immer größere Rolle. Nach einer Umfrage der Allianz-Versicherung bezeichnen sie 83% der Berufstätigen als einen wichtigen Faktor im Berufsleben. Überraschend ist vielleicht, dass die Arbeitsatmosphäre mit 95% und ein sicherer Arbeitsplatz mit 91% wichtiger sind als ein hohes Gehalt mit 73%. Für etwas mehr als die Hälfte der Berufstätigen (58%) sind moderne Technologien wichtig. Etwas mehr als ein Drittel möchte gern für ein internationales Unternehmen arbeiten.

Lesen Sie dann den Text und überprüfen Sie Ihre Antworten. Hat Sie etwas überrascht? Glauben Sie, dass die Reihenfolge in Ihrem Land anders ist?

ÜBUNG 8

Welche Faktoren sind für Sie wichtig?

Welche Faktoren sind für Sie wichtig? Machen Sie eine Liste. Sprechen Sie dann mit Ihrem Partner/Ihrer Partnerin.

Beispiele
Am wichtigsten für mich ist/sind …
Ein wichtiger Faktor für mich ist …
Weniger wichtig ist/sind …

ÜBUNG 9

4.2

Mein Job – Vorteile, Nachteile

Mareike Andresen arbeitet als Grafikdesignerin bei einer PR-Firma. Hören Sie zu und beantworten Sie die Fragen.

a) Wie ist ihre normale Arbeitszeit?
b) Was sagt sie über die anderen Mitarbeiter?
c) Warum mag sie die Arbeit im Team?
d) Wann findet sie ihre Arbeit stressig?
e) Was möchte sie in der Zukunft machen?

Lesen Sie jetzt den Dialog und überprüfen Sie Ihre Antworten.

Ole Nolte	Frau Andresen, Sie arbeiten als Grafikdesignerin. Wie ist Ihre Arbeitszeit?
Mareike	Ich fange morgens meistens so gegen neun Uhr an und mache dann um halb fünf, fünf Feierabend. Wenn wir wichtige Aufträge haben, arbeite ich natürlich auch mal länger, wenn es sein muss auch mal am Wochenende, aber im Allgemeinen ist das eigentlich selten.
Ole Nolte	Wie ist die Arbeitsatmosphäre?
Mareike	Weil die Firma nur fünf Mitarbeiter hat, kennen wir uns natürlich alle. Die Arbeitsatmosphäre ist generell sehr gut. Da wir über viele Dinge ähnlich denken und alle Sinn für Humor haben, verstehen wir uns wirklich gut.
Ole Nolte	Neben der Arbeitsatmosphäre, welche Vorteile hat Ihre Arbeit noch?
Mareike	Mir gefällt an meinem Job, dass ich sehr kreativ sein kann. Es ist selten langweilig oder Routine, da wir immer an neuen Projekten arbeiten. Außerdem mag ich die Arbeit im Team sehr gern, weil ich mich mit meinen Kollegen austauschen kann und wir zusammen neue Ideen entwickeln.
Ole Nolte	Und was für Nachteile gibt es?
Mareike	Was mir nicht gefällt, ist der Termindruck, unter dem wir oft arbeiten müssen. Wenn wir wichtige Deadlines haben – und die haben wir sehr oft – dann ist es schon sehr stressig. Ein anderer Nachteil ist, dass ich sehr viel Zeit vor dem Computer verbringe.
Ole Nolte	Und sind Sie mit den Sozialleistungen zufrieden?
Mareike	Ja. Es ist ein großer Vorteil, dass ich jetzt Vollzeit arbeite. Bevor ich hier in der Firma angefangen habe, habe ich einige Jahre Teilzeit gearbeitet, ohne richtiges Urlaubsgeld und ohne Krankenversicherung.
Ole Nolte	Und was sind Ihre Zukunftspläne?
Mareike	Mein Traum für die Zukunft ist es, mich in ein paar Jahren selbstständig zu machen und meine eigene Firma zu gründen. Dann habe ich noch mehr Verantwortung und vielleicht auch mehr Stress, aber das wäre eine gute Herausforderung für mich.

V O K A B E L N

der Auftrag (-¨e)	here: order
der Mitarbeiter (-)/ die Mitarbeiterin (-nen)	employee, colleague
sich aus|tauschen	here: to exchange views
der Termindruck (no pl.)	deadline pressure
das Urlaubsgeld (-er)	holiday pay
die Krankenversicherung (-en)	health insurance
gründen	to found, to establish
die Herausforderung (-en)	challenge

ÜBUNG
10

Welche Vorteile hat Mareikes Arbeit, welche Nachteile? Lesen Sie das Gespräch noch einmal und ergänzen Sie die Sätze in der Box.

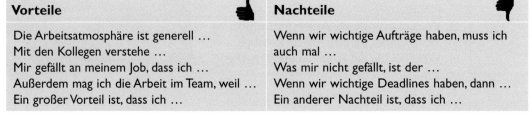

Vorteile 👍	Nachteile 👎
Die Arbeitsatmosphäre ist generell …	Wenn wir wichtige Aufträge haben, muss ich
Mit den Kollegen verstehe …	auch mal …
Mir gefällt an meinem Job, dass ich …	Was mir nicht gefällt, ist der …
Außerdem mag ich die Arbeit im Team, weil …	Wenn wir wichtige Deadlines haben, dann …
Ein großer Vorteil ist, dass ich …	Ein anderer Nachteil ist, dass ich …

Arbeiten Sie mit einem Partner/einer Partnerin. Denken Sie an Ihre Erfahrungen. Finden Sie noch mindestens zwei weitere Vorteile und zwei weitere Nachteile.

Konjunktionen und Wortfolge *Conjunctions and word order (II)*

Nicht nur **wenn** (siehe Seite 51), auch Konjunktionen wie **bevor** *before*, **da** *since (because)*, **obwohl** *although* und **weil** *because* können am Satzanfang stehen:
Da wir über viele Dinge ähnlich **denken, verstehen** wir uns wirklich gut.
Obwohl das Gehalt nicht sehr hoch **ist, mag** sie ihren Job.
Weil die Firma nur fünf Mitarbeiter **hat, kennen** wir uns natürlich alle.
Bevor ich hier in der Firma angefangen **habe, habe** ich einige Jahre Teilzeit gearbeitet.

Die Wortfolge ist genauso wie bei **wenn**-Sätzen.

Mehr im Grammatikteil, Seite 62.

ÜBUNG 11

Üben Sie.

Benutzen Sie die Konjunktion in den Klammern und verbinden Sie die Sätze.

Beispiel
Susanne ist mit ihrem Job zufrieden. Die Arbeit ist vielseitig. *(weil)* → Susanne ist mit ihrem Job zufrieden, *weil die Arbeit vielseitig ist.*

a) Zac ist gern Kfz-Mechatroniker. Die Arbeit ist körperlich anstrengend. *(obwohl)*
b) Sie hat noch ein Meeting. Sie hat Feierabend. *(bevor)*
c) Yasmin mag ihren Job. Sie lernt immer etwas Neues. *(weil)*
d) Er geht gern zur Arbeit. Die Kollegen sind nett. *(weil)*
e) Ich mag die Arbeit im Team. Wir sprechen über unsere Ideen. *(da)*

Beginnen Sie nun die Sätze a)–e) mit der Konjunktion (weil, bevor etc.).

Beispiel
Weil die Arbeit vielseitig ist, ist Susanne mit ihrem Job zufrieden.

ÜBUNG 12
4.3

Und jetzt Sie!

Bereiten Sie Ihre Antworten vor und sprechen Sie mit Ihrem Partner/Ihrer Partnerin über Ihre Arbeit. Benutzen Sie die Strukturen und Beispiele von Übung 9. Versuchen Sie, **wenn**, **weil**, **da** etc. zu benutzen. Sie können die Fragen auch auf dem Audio hören.

Was sind Sie von Beruf?

Wo arbeiten Sie? Was für Tätigkeiten machen Sie?

Arbeiten Sie Vollzeit oder Teilzeit?

Wie sind Ihre normalen Arbeitszeiten?

Wie ist die Arbeitsatmosphäre?

Verstehen Sie sich gut mit Ihren Kollegen?

Müssen Sie oft unter Termindruck arbeiten?

Wie viel Zeit verbringen Sie vor dem Computer?

Sind Sie im Allgemeinen mit Ihrem Beruf zufrieden?

Welche Vorteile hat Ihr Beruf?

Welche Nachteile gibt es?

Planen Sie, länger in Ihrem Beruf zu arbeiten oder möchten Sie vielleicht etwas anderes machen?

C | Stellenangebote und Lebensläufe
Job offers and CVs

ÜBUNG 13

Lesen Sie die fünf Stellenangebote. Wie heißen die Jobs auf Englisch? Was bedeutet (m/w)?

Student (m/w) im Kassenbereich

Supermarkt sucht Kassierer, 15 Stunden pro Woche ab 28. November, flexible Arbeitszeiten.

Ihre Aufgaben:

☛ Sie arbeiten an einem modernen Kassensystem

☛ Sie beantworten Kundenanfragen

Sie müssen freundlich, kommunikativ und zuverlässig sein.

Bewerbungen an: mail@plusjobs.de oder anrufen bei **Plusjobs: 01603117500**

✍ Ehepaar sucht **engagierte Kinderfrau**, die zeitlich flexibel, 3–4 Nachmittage, Nähe Zentrum, 2 Kinder, ab August betreuen kann. Beide Kinder gehen in die Grundschule und brauchen Hilfe bei den Hausaufgaben. Familie Reuters, ☎ 017621897422

Mitarbeiter im IT-Support im Mac-Umfeld (m/w)

zur Anstellung bei *Hermes Temp*, Vollzeitstelle

Aufgaben:

✦ Verwaltung/Administration der Mac Clients

✦ Durchführen des First/Second/Third Level Support auf Basis von Tickets

Ihr Profil:

✦ Abgeschlossenes Bachelor-Studium Informatik oder vergleichbare Qualifikation

✦ Sie sind hoch motiviert und können gut kommunizieren

Hier bewerben: s.stanowski@hermestemp.de

Café-Restaurant „Zur Linde" in Dierhagen/Ostsee sucht
✱✱✱ **Koch/Köchin** ✱✱✱
für vegetarische und vegane Küche zum 1. Oktober. Vollzeitstelle (40 Stunden), freundliche Atmosphäre.

Interesse? Ansprechpartnerin Sybille Oser beantwortet gern deine Fragen:
☏ **0176-34975563,**

s.oser@zurlindeos.de

Englisch-Sprachtrainer für Einzelunterricht mit Erwachsenen gesucht (m/w)

➤ Tätigkeit: individueller Englisch-Einzelunterricht für Erwachsene auf unterschiedlichsten Niveaustufen, teilweise berufsspezifisch, z.B. Business, Englisch für Hotels

➤ Einsatzort: Berlin und Umgebung

➤ Anforderungen: sehr gute Englischkenntnisse, möglichst abgeschlossenes Hochschulstudium, gern aber auch Studenten, Englisch-Muttersprachler

➤ Honorar: nach Vereinbarung, in der Regel 18,00 € bis 28,00 € pro Doppelstunde = 90 Minuten

Interessiert? Mail an: k.taylor@easyenglishberlin.de

ÜBUNG 14

Lesen Sie die Stellenangebote noch einmal und beantworten Sie die Fragen.

a) Welche Eigenschaften brauchen Studenten für den Job im Kassenbereich?
b) Wobei brauchen die Kinder von Familie Reuters Hilfe?
c) Muss man für die Stelle im IT-Support ein Informatik-Studium gemacht haben?
d) Was ist das Besondere an dem Job als Koch/Köchin?
e) Was für Personen unterrichtet man als Sprachtrainer und wie ist die Bezahlung?
f) Welche Jobs sind Vollzeit, welche sind Teilzeit?

V O K A B E L N

der Kassenbereich (-e)	*checkout area*
zuverlässig	*reliable*
engagiert	*committed*
die Stelle (-n)	*here: position, job*
vergleichbar	*comparable*
die Anforderung (-en)	*requirement*
möglichst	*preferably*

ÜBUNG 15

4.4

Ein Lebenslauf

Martin Giessler erzählt über seine Schulbildung, sein Studium und seinen beruflichen Werdegang.

a) Welchen Schulabschluss hat er 2009 gemacht?
b) Warum wollte er in Hamburg studieren?
c) Was war ein Highlight für ihn?
d) Über welches Thema hat er seine Bachelorthesis geschrieben?
e) Was hat ihm geholfen, als er sich bei Staff Solution beworben hat?
f) Worauf hat er sich spezialisiert?
g) Seit wann arbeitet er bei Zing und was mag er an seinem Job?

Martin Giesslers Lebenslauf

Lesen Sie jetzt Martins Lebenslauf. Hatten Sie recht? Welche zusätzlichen Informationen können Sie finden? Was heißen Persönliche Angaben, Berufserfahrung, Praktika, Studium, Besondere Kenntnisse und Interessen und Hobbys in einem Lebenslauf aus einem englischsprachigen Land?

LEBENSLAUF

Persönliche Angaben:
Giessler, Martin
Carlsstr. 8
24310 Hamburg
Tel.: 030/4567352
E-Mail: marting@zing.de
geb. am 11. Februar 1990 in München
verheiratet, 1 Kind

Berufserfahrung:
seit 7/2016	Personalleiter bei Zing, Hamburg
7/2014–6/2016	Stellvertretender Personalleiter Staff Solution, Hamburg
11/2012–7/2014	Personalberater bei Staff Solution, Hamburg

Praktika:
1/2011–3/2011	Marketingabteilung OTTO, Hamburg
7/2010–10/2010	Personalabteilung Springer Jacoby, München

Studium:
10/2009–6/2012	Universität Hamburg Studium: Psychologie Abschluss Bachelor of Science (B.Sc.), Note: 1,0 Bachelorthesis: Die Bewältigung interpersoneller Stresssituationen am Arbeitsplatz
1/2011–7/2011	Auslandssemester, University of Arizona, USA

Schulausbildung:
2000–2009	Schiller-Gymnasium, München. Abitur, Note: 1,7
1996–2000	Grundschule, München

Besondere Kenntnisse:
EDV	Gute Kenntnisse MS Excel, MS PowerPoint, MS Word Anfängerkenntnisse QuarkXPress
Fremdsprachen	Englisch – verhandlungssicher (C1) Spanisch – mittlere Kenntnisse in Wort und Schrift (B1) Chinesisch – Anfängerkenntnisse (A1)

Interessen und Hobbys:

Musik, Reisen, Motorradfahren

Hamburg, 17 Juni 2016

M. Giessler

V O K A B E L N

der Personalleiter (-) / die Personalleiterin (-nen)	Head of HR
stellvertretender	here: deputy
der Personalberater (-) / die Personalberaterin (-nen)	HR/personnel consultant
die Personalabteilung (-en)	HR/personnel department
die Bewältigung (-en)	here: coping with
verhandlungssicher	here: to describe advanced language level

Deutschland-Info

LEBENSLAUF

Einen Lebenslauf kann man im Deutschen chronologisch schreiben oder man kann mit der aktuellen Position beginnen. Neben der Präsentation sind vor allem individuelle Inhalte und die Fokussierung auf die wesentlichen Erfahrungen und Qualifikationen wichtig. Es ist üblich, ein professionelles, digitales Bewerbungsfoto auf dem Lebenslauf zu haben.

Es gibt viele deutsche Webseiten, wo Sie Tipps und Beispiele für eine Bewerbung finden können.

ÜBUNG
17

Lesen und Lernen

Diesmal hat Martin einen Text für sein soziales Netzwerk geschrieben. Unterstreichen Sie alle Verben, die in der Vergangenheit sind. Welche Verben sind regelmäßig, welche sind unregelmäßig?

Martin Geissler, Personalleiter bei Zing

Hamburg. Ein Highlight in meinem Studium war mein Auslandssemester an der University of Arizona.

Zurück in Hamburg schrieb ich meine Bachelorthesis über die Bewältigung von Stresssituationen am Arbeitsplatz und schloss mein Studium 2012 mit der Note 1 ab.

Ich bin 1990 in München geboren. Als Kind lebte ich in München, ging dort auch in die Schule und machte 2009 mein Abitur auf dem Schiller-Gymnasium.

Nach dem Abitur begann ich gleich ein Psychologie-Studium an der Universität

Erste Berufserfahrung machte ich bereits während zweier Praktika bei Springer Jacoby und OTTO. Meinen ersten Vollzeitjob bekam ich Ende 2012 bei Staff Solution in Hamburg. Dort arbeitete ich erst als Personalberater und dann als stellvertretender Personalleiter. Ich spezialisierte mich auf Teambuilding und Training. 2016 wechselte ich als Personalleiter zu Zing.

Hier ist die Liste. Wie heißen die Infinitive? Können Sie erkennen, wie man das Präteritum bildet?

Regelmäßige Verben		**Unregelmäßige Verben**	
leben	- lebte	*gehen*	- ging
_____	- machte	_____	- begann
_____	- arbeitete	_____	- war
_____	- wechselte	_____	- schrieb
_____	- spezialisierte	_____	- schloss … ab
		_____	- bekam

Das Präteritum *The past simple*

Wenn man im Deutschen über die Vergangenheit **schreibt**, benutzt man meistens das Präteritum. Es gibt zwei Hauptgruppen:

1 Regelmäßige Verben
Diese haben eine 't'-Endung: ich leb**te**, du leb**test**, Sie leb**ten**, er/sie/es leb**te**, wir leb**ten**, ihr leb**tet**, Sie leb**ten**, sie leb**ten**.

2 Unregelmäßige Verben
Diese ändern den Stammvokal (beg**i**nnen → beg**a**nnen) oder mehrere Buchstaben (g**eh**en → g**ing**en). Vorsicht: ich und er/sie/es haben keine Endung: ich ging, du ging**st**, Sie ging**en**, er/sie/es ging, wir ging**en**, ihr ging**t**, Sie ging**en**, sie ging**en**.

Es gibt auch einige **gemischte Verben**. Diese ändern den Stammvokal, haben aber eine 't'-Endung: wissen → **wussten**. Hierzu gehören auch dürfen, können, müssen (siehe Kapitel 2).

Eine Liste der unregelmäßigen Verben finden Sie auf Seiten 184–185.

Mehr im Grammatikteil, Seite 62.

ÜBUNG 18

Nina Weber schreibt ein kurzes Porträt für ihr soziales Netzwerk.

Setzen Sie die Verben ins Präteritum.

a) Ich bin 1985 in Frankfurt geboren und _____ dort auch in die Schule. (gehen)
b) 2001 _____ ich meinen Realschulabschluss und _____ gleich danach eine Lehre bei der Commerzbank in Offenbach. (machen / beginnen)
c) Anschließend _____ ich eine feste Stelle als Bankkauffrau. (bekommen)
d) 2011 _____ ich zur Sparda-Bank in Frankfurt. (wechseln)
e) Dort _____ ich vor allem als Kundenberaterin. (arbeiten)
f) Nebenbei _____ ich Trainingskurse im Bereich Investmentbanking. (besuchen)
g) 2014 _____ ich ins Asset Management bei der Sparda-Bank wechseln und arbeite seitdem viel mit NGOs. (können)

ÜBUNG 19

Und jetzt Sie!

Schreiben Sie jetzt Ihren Lebenslauf in tabellarischer Form (Übung 16) und/oder als Text wie in Übungen 17 und 18.

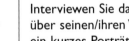

Interviewen Sie dann Ihren Partner/Ihre Partnerin über seinen/ihren Werdegang. Schreiben Sie dann ein kurzes Porträt im Präteritum über ihn/sie.

> **TIPP**
> Die Verbformen im Präteritum für **ich** and **er/sie/es** sind gleich:
> ich lebte – er/sie lebte
> ich ging – er/sie ging
> ich konnte – er/sie konnte

Mit Enthusiasmus und Leidenschaft

Andrea Kollath hat einen kleinen Patchworkladen in Frankfurt. Sie erzählt, wie sie zu ihrem Beruf gekommen ist, was die Vorteile und Nachteile in ihrem Beruf sind und warum sie mit ihrer Arbeit sehr zufrieden ist. Sehen Sie das Video und machen Sie Notizen zu den folgenden Punkten:

a) Was man aus Patchwork beispielsweise machen kann

b) Was sie über ihre Eltern sagt

c) Was für eine Lehre sie nach der Schule gemacht hat und wo

d) Vorteile, wenn man selbstständig ist

e) Nachteile

f) Ihre Arbeitszeiten

g) Wann die Arbeit stressig ist

h) Vereinbarkeit von Familie und Arbeit

i) Warum sie mit ihrer Arbeit zufrieden ist

V O K A B E L N

der Inhaber (-) / die Inhaberin (-nen)	*owner*
auseinander|schneiden	*to cut apart*
zusammen|fügen	*to put together*
der Bettüberwurf (-¨e)	*bed spread, bed cover*
fördern	*here: to support*
die Nähmaschine (-n)	*sewing machine*
vereinbaren	*here: to combine (work and family life)*
der Enthusiasmus (no pl.)	*enthusiasm*
die Leidenschaft (-en)	*passion*

Was sagt Frau Kollath?

Welche Satzteile passen zusammen? Hören Sie noch einmal und überprüfen Sie Ihre Antworten.

a) Patchwork ist Stoffe auseinanderschneiden	1 in dem, was ich tue.
b) Dort habe ich eine Schneiderlehre gemacht	2 dass die Entscheidungen womöglich falsch waren.
c) Die Vorteile von der Selbstständigkeit sind,	3 und zu Mustern wieder zusammenfügen.
d) Die Nachteile einer Selbstständigkeit sind,	4 mit sehr großem Enthusiasmus und Leidenschaft.
e) Ich habe sonntags für gewöhnlich Workshops hier	5 dass man Entscheidungen selber treffen kann.
f) Meine Familie unterstützt mich zu 100%	6 und die hat drei Jahre gedauert.
g) Ich mache das	7 und an meinen freien Tagen sitze ich auch an der Nähmaschine.

Grammatik

Conjunctions and clauses (II)

As you saw in Chapter 1, if two sentences are joined together with a subordinating conjunction (such as *wenn* or *weil*) one clause becomes the main clause (*Hauptsatz*) and the other the subordinate clause (*Nebensatz*).

Main clause	*Subordinate clause*
Ich musste um 6 Uhr aufstehen,	**obwohl** ich sehr müde **war**.
Er konnte nicht kommen,	**weil** er arbeiten **musste**.

Subordinating conjunctions have the effect of sending the finite verb (the verb which takes different endings) to the end of the subordinate clause.

It is quite common for a sentence to start with a subordinate clause. When this happens the finite verb comes at the beginning of the main clause, before the subject.

Subordinate clause	*Main clause*
Wenn ich Zeit habe,	**gehe** ich heute Abend ins Fitnessstudio.
Weil er viel reisen kann,	**mag** er seinen Beruf.

If there are two verbs in the main clause, the second verb goes to the end:

Subordinate clause	*Main clause*
Weil es stark regnet,	**wird** er zu Hause **bleiben**.
Als Yasmin ein Kind war,	**hat** sie in der Türkei **gelebt**.

Here is a list of subordinating conjunctions which appear quite frequently in German:

als	when (with past tense)	**ob**	whether
bevor	before	**obwohl**	although
bis	until	**seit**	since
damit	so that	**sobald**	as soon as
da	since (because)	**während**	while
dass	that	**wenn**	when / if / whenever
nachdem	after		

Note that there is always a comma between the main clause and the subordinate clause.

Präteritum – The simple past tense

In German, it is customary to use the simple past when writing about past events, especially in text formats and genres which are more formal, such as articles, reports, stories, fairy tales, etc. It can also appear in the spoken language; however, the present perfect is the preferred tense when talking in German.

Regular verbs

To form the simple past tense of regular verbs, take the stem and add the appropriate endings:

spiel-en → spielten

ich spiel**te**	wir spiel**ten**
du spiel**test**	ihr spiel**tet**
Sie spiel**ten**	Sie spiel**ten**
er/sie/es spiel**te**	sie spiel**ten**

Irregular verbs

Irregular verbs usually have a change in the stem vowel and add the following endings. Note that there are no endings for *ich* and *er/sie/es*:

fahr-en → fuhren

ich fuhr	wir fuhr**en**
du fuhr**st**	ihr fuhr**t**
Sie fuhr**en**	Sie fuhr**en**
er/sie/es fuhr	sie fuhr**en**

Mixed verbs

Some verbs (e.g. *bringen, denken, wissen, kennen*), often called mixed verbs, have a change in the vowel and take the endings of the regular verbs.

wiss-en → wussten

ich **wusste**	wir **wussten**
du **wusstest**	ihr **wusstet**
Sie **wussten**	Sie **wussten**
er/sie/es **wusste**	sie **wussten**

For the simple past of modal verbs, see Chapter 2.

Additional -e

If the stem of the regular verb ends in **-d, -n -t** or **-m**, an extra **-e** is added before the relevant ending:
reden → ich red**e**te, regnen → es regn**e**te, arbeiten → wir arbeit**e**ten

For irregular verbs this applies to the *du-* and *ihr*-forms only:
finden → du fand**e**st, halten → ihr hielt**e**t

Try to learn the infinitive, simple past and perfect forms of irregular verbs together so you can memorise the patterns of change: **gehen – ging – gegangen, kommen – kam – gekommen, schreiben – schrieb – geschrieben**.

For a list of common irregular verbs, see pages 184–185.

Mehr Übungen ...

1   Wer macht was? Finden Sie die passenden Berufe.

> Bankkaufmann   Lehrer   Personalberaterin   Ärztin   Apothekerin
>
> Kfz-Mechatroniker   Psychologin   Kellner   Friseurin

a) sie behandelt Patienten: _____
b) sie schneidet Haare, berät Kunden: _____
c) er unterrichtet Kinder: _____
d) er bedient in einem Restaurant: _____
e) sie verkauft zum Beispiel Aspirin oder Nasenspray: _____
f) er sagt Leuten, wie man Geld anlegen kann: _____
g) sie behandelt Leute mit psychischen Problemen: _____
h) sie organisiert zum Beispiel Trainingskurse: _____
i) er repariert Autos: _____ .

2   Finden Sie die Satzteile, die zusammengehören.

a) Wenn man viel arbeitet,   1 ist sein Englisch auf einem hohen Niveau.
b) Während er seine E-Mails checkt,   2 ist Zeitmangel oft ein Problem.
c) Weil sie viele Deadlines haben,   3 ist sie zufriedener.
d) Obwohl er lange arbeiten muss,   4 sind Pia und Tim gestresst.
e) Da er in Amerika studiert hat,   5 hört Carsten oft klassische Musik.
f) Seitdem sie regelmäßig Yoga macht,   6 ist er mit seinem Beruf zufrieden.

3   Unregelmäßige Verben – Ergänzen Sie die fehlenden Formen.

Infinitiv	Präteritum	Perfekt
beginnen	_____	_____
essen	aß	_____
fahren	_____	gefahren
gehen	_____	gegangen
helfen	_____	_____
kommen	kam	_____
schreiben	_____	_____
sprechen	_____	_____
_____	_____	getrunken

Am Ende von Kapitel 4 können Sie jetzt:

1 über Berufe und Jobs sprechen?   ❏
(Seiten 48–52)

2 die Vorteile und Nachteile von Ihrem Beruf beschreiben?   ❏
(Seiten 52–55)

3 Stellenangebote verstehen?   ❏
(Seiten 56–57)

4 Ihren Lebenslauf in tabellarischer Form und als kurzen Text im
Präteritum schreiben?   ❏
(Seiten 57–60)

5 Nebensätze mit *wenn, weil, da, obwohl* bilden?   ❏
(Seite 55)

Vokabeln

VERBEN | *Verbs*
an|legen | *to invest (with money)*
aus|liefern | *to deliver*
aus|tauschen | *here: to exchange views*
beraten | *to advise*
betreuen | *to look after, to care for*
entwickeln | *to develop, to engineer*
gründen | *to found, to establish*
installieren | *to install*
kommunizieren | *to communicate*
verdienen | *to earn*

ADJEKTIVE | *Adjectives*
gelernt | *here: trained (in a profession)*
körperlich | *physical*
kreativ | *creative*
stressig | *stressful*
unregelmäßig | *irregular*
vielseitig | *varied*

ARBEITSWELT | *World of work*
der Auftrag (-¨e) | *order, commission*
die Arbeitszeit (-en) | *working hours*
die Bezahlung (-en) | *pay*
die Fähigkeit (-en) | *skill, ability*
das Gehalt (-¨er) | *salary*
die Karrierechance (-n) | *career opportunity*
die Herausforderung (-en) | *challenge*
die Krankenversicherung (-en) | *health insurance*
der Mitarbeiter (-), die Mitarbeiterin (-nen) | *employee, colleague*
die Sozialleistung (-en) | *social benefits*
die Tätigkeit (-en) | *activity, task, work*
die Teilzeit (no pl.) | *part-time employment*
der Termindruck (no pl.) | *(pressure of meeting a) deadline*
das Urlaubsgeld (-er) | *holiday pay*
die Verantwortung (-en) | *responsibility*
die Weiterbildungsmöglichkeit (-en) | *training opportunity*
die Vollzeit (no pl.) | *full-time employment*
in Geldfragen | *in money matters*

Für Berufe siehe Seite 51 und Seite 52.

STELLENANGEBOTE | *Job offers*
die Anforderung (-en) | *here: requirement, demand*
der Ansprechpartner (-), die Ansprechpartnerin (-nen) | *contact person*
der Einsatzort (-e) | *location (for work, an assignment)*
die Kundenanfrage (-n) | *customer enquiry*
die Stelle (-n) | *here: position, job*
möglichst | *here: preferably*
abgeschlossen | *here: successfully completed (training, studies)*
nach Vereinbarung | *here: by agreement*

LEBENSLÄUFE | *CVs*
die Berufserfahrung (-en) | *work experience*
besondere Kenntnisse | *special skills, knowledge*
in tabellarischer Form | *in tabular form*

MEHR ADJEKTIVE | *More adjectives*
engagiert | *committed*
flexibel | *flexible*
kommunikativ | *communicative*
motiviert | *motivated*
zuverlässig | *reliable*

VERSCHIEDENE NOMEN | *Miscellaneous nouns*
die Eigenschaft (-en) | *characteristic, ability*
die Geduld (no pl.) | *patience*
die Reihenfolge (-n) | *sequence, order*
die Sorge (-n) | *concern, worry*
das Waschbecken (-) | *basin*
das Verständnis für | *understanding of*

NÜTZLICHE AUSDRÜCKE | *Useful expressions*
stellvertretend | *deputy, representative, acting*
vergleichbar | *comparable*

Berlin ist eine Reise wert

- Talk about Berlin and its attractions
- Plan a weekend break
- Understand a survey about trends in tourism
- Discuss Berlin's past and present
- Write a portrait of your town

■ *Prepositions and cases*
■ *The genitive case*

A | Willkommen in der Hauptstadt!
Welcome to the capital!

ÜBUNG
1

Berliner Top Sehenswürdigkeiten

Sehen Sie sich die Fotos an. Wissen Sie, was die Bilder zeigen? Können Sie etwas über die Sehenswürdigkeiten sagen? Was kennen Sie noch in Berlin? Waren Sie schon einmal dort? Wenn ja, was haben Sie gesehen?

ÜBUNG

2

Hatten Sie recht?
Welches Foto passt zu welchem Text? Lesen Sie die Texte und ordnen Sie zu. Was wussten Sie
schon? Welche Informationen waren neu? Was hat Sie überrascht?

8 Top-Sehenswürdigkeiten von Berlin

Top 1: d

Es ist das Wahrzeichen der Stadt: Das
Brandenburger Tor. 1791 fertiggestellt,
war es nur eines von vielen alten
Stadttoren rings um das damals noch
relativ kleine Berlin. Heute gibt es
hier manchmal Konzerte oder andere
Großveranstaltungen.

Top 2:

Im **Reichstag** tagt das deutsche Parlament,
der Bundestag. Touristen können den
Reichstag besichtigen. Der britische
Architekt Sir Norman Foster entwarf
die Pläne für die Glaskuppel. In der Nähe
findet man das Brandenburger Tor.

Top 3:

Das **Fernsehturm** ist mit 368
Metern das höchste Gebäude in Berlin.
Oben gibt es ein Restaurant und eine
Aussichtsetage und man hat einen
wunderbaren Panoramablick über
die Stadt.

Top 4:

Das **Holocaust-Mahnmal** ist eine
Gedenkstätte für die 6 Millionen
ermordeten Juden in Europa. Unter dem
Mahnmal befindet sich ein Dokumentationszentrum. An Computerstationen
kann man die Namen von Millionen
Holocaust-Opfern einsehen.

Top 5:

Die **East Side Gallery** ist eine
Open-Air-Galerie auf dem längsten noch
existierenden Teil der Berliner Mauer. Sie
ist 1,3 Kilometer lang und 24 Stunden
geöffnet.

Top 6:

Der **Potsdamer Platz** hat moderne und
architektonisch interessante Gebäude,
unter anderem das Sony Center, mit vielen
Bars, Shops, Theatern und Kinos. Hier
findet auch das Berliner Filmfestival statt.

Top 7:

Der **Kudamm**, kurz für Kurfürstendamm,
ist die beliebteste Shoppingmeile in Berlin.
Hier gibt es viele Nobelmarken und große
Modeketten. Das KaDeWe, das größte
Kaufhaus auf dem europäischen Festland,
ist ganz in der Nähe, wie auch der Zoo.

Top 8:

Auf der **Museumsinsel** befinden
sich mehrere Museen, unter anderem das Pergamonmuseum und die
Alte Nationalgalerie. Es gibt zum Beispiel antike, ägyptische und islamische
Sammlungen und man kann die berühmte
Büste der Nofretete sehen.

V O K A B E L N

fertiggestellt	here: completed
rings um	around, encircling
die Großveranstaltung (-en)	large/major event
tagen	to meet, to sit
etwas besichtigen	to view, to visit something (for a specific purpose)
die Glaskuppel (-n)	glass dome
die Aussichtsetage (-n)	viewpoint floor
das Mahnmal (-e)	memorial
die Gedenkstätte (-n)	memorial site
ein|sehen	here: to look at, to examine
die Nobelmarke (-n)	luxury brand
die Sammlung (-en)	collection

TIPP
Nach dem definitiven Artikeln im Nominativ (der, die, das) enden die Adjektive mit **-e**:
Der britische Architekt Sir Norman Foster entwarf die Pläne.
Der Kudamm ist **die** bekannt**e** Shoppingmeile in Berlin.
Es ist **das** höchst**e** Gebäude in Deutschland.
Mehr über Adjektivendungen in Kapitel 6.

ÜBUNG
3

Beantworten Sie die Fragen.

a) Wer tagt im Reichstag?
b) Was gibt es oben auf dem Fernsehturm?
c) Wie lang ist das längste noch existierende Stück der Mauer?
d) Wie heißt die bekannteste Einkaufsstraße von Berlin?
e) Was ist das besondere an der Museumsinsel?
f) Was ist das Wahrzeichen von Berlin und was war es früher?

Deutschland-Info

DIE BERLINER MAUER

Die Berliner Mauer teilte die Stadt von 1961 bis 1989 in Westberlin und Ostberlin. Sie war insgesamt 155 Kilometer lang. Am 9. Oktober 1989, nach 28 Jahren, wurde sie geöffnet. Erst dann konnten Menschen aus Ostberlin in den Westen reisen. Heute gibt es nur noch wenige Überreste der Mauer.

Präpositionen (I) *Prepositions and cases (I)*

Einige Präpositionen im Deutschen brauchen manchmal den **Akkusativ** (Fokus auf Bewegung von A nach B) und manchmal den **Dativ** (Fokus auf den Ort/Position):

an *at, on;* **auf** *on;* **hinter** *behind;* **in** *in, inside;* **neben** *next to, beside;* **über** *above, over, across;* **unter** *under, among;* **vor** *in front of, before;* **zwischen** *between.*

Hier sind einige Beispiele:

Akkusativ (wohin?)	**Dativ (wo?)**
Er geht **an die** Rezeption.	Er bezahlt **an der** Rezeption.
Sie fahren **auf den** Fernsehturm.	Sie sind **auf dem** Fernsehturm.
Wie komme ich **ins** Zentrum?	**Im** Zentrum kann man gut essen.
Sie stellt die Tasche **unter den** Stuhl.	Die Tasche steht **unter dem** Stuhl.
Er geht **vor das** Hotel.	Sie treffen sich **vor dem** Hotel.
Sie legt das Handy **zwischen die** Bücher.	Das Handy liegt **zwischen den** Büchern.

Das Verb entscheidet: Verben, die Bewegung (von A nach B) anzeigen, wie **gehen**, **fahren**, **kommen**, **stellen**, **legen** brauchen den Akkusativ. Die meisten anderen Verben brauchen den Dativ, zum Beispiel **sein**, **sich befinden**, **stehen**, **liegen**, **essen**, **bezahlen**.

Mehr im Grammatikteil, Seite 80.

ÜBUNG **4**

Akkusativ oder Dativ?

Finden Sie in den Sätzen zuerst die Präposition und erklären Sie dann, warum man den Akkusativ oder Dativ benutzt.

Beispiel

Das Restaurant ist direkt neben dem Hotel. → Die Präposition ist **neben**. Man benutzt den Dativ, weil mit **sein** der Fokus auf dem Ort liegt.

a) Gehen Sie über die Kreuzung und dann immer geradeaus.
b) Wie komme ich am besten in die Stadt?
c) Ich habe den Schlüssel auf den Tisch gelegt.
d) Die Touristeninformation ist im Bahnhof.
e) Treffen wir uns vor dem Rathaus?

> **TIPP**
> **Straße, Platz, Insel + auf**
> Ich gehe **auf** die Straße.
> **Auf** dem Platz gibt es ein Denkmal.
> Sie wohnen **auf** Mallorca.

ÜBUNG **5**

Was fehlt?

> über die   auf dem   im   unter dem   in der   auf der

a) _____ Reichstag tagt das deutsche Parlament, der Bundestag.
b) _____ Nähe findet man das Brandenburger Tor.
c) Man hat einen wunderbaren Blick _____ Stadt.
d) _____ Holocaust-Mahnmal befindet sich ein Dokumentationszentrum.
e) Es ist das größte Kaufhaus _____ europäischen Festland.
f) _____ Museumsinsel befinden sich mehrere Museen.

ÜBUNG 6

5.1

Wie komme ich zu meinem Hotel? Hören Sie zu.

Tina Hecking ist gerade mit einer Mitfahrgelegenheit in Berlin angekommen und fragt, wie sie am besten zu ihrem Hotel kommt.

a) Mit welcher Buslinie soll Tina fahren?
b) Wann lohnt es sich, ein Taxi zu nehmen?
c) Wie kann sie vom Bahnhof Zoo zu ihrem Hotel fahren?
d) Wo ist die Bushaltestelle?
e) Was sind die Vorteile von einer WelcomeCard?
f) Wo kann sie die Karte bekommen?

V O K A B E L N

das Zwanzigfache	twentyfold
das Gepäck (no pl.)	luggage
es lohnt sich	it's worth it
die Bushaltestelle (-n)	bus stop
der Ausgang (-¨e)	exit
der Rabatt (-e)	discount
der Automat (-en)	machine
der Schalter (-)	here: counter, desk

TIPP
Nicht vergessen – wenn man nach dem Weg fragt, benutzt man meistens **zu** (+ Dativ):
Wie komme ich **zum** Bahnhof? (m) / **zur** Bushaltestelle? (f) / **zum** Hotel? (nt)

ÜBUNG 7

Und jetzt Sie!

Was sind für Sie die wichtigsten Sehenswürdigkeiten in Ihrer Stadt oder einer Stadt, die Sie gut kennen? Was gefällt Ihnen an den Sehenswürdigkeiten? Wählen Sie Ihre eigenen Top 5 und schreiben Sie fünf kurze Texte (siehe Übung 2).
Besprechen Sie Ihre Antworten dann in der Klasse.

City Guide
WALK BERLIN

B | Ein Wochenende in Berlin
A weekend in Berlin

ÜBUNG
8

5.2

Was machen Sie in Berlin? Eine Umfrage

Wir haben Touristen gefragt, was sie in Berlin machen. Hören Sie zu und finden Sie die fehlenden Informationen.

	Gründe für den Berlin-Besuch	Was sie schon gemacht haben	Was sie noch vorhaben	Eindrücke von Berlin
Bianca und Jan Neumann				spannend; überall kann man etwas entdecken
Maike und Steffen		X		
Okan Bellikli		war in Kreuzberg clubben		
Steffi Notter				

V O K A B E L N

spannend	*exciting, fascinating*
entdecken	*to discover*
aus|leihen	*here: to rent (a bike)*
ehemalig	*former*
sich etwas gönnen	*to treat yourself to something*
die Stadtrundfahrt (-en)	*city tour, sightseeing tour*
die Unterkunft (-¨e)	*accommodation*
beeindruckend	*impressive*
die Führung (-en)	*guided tour*
überfüllt	*here: overcrowded*

ÜBUNG
9

Hatten Sie recht? Lesen Sie jetzt die Interviews. Welche Informationen können Sie noch finden?

Wir interessieren uns für Kultur und Geschichte und waren schon im Reichstag und in der Alten Nationalgalerie. Es ist spannend, durch die Stadt zu laufen – überall kann man etwas entdecken. Morgen wollen wir uns Fahrräder ausleihen und eine Radtour entlang der ehemaligen Mauer machen. Wir freuen uns schon.

Bianca und Jan Neumann,
58 und 56, aus Essen

Maike und Steffen Lüdke,
35 und 37, aus Kiel

Es ist unser Hochzeitstag und da haben wir uns eine Reise nach Berlin gegönnt, ohne die Kinder. Anreise, Stadtrundfahrt und Unterkunft, alles inklusive. Wir haben ein schönes Hotel im Zentrum. Berlin ist beeindruckend. Jetzt wollen wir erstmal im KaDeWe shoppen gehen. Heute Abend sehen wir dann ein Musical.

Okan Bellikli,
18, aus Leipzig

Wir kommen aus Leipzig und wollen in Berlin Party machen. Berlin ist eine hippe Stadt, einfach fantastisch für junge Leute. Gestern Abend waren wir in Kreuzberg clubben. Heute Nacht geht es dann weiter nach Berlin-Mitte, da gibt es auch viele tolle Clubs. Wir wohnen in einem Budget-Hostel für 25 Euro, das ist günstig.

Steffi Notter,
44, aus München

Ich besuche hier einen Ingenieurkongress. Es gibt ein interessantes Begleitprogramm – gestern waren wir im Olympiastadion und heute Abend haben wir eine Führung durch das Pergamonmuseum. Berlin hat eine tolle Atmosphäre – aber es ist auch hektisch und an manchen Orten ist es ziemlich überfüllt.

Präpositionen (II) *Prepositions (II)*

Sie haben schon gesehen, dass Wechselpräpositionen zwei Fälle haben können. Die folgenden Präpositionen haben immer nur einen Fall:

Akkusativ: **bis** *until;* **durch** *through;* **für** *for;* **gegen** *against;* **ohne** *without;* **um** *around, at.*

Dativ: **aus** *from, out of;* **außer** *apart from;* **bei** *at, near;* **gegenüber** *opposite;* **mit** *with (for means of transport);* **nach** *after, to;* **seit** *since, for;* **von** *from;* **zu** *to.*

Zur Erinnerung – typische Endungen im Akkusativ und Dativ:

Welche Präpositionen kannten Sie schon? Welche sind neu?

Akkusativ		Dativ	
Ich bin *für* …		Sie fahren *mit* …	
(m) de**n**/eine**n** Plan.	*-en*	(m) de**m**/eine**m** Bus.	*-em*
(f) die/eine Entscheidung.	*-e*	(f) de**r**/eine**r** U-Bahn.	*-er*
(nt) das/ein Projekt.	*-s/-*	(nt) de**m**/eine**m** Rad.	*-em*
(pl) die Projekte.	*-e*	(pl) de**n** Räder**n**.	*-en / + n*

Mehr im Grammatikteil auf Seite 80.

Wie heißen die Endungen?

Ergänzen Sie die fehlenden Akkusativ- oder Dativendungen.

a) Du musst hier vorne durch d___ Tür gehen.
b) Es gibt viele Gründe für d___ Besuch von Berlin.
c) Sie sind um d___ Haus gegangen.
d) Viele Besucher kommen aus d___ Ausland.
e) Ich war mit mein___ Hotelzimmer sehr zufrieden.
f) Er ist seit ein___ Woche in Berlin.
g) Gegenüber d___ Oper gibt es ein gutes Café.
h) Sie sind ohne d___ Kinder gefahren.
i) Sie sind mit d___ Kinder_ gefahren.

Touristenstadt Berlin

Der folgende Text gibt Information über Tourismustrends in Berlin. Arbeiten Sie mit einem Partner/einer Partnerin oder in einer kleinen Gruppe. Was glauben Sie?

a) Kommen mehr Berlin-Touristen aus Deutschland oder aus dem Ausland?
b) Aus welchem Land kommen die meisten ausländischen Besucher?
c) Welche Stadt hat die meisten Touristen: Berlin, London oder Paris?
d) Wie ist das Image von Berlin im Ausland?

Neuer Rekord bei Besucherzahlen

Die Hauptstadt meldet einen neuen Touristenrekord: Letztes Jahr kamen 11,9 Millionen Gäste nach Berlin. Die Übernachtungszahlen erreichten fast die 29-Millionen-Marke. Die meisten ausländischen Touristen kamen aus Großbritannien.

Es werden immer mehr: Zum zehnten Mal in Folge meldet Berlin einen Rekord bei den Tourismuszahlen. Letztes Jahr wurden 11,9 Millionen Gäste in den Hotels und Herbergen der deutschen Hauptstadt gezählt – 6,5 Prozent mehr als noch im Jahr davor. Berlins oberster Tourismus-Chef, Burkhard Kieker, war am Donnerstag begeistert: „Das ist ein sensationelles Ergebnis." Im Laufe von zehn Jahren hat sich die Zahl der Übernachtungen mehr als verdoppelt.

"Berlin wirkt wie ein Magnet auf Menschen aus aller Welt," unterstrich Wirtschaftssenatorin Cornelia Yzer. Die Stadt hat sich fest unter die Top drei Reise-ziele in Europa etabliert, nach London und Paris.

Mehr als die Hälfte der registrierten Berlin-Besucher kam aus Deutschland (56,4 Prozent). Rund 43 Prozent (4,5 Millionen) reisten aus dem Ausland an. Das waren 8,1 Prozent mehr als im Jahr zuvor. Vor allem bei den Briten gilt Berlin offenbar tatsächlich als „the place to be", wie der Werbeslogan der deutschen Hauptstadt verspricht. Mit 481 000 stellten die Briten die größte ausländische Besuchergruppe und buchten rund 1,2 Millionen Übernachtungen (plus 7,8 Prozent). Ein Grund für die hohe Zahl von britischen Besuchern sind die vielen günstigen Direktflüge von Großbritannien nach Berlin. Außerordentlich beliebt war Berlin auch bei US-Amerikanern, Niederländern und Italienern.

Der Anteil an internationalen Übernachtungsgästen sei so hoch wie nie zuvor, sagte Kieker. Dennoch glaubt er, dass Berlin in diesem Bereich noch Nachholbedarf hat, vor allem bei Gästen aus dem außereuropäischen Ausland.

Dass die Besucherzahlen ansonsten weiter steigen werden, bezweifeln Experten nicht. Im Ausland ist der Mythos von Berlin groß und die Stadt gilt, vor allem bei jüngeren Leuten, als besonders cool.

(Adapted from Berliner Zeitung, visitberlin)

V O K A B E L N

die Übernachtungszahlen (pl.)	*number of overnight stays*
zählen	*to count*
im Laufe von	*in the course of, over*
wirken	*here: to act*
der Werbeslogan (-s)	*advertising slogan*
versprechen	*to promise*
Nachholbedarf haben	*to have a lot to catch up on*
außereuropäisch	*non-European*
bezweifeln	*to doubt*

5.3

Können Sie alle Wörter richtig aussprechen? Hören Sie den Text und überprüfen Sie Ihre Aussprache.

ÜBUNG 12

Richtig oder falsch? Korrigieren Sie die falschen Aussagen.

a) Letztes Jahr gab es 10,9 Millionen Übernachtungen in Berlin.
b) In den letzten 10 Jahren hat sich die Anzahl der Touristen in Berlin mehr als verdoppelt.
c) Die Stadt gehört noch nicht zu den 3 Top-Reisezielen in Europa.
d) Die Zahl der Besucher aus Großbritannien ist gestiegen, obwohl die Flugverbindungen nicht gut sind.
e) Herr Kieker glaubt, dass Berlin noch viel mehr Gäste aus außereuropäischen Ländern anlocken kann.

ÜBUNG 13

Und jetzt Sie! Eine Reise nach Berlin.

Arbeiten Sie in einer kleinen Gruppe und planen Sie eine Reise nach Berlin. Wie lange wollen Sie fahren? Wie wollen Sie nach Berlin reisen? Was für eine Unterkunft möchten Sie buchen? Finden Sie heraus, wofür sich die anderen Gruppenmitglieder interessieren (Kultur, Clubbing, Sport, Shopping etc.). Planen Sie dann zusammen ein Programm, und besprechen Sie, was Sie an jedem Tag unternehmen möchten.

Stellen Sie dann Ihr Berlin-Programm in der Klasse vor.

Zeitpunkt:

Anreise:

Unterkunft:

Tag 1: (vormittags, nachmittags, am Abend)

Tag 2: (vormittags, nachmittags, am Abend)

Tag 3: ....

N Ü T Z L I C H E   A U S D R Ü C K E

Ich möchte unbedingt den/die/das ... sehen.
I really want to see the ...
Das Brandenburger Tor ist ein Muss.
The Brandenburg Gate is a must.
Wir müssen ja nicht alles zusammen machen.
We don't have to do everything together.
An einem Tag können wir ja verschiedene Sachen machen.
On one day we could all do different things.

C | Berlin – früher und heute

Berlin – then and now

ÜBUNG
14

Lesen und Lernen

a

Eine kleine Geschichte von Berlin

1237	Gründung Berlins
um 1500	Berlin ist eine blühende Handelsstadt
1871	Wahl von Berlin zur Hauptstadt des Deutschen Reiches
1877	Berlin hat mehr als eine Million Einwohner
1945	Schwere Zerstörung Berlins; Teilung der Stadt in vier Sektoren
1945–1949	Beginn des Wiederaufbaus der Stadt
1961	Bau der Berliner Mauer; Trennung der Stadt in einen Westteil und einen Ostteil
1989	Fall der Mauer
1990	Nach der Wiedervereinigung wird Berlin Hauptstadt der Bundesrepublik Deutschland
2012	Berlin feiert sein 775. Stadtjubiläum

b

c

d

Sehen Sie sich die Fotos a)–e) an.
Welches Ereignis oder historische
Periode zeigt jedes Bild?

ÜBUNG
15

Wie heißt es im Genitiv?

Lesen Sie den Text noch einmal und
finden Sie die fehlenden Artikel.

a) (m) Beginn ____ Wiederaufbaus
b) (f) Teilung ____ Stadt in vier Sektoren
c) (f) Bau ____ Berliner Mauer
d) (nt) Wahl von Berlin zur Hauptstadt ____ Deutschen Reiches

V O K A B E L N

die Gründung (-en)	*foundation, establishment*
die Zerstörung (-en)	*destruction*
der Wiederaufbau (no pl.)	*rebuilding, reconstruction*
die Wiedervereinigung (-en)	*reunification; reunion*

Wie heißen die männlichen, weiblichen und sächlichen Artikel im Genitiv? Welche Endungen
haben männliche und sächliche Nomen? Mehr Informationen finden Sie auf der nächsten Seite.

Der Genitiv *The genitive case*

Der Genitiv ist der Kasus, der Zugehörigkeit *(belonging)* oder Besitz *(ownership, possession)* ausdrückt. Im Englischen benutzt man dazu „'s" oder „of":

die Gründung Berlins   *the foundation of Berlin*
Das sind Tims Laufschuhe. *These are Tim's running shoes.*

Im Genitiv sind die Artikel und Possessivpronomen wie folgt:

(m) -es	des Bruders	eines Bruders	meines Freundes
(f) -er	der Freundin	einer Freundin	meiner Stadt
(n) -es	des Autos	eines Autos	seines Kindes
(pl) -er	der Freunde	-	unserer Kinder

Männliche und sächliche Nomen haben im Genitiv meistens die Endung **-s**. Wenn das Nomen nur eine Silbe hat *(one syllable)*, benutzt man **-es**: Freund**es**, Kind**es**. Weibliche Nomen haben keine Endung.

Im modernen Deutsch benutzt man oft eine Dativkonstruktion mit *von*, statt des Genitivs:

Die neue Freundin meines Bruders … Die neue Freundin von meinem Bruder …
Die Geschichte Berlins … Die Geschichte von Berlin …

Mehr im Grammatikteil, Seite 80.

ÜBUNG 16

Wie heißt es richtig? Bilden Sie Sätze im Genitiv.

a) Wie war der Name ____ Hotel__?
b) Was sind die Öffnungszeiten ____ Museum__?
c) Mehr als die Hälfte ____ Besucher kam aus Deutschland.
d) Kannst du mir die Adresse ____ Mann__ geben?
e) Wer war nochmal der Autor ____ Buch__?
f) Die Geschichte ____ Berliner Mauer ist sehr interessant.
g) Seit 1990 ist Berlin wieder die Hauptstadt ____ Bundesrepublik.

ÜBUNG 17

Berlin – früher und heute

5.4

Frau Manzo ist Touristenführerin und arbeitet in Berlin. In einem Radiointerview erzählt sie, wie sie nach Berlin kam, was ihr an Berlin gefällt und wie sich die Stadt verändert hat. Hören Sie zu und beantworten Sie die Fragen.

a) Ist Frau Manz eine „richtige" Berlinerin?
b) Was mag sie an den Berlinern?
c) Was gefällt ihr noch an der Stadt?
d) Was folgte nach den „Goldenen Zwanzigern"?
e) Woran liegt es, dass sich die wirtschaftliche Lage verbessert hat?
f) Was sieht sie als zwei große Herausforderungen?
g) Wie sieht sie die Zukunft?

Lesen Sie dann das Interview und überprüfen Sie Ihre Antworten.

Moderator	Frau Manzo, Sie arbeiten viel über die Geschichte von Berlin. Sind Sie denn eigentlich eine „richtige" Berlinerin?
Frau Manzo	Nein, ich bin in Nürnberg geboren, lebe aber schon seit über 20 Jahren in Berlin. Ich habe damals an der FU, an der Freien Universität, studiert und mir hat Berlin so gut gefallen, dass ich dann nach meinem Studium gleich hier geblieben bin.
Moderator	Was hat Ihnen denn so gut gefallen?
Frau Manzo	Nun, zum einen die Berliner selber. Ich finde, die Leute haben Humor und sagen offen, was sie denken. Das ist eine Eigenschaft, die ich sehr mag. Gut, manchmal können sie auch etwas unfreundlich wirken, aber im Allgemeinen sind die Menschen humorvoll und auch tolerant. Und dann finde ich es toll, dass die Stadt so gemischt und multikulturell ist.
Moderator	Hat sich denn Berlin in den Jahren stark verändert?
Frau Manzo	Ja, das kann man wohl sagen. Aber das war schon immer typisch für diese Stadt. Sehen Sie, im 19. Jahrhundert war Berlin lange Zeit eigentlich nur ein großes Dorf. Erst nach dem 1. Weltkrieg – in den sogenannten „Goldenen Zwanzigern" – wurde es zu einer wirklichen Weltstadt. Danach folgten 12 Jahre Diktatur der Nationalsozialisten. Und nach dem Krieg der Wiederaufbau, 1961 wurde die Mauer gebaut und die Stadt geteilt. Seit dem Fall der Mauer 1989 ist Berlin aber wieder das wirkliche Zentrum von Deutschland.
Moderator	Aber ganz so einfach war die Zeit nach dem Mauerfall nicht?
Frau Manzo	Nein, vor allem wirtschaftlich ging es der Stadt nicht besonders gut. Die wirtschaftliche Lage hat sich aber in den letzten Jahren stark verbessert. Das liegt vor allem an der Kreativwirtschaft wie Medien, IT, Design usw., und an den vielen Start-ups in Berlin.
Moderator	Was sehen Sie als die großen Herausforderungen für Berlin in den nächsten Jahren?
Frau Manzo	Es gibt immer noch sehr starke soziale Unterschiede zwischen Arm und Reich. Ein anderes Problem ist, dass die Mietpreise sehr stark gestiegen sind, und für viele Leute ist es schwierig, eine passende Wohnung zu finden. Hier müssen die Politiker etwas unternehmen. Im Allgemeinen glaube ich aber, dass die Stadt sehr viel Potenzial hat. Ich sehe die Zukunft sehr positiv.

TIPP
Das Passiv
wurde gebaut – *was built*
wurde geteilt – *was divided*
wurde gegründet – *was founded*

Mehr über das Passiv in Kapitel 7.

V O K A B E L N

wirken	*here: to appear, to seem*
der 1. Weltkrieg	*World War I*
die Diktatur (-en)	*dictatorship*
die Lage (-n)	*situation; position*
die Kreativwirtschaft (-en)	*creative industry*
das liegt an	*that's because*
passend	*suitable*
etwas unternehmen	*here: to take action*

Berlin vs. Frankfurt

Paul Maibach hat lange in Frankfurt gelebt und ist dann für dreieinhalb Jahre nach Berlin gezogen. Er erzählt, warum er nach Berlin gegangen ist, wie er das Leben in der Stadt fand und wie Frankfurt im Vergleich zu Berlin ist. Sehen Sie das Video und machen Sie Notizen zu den folgenden Punkten:

a) Gründe, warum er nach Berlin gezogen ist
b) Wie er die Berliner charakterisiert
c) Warum Berlin für ihn die kulturelle Hauptstadt Deutschlands ist
d) Welche Unterschiede es zwischen Frankfurt und Berlin gibt
e) Warum er empfiehlt bei einem Kurzurlaub lieber Berlin zu besuchen
f) Was Frankfurt und Berlin noch Besonderes haben

Welche Details haben Sie noch gehört?

V O K A B E L N	
schroff	brusque, harsh
man gewöhnt sich dran	one gets used to it
der Hintergrund (-¨e)	background
der Einfluss (-¨e)	influence
der Menschenschlag (no pl.)	kind of people, breed of people
gleich	here: similar, alike, uniform
umliegend	surrounding

Welche Wörter fehlen?

Sehen Sie das Video noch einmal und ergänzen Sie.

Ich glaube, Frankfurt und Berlin sind ___ zu ___, weil Berlin ja eine ___ größere Stadt ist. In Berlin leben dreieinhalb Millionen Menschen, in Frankfurt ungefähr ___ und dann ist das auch so, dass die Leute nach Frankfurt kommen, um ___ ___ und in Berlin ist es eher so, dass man da ___ . Und es gibt sehr ___ Menschen in Berlin und ___ Menschen viel, und hier in Frankfurt ist der ___ für mich so ein bisschen ___ als in Berlin.

Meine Stadt

Schreiben Sie ein Porträt über Ihre Stadt oder eine Stadt, die Sie gut kennen.

Wo liegt die Stadt und wie viele Einwohner hat sie?

Hat sich die Stadt stark verändert?

Welche wichtigen geschichtlichen Ereignisse gab es?

Was sind die bekanntesten Sehenswürdigkeiten?

Wie sind die Bewohner? Was für ein Menschenschlag ist es?

Was sind die größten Herausforderungen? Wie sehen Sie die Zukunft?

N Ü T Z L I C H E   A U S D R Ü C K E
Die Stadt liegt …
The town is situated …
Wichtige geschichtliche Ereignisse waren …
Important historical events were …
Meine Stadt ist bekannt für ihren/ihre/ihr …
My town is most well-known for (its) …
Die Bewohner sind …
The inhabitants are …
Eine große Attraktion für Kunstliebhaber ist …
For art lovers, one big attraction is …
Wenn Sie die Natur mögen, …
If you like nature, …

Für Textbeispiele sehen Sie das Interview mit Frau Manzo (Seite 78) oder auch den Text über München in Kapitel 3 (Seite 36).

Grammatik

Prepositions and cases

To be fluent in German, you need to know which case comes after a preposition. Here is an overview:

Accusative	Dative	Accusative or dative
bis *until*	**aus** *from, out of*	**an** *at, on*
durch *through*	**außer** *apart from*	**auf** *on*
für *for*	**bei** *at, near*	**hinter** *behind*
gegen *against, around*	**gegenüber** *opposite*	**in** *in, into*
ohne *without*	**mit** *with, by (for transport)*	**neben** *next to*
um *around, at*	**nach** *after, to*	**über** *over, above, across*
	seit *since, for*	**unter** *under, among*
	von *from*	**vor** *in front of, before*
	zu *to*	**zwischen** *between*

Abbreviations

The following contractions are frequently used in German: *bei + dem* → **beim,** *von + dem* → **vom,** *an + dem* → **am,** *an + das* → **ans,** *in + das* → **ins,** *in + dem* → **im**

Prepositions with accusative or dative

While most prepositions can be followed by only one case, there are nine, the so-called **Wechselpräpositionen,** which can take either the accusative or dative. It depends on whether the focus is on movement from one place to another or on location.

Paying attention to the verb that is used with these prepositions will help you determine which case is correct. Verbs indicating movement, such as **gehen, fahren, kommen, stellen, legen, klettern** require the accusative, while most other verbs including **sein, sich befinden, stehen, liegen, wohnen, trinken** etc. require the dative.

	Accusative (movement)	Dative (location)
masc.	Ich lege das i-Pad **auf den** Tisch.	Das i-Pad liegt **auf dem** Tisch.
fem.	Wir fahren **in die** Stadt.	Wir trinken etwas **in der** Stadt.
neut.	Sie gehen **hinter das** Haus.	Sie sprechen **hinter dem** Haus.
pl.	Sie klettern **auf die** Bäume.	Sie sitzen **auf den** Bäumen.

For more detail on how *Wechselpräpositionen* work in verb + prepositions structures, see Chapter 3.

For prepositions with the **Genitive,** see next entry.

The genitive case

As you saw earlier in this chapter, the genitive case refers to the concept of possession or ownership. The genitive is often used in more formal contexts, for instance in news programmes, when giving opinions in a formal way or in a number of expressions, such as:

Am Anfang des Filmes ...	*At the beginning of the film ...*
Am Ende des Monats ...	*At the end of the month ...*
Eines Morgens / Eines Abends ...	*One morning / One evening ...*

It also appears with expressions referring to historical events and professional roles or in street names:

der Fall der Mauer	*the fall of the (Berlin) Wall*
der Präsident des Festivals	*the festival's chairperson*
Straße des 17. Juni	*17th June Street (in Berlin)*

Patterns

Remember: with masculine and neuter nouns articles and possessives end in **-es**; with feminine and plural nouns they end in **-er**:

(m) das Auto mein**es** Brud**ers**	(nt) die Mutter d**es** Kind**es**
(f) der Bruder mein**er** Freundin	(pl) das Haus d**er** Eltern

Masculine and neuter nouns also mostly add **-es** to one-syllable nouns and **-s** to longer nouns.

Names, countries

It's common in German to add **-s** to the names of people, cities or countries to indicate ownership. However, unlike in English, there is normally no apostrophe:

Jamie Oliver**s** neuer Bestseller	*Jamie Oliver's new bestseller*
Deutschland**s** Dichter und Denker	*Germany's poets and thinkers*

Prepositions

Genitive constructions are also required after a few prepositions. The most important are: **statt** *instead*, **trotz** *in spite of*, **während** *during* and **wegen** *due to*.

As explained earlier, in modern German the genitive is often replaced with **von** + dative. The effect is then less formal:

das E-Bike meines Bruders	das E-Bike von meinem Bruder
der Name des neuen Restaurants	der Name von dem neuen Restaurant

Mehr Übungen ...

1 Welche Präposition passt nicht?
   a) aus, bei, mit, nach, gegen, seit
   b) für, gegen, ohne, um, mit
   c) an, auf, hinter, in, ohne, über
   d) für, seit, von, zu, gegenüber
   e) neben, unter, von, vor, zwischen

2 Wie heißen die Endungen? Ergänzen Sie.
   a) Die Staatsoper liegt gegenüber d____ Humboldt-Universität.
   b) Gehen Sie über d____ Kreuzung bis z____ Goethe-Platz.
   c) Das Café Marina? Das liegt gleich hinter d____ Kirche.
   d) Z__ Museum für Deutsche Geschichte wollen Sie? – Da fahren Sie am besten mit d____ U-Bahn.
   e) Gehen Sie um d____ Ecke. Da finden Sie auf d____ rechten Seite einen Supermarkt.

3 Sagen Sie es anders. Ersetzen Sie die Ausdrücke, die kursiv gedruckt sind, mit einer Genitiv-Konstruktion.

   Beispiel
   Der Name *von dem Restaurant* ist „Restlos Glücklich". → *Der Name des Restaurants ist „Restlos Glücklich".*

   a) Ich komme am Anfang *von dem Monat*.
   b) Können wir uns am Ende *von der Woche* treffen?

c) Die Zahl *von den Touristen* hat in den letzten Jahren zugenommen.
d) Kennst du die neue Freundin *von meinem Bruder*?
e) Das Freizeitangebot *von Berlin* ist wirklich toll.

4 Berlin – Ein Überblick
Hier ist eine kurze Geschichte von Berlin. Welches Wort fehlt? Setzen Sie ein.

> „Goldenen Zwanziger" – Mauer – Einwohnern – Stadt – Diktatur – Nachtleben –
> Nationalsozialisten – Wiederaufbau – Jahrhundert – Magnet – Weltkrieg – Mauerbau
> Angebot – Hauptstadt

Berlin ist eine alte (**a**) *Stadt* und wurde 1337 gegründet. Zu einer wirklichen Weltstadt
wurde Berlin aber erst nach dem Ersten (**b**) _____. Noch im 19. (**c**) _____ war es
lange ein großes Dorf, bis nach 1870 die Industrialisierung in Deutschland begann.

Die Zwanzigerjahre des vorherigen Jahrhunderts werden oft als die (**d**) _____
bezeichnet. 1933 kamen die (**e**) _____ an die Macht und es folgten 12 Jahre
(**f**) _____. Nach dem Ende des Zweiten Weltkrieges folgte der (**g**) _____
Deutschlands und Berlins.

Ein anderes wichtiges Ereignis war der (**h**) _____ im Jahre 1961. Für 28 Jahre war
die Stadt getrennt. Seit dem Fall der (**i**) _____ 1989 ist Berlin wieder das wirkliche
Zentrum von Deutschland und seit 1990 ist es auch die offizielle (**j**) _____ des
wiedervereinigten Deutschlands.

Heute ist Berlin eine moderne, multikulturelle Metropole mit etwa 3,4 Millionen
(**k**) _____. Es ist ein (**l**) _____ für Touristen aus dem In- und Ausland. Von einem
erstklassigen kulturellem (**m**) _____ über hervorragende Einkaufsmöglichkeiten bis hin
zu einem spektakulären (**n**) _____ bietet die Stadt für jeden Geschmack etwas.

Am Ende von Kapitel 5 können Sie jetzt:

1 über Berlin, seine Sehenswürdigkeiten, Geschichte und   ❑
   aktuelle Situation sprechen?
   (Seiten 76–89)

2 eine Wochenendreise nach Berlin planen?   ❑
   (Seiten 72–75)

3 einen Artikel über Tourismustrends verstehen?   ❑
   (Seiten 74–75)

4 ein Porträt über eine Stadt schreiben?   ❑
   (Seite 79)

5 Präpositionen mit ihren Fällen benutzen?   ❑
   (Seiten 70–71, 73–74)

6 den Genitiv erkennen und bilden?   ❑
   (Seiten 76–77)

Vokabeln

SEHENSWÜRDIGKEITEN *Sights*
die Aussichtsetage (-n) *viewing floor*
die Büste (-n) *bust (sculpture)*
das Dokumentationszentrum *documentation centre*
(-zentren)
die Gedenkstätte (-n) *memorial site*
die Glaskuppel (-n) *glass dome*
die Großveranstaltung (-en) *large, major event*
das Mahnmal (-e) *memorial (monument, place)*
der Panoramablick (-e) *panoramic view*
die Sammlung (-en) *collection*
das Stadttor (-e) *city gate*
das Wahrzeichen (-) *landmark*

TOURISMUS *Tourism*
die Anreise (-n) *journey (here/there)*
der Ausgang (-¨e) *exit*
der Automat (-en) *machine*
das Begleitprogramm (-e) *accompanying programme*
die Bushaltestelle (-n) *bus stop*
der Direktflug (-¨e) *direct flight*
die Führung (-en) *guided tour*
das Gepäck (no pl.) *luggage*
der Rabatt (-e) *discount*
die Radtour (-en) *cycling tour*
der Schalter (-) *here: counter, desk*
die Stadtrundfahrt (-en) *city tour, sightseeing tour*
die Unterkunft (-¨e) *accommodation*
die Übernachtungszahlen (pl.) *number of overnight stays*
der Werbeslogan (-s) *advertising slogan*
die Modekette (-n) *fashion chain*
die Nobelmarke (-n) *luxury brand*

VERBEN *Verbs*
an|reisen *to travel (here/there)*
aus|leihen *here: to rent (a bike)*
besichtigen *to visit, to view (for a specific purpose)*
bezweifeln *to doubt*
buchen *to book*
clubben *to go clubbing*
ein|sehen *here: to look at, to examine*

entdecken *to discover*
versprechen *to promise*
etwas unternehmen *here: to take action*
sich etwas gönnen *to treat yourself to sth.*

ADJEKTIVE *Adjectives*
außereuropäisch *non-European*
beeindruckend *impressive*
begeistert *enthusiastic, excited*
blühend *blooming, thriving*
ehemalig *former*
fertigestellt *completed*
humorvoll *humorous, full of humour*
passend *suitable*
spannend *exciting, fascinating, thrilling*
tolerant *tolerant*
überfüllt *here: overcrowded*

BERLIN – GESCHICHTE *Berlin – history*
der 1. Weltkrieg *World War I*
die Diktatur (-en) *dictatorship*
die Gründung (-en) *foundation, establishment*
die Handelsstadt (-¨e) *commercial town, trading town*
die Trennung (-en) *separation*
der Wiederaufbau (no pl.) *(no pl.) rebuilding, reconstruction*
die Wiedervereinigung (-en) *reunification; reunion*
die Zerstörung (-en) *destruction*

BERLIN HEUTE *Berlin today*
die Kreativwirtschaft (-en) *creative industry*
das Potenzial (-e) *potential*
die wirtschaftliche Lage *the economic situation*
soziale Unterschiede *social differences*

NÜTZLICHE AUSDRÜCKE *Useful expressions*
das liegt an *that's because*
es ist ein Muss *it is a must*
es lohnt sich *it's worth it*
im Laufe von *in the course of, over*
rings um *around, encircling*

6 | sechs
Ein schönes Land

- Describe regions and landscapes
- Discuss national stereotypes
- Respond to an article about perceptions of Germans
- Discuss trends in food and eating in Germany
- Make plans for a party

- Questions words **welcher, wer**
- Adjective endings
- Adjectival nouns

A | Deutsche Regionen und Landschaften
German regions and landscapes

Sind Sie ein Deutschlandexperte?

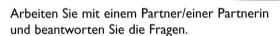

Arbeiten Sie mit einem Partner/einer Partnerin und beantworten Sie die Fragen.

a) Zu welchem Land hat Deutschland im Nordwesten eine Grenze?
b) Welche zwei Meere grenzen an Deutschland?
c) An welchem Fluss liegen Dresden und Hamburg?
d) Hat Deutschland 9, 12 oder 16 Bundesländer?
e) Welche drei deutschen Städte sind auch Bundesländer?
f) An welchem Fluss liegt Köln?
g) Wie heißt das Mittelgebirge in Südwestdeutschland, das für seinen Schinken und seine Kirschtorten bekannt ist?
h) Liegt Frankfurt am Rhein oder am Main?
i) In welchem Bundesland liegen Dortmund, Köln und Düsseldorf?
j) Liegt Stuttgart in Nord-, Mittel- oder Süddeutschland?
k) Welcher Fluss bildet die Grenze zwischen Deutschland und Polen?

> **TIPP**
> Welch**er** See … ?
> Zu welch**em** Land … ?
> An welch**em** Fluss … ?
>
> *Fragewörter und Endungen – siehe Grammatikteil Seite 99.*

l)　Von welchem Bundesland ist München die Landeshauptstadt?

m)　Welcher See in Süddeutschland hat Grenzen zur Schweiz und zu Österreich?

n)　Wie heißt das höchste Gebirge in Europa?

Überprüfen Sie dann Ihre Antworten auf der Karte. Besprechen Sie Fragen, die Sie haben, in der Klasse.

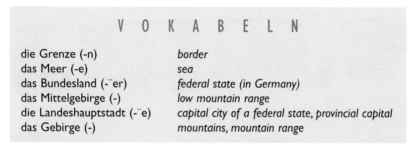

V O K A B E L N	
die Grenze (-n)	*border*
das Meer (-e)	*sea*
das Bundesland (-¨er)	*federal state (in Germany)*
das Mittelgebirge (-)	*low mountain range*
die Landeshauptstadt (-¨e)	*capital city of a federal state, provincial capital*
das Gebirge (-)	*mountains, mountain range*

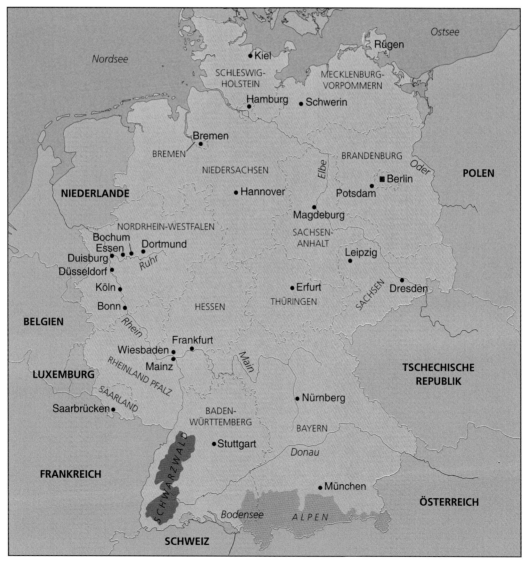

ÜBUNG **2**

Wie heißt das? Ordnen Sie zu.

1 _____ der Wald (-¨er)   6 _____ das Tal (-¨er)

2 _____ der Hügel (-)   7 _____ das Feld (-er)

3 _____ der See (-n)   8 _____ der Strand (-¨e)

4 _____ das Gebirge (-)   9 _____ der Baum (-¨e)

5 _____ der Berg (-e)

Wortbildung *Word formation*
Einige Adjektive kann man bilden, wenn man **-ig** an das Nomen hängt:

Sand → sandig	Vorsicht!
Hügel → hügelig	die Sonne → sonnig
Berg → bergig	die Wolke → wolkig
Schnee → schneeig	
Wind → windig	Anders:
Wald → waldig	der Sturm → stürmisch

ÜBUNG **3**

Vier Landschaftsräume

Sehen Sie sich die vier Fotos an. Was können Sie sehen? Wie ist die Landschaft? Wie ist das Wetter? Beschreiben Sie die Fotos mit den Vokabeln aus Übung 2. Was glauben Sie: Wo befinden sich die Landschaften auf der Deutschlandkarte?

NÜTZLICHE AUSDRÜCKE

Im Vordergrund gibt es …	*In the foreground there is …*
Im Hintergrund sieht man …	*In the background you see …*
In der Mitte des Fotos ist …	*In the centre of the photo is …*

Hatten Sie recht? Lesen Sie die vier Texte. Welches Foto passt zu welchem Text?

Die Ostseeinsel Rügen ❏

Rügen ist die größte deutsche Insel und hat eine maximale Länge von 52 km und eine maximale Breite von 41 km. Wie die meisten Küstenlandschaften ist die Insel relativ flach. Sie hat wunderschöne Sandstrände und vergleichsweise viele Sonnentage. Im Winter ist es oft stürmisch. Wirtschaftlich lebt sie vor allem vom Tourismus, obwohl es auch Landwirtschaft auf der Insel gibt. Bekannt ist Rügen für seine Kreidefelsen. Kreide spielt eine wichtige Rolle, auch in den Wellnessangeboten. Man nennt sie hier das „weiße Gold".

Der Schwarzwald ❏

Der Schwarzwald ist mit knapp 1500 Metern das höchste und größte Mittelgebirge in Deutschland. Der Name stammt noch von den Römern: „silva nigra", der schwarze Wald. Der Schwarzwald besteht heute aus zwei Naturparks. Die Landschaft ist sehr vielfältig und besteht aus Wäldern, Bergen, Hügeln, Seen und Mooren. Die Gegend bietet eine Vielzahl von Wanderwegen, aber auch andere Freizeitmöglichkeiten wie Segway fahren oder Klettern. Bekannt ist der Schwarzwald auch für die Schwarzwälder Kirschtorte, den Schwarzwälder Schinken und die Kuckucksuhren.

Das Ruhrgebiet ❏

Das Ruhrgebiet umfasst Städte wie Dortmund, Essen und Duisburg und ist mit über fünf Millionen Einwohnern einer der größten Ballungsräume in Europa. Im 19. und bis zur Mitte des 20. Jahrhunderts war das Ruhrgebiet das Zentrum der Kohle- und Stahlindustrie. In den letzten Jahrzehnten hat sich die Region stark gewandelt: Viel wurde in den Umweltschutz investiert, neue kreative Industrien wurden angesiedelt und viele alte Industrieanlagen werden heute für Kunst und Kultur genutzt.

Die Alpen ❏

Die Alpen sind das höchste Gebirge in Europa. Der Alpenraum umfasst acht Staaten. Den deutschen Teil der Alpen nennt man die „Bayerischen Alpen". Im Alpenvorland gibt es eine hügelige Landschaft mit Seen und Mooren. In den Alpen gibt es beeindruckende Wanderwege zwischen massiven Bergen und Felsen. Der höchste Berg in Deutschland ist die Zugspitze mit 2961 Metern. Im Winter liegt meistens viel Schnee und die Alpen sind eine beliebte Gegend zum Skifahren.

6.1 Können Sie alle Wörter richtig aussprechen? Hören Sie die Texte und überprüfen Sie Ihre Aussprache.

VOKABELN

die Kreide (-n)	*chalk*
vergleichsweise	*comparatively*
das Moor (-e)	*moor*
der Ballungsraum (-¨e)	*conurbation, agglomeration*
wandeln	*here: to change, to transform*

NÜTZLICHE AUSDRÜCKE

Die Landschaft besteht aus ...   *The landscape consists of ...*
Das Gebiet umfasst ...   *The area comprises/includes ...*
Es ist eine beliebte Gegend.   *It's a very popular region.*

ÜBUNG 4

Was passt zusammen?

a) das „weiße Gold"	1 vielfältige Landschaft mit Wäldern, Bergen, Hügeln, Seen
b) Küstenlandschaft	2 der höchste Berg in Deutschland
c) Schwarzwald	3 einer der größten Ballungsräume in Europa
d) Ruhrgebiet	4 Referenz zu Kalk auf Rügen
e) Alpen	5 massive Felsen und Berge
f) Zugspitze	6 flach, mit Sandstränden

Adjektivendungen (I) – nach dem bestimmten Artikel
Adjective endings (I) – after the definite article

Nach dem bestimmten Artikel gibt es nur zwei Endungen für Adjektive: **-e** oder **-en**. Hier ist ein Überblick:

	masc.	fem.	neut.	pl.
nom.	der hohe Berg	die große Insel	das schöne Land	die alten Bäume
acc.	den hohen Berg	die große Insel	das schöne Land	die alten Bäume
dat.	dem hohen Berg	der großen Insel	dem schönen Land	den alten Bäumen
gen.	des hohen Berges	der großen Insel	des schönen Landes	der alten Bäume

Mehr im Grammatikteil, Seite 99.

ÜBUNG 5

Welche Endung fehlt: -e oder -en?

a) Im Reichstag tagt der deutsch＿＿ Bundestag.
b) Das KaDeWe ist das größt＿＿ Kaufhaus auf dem europäisch＿＿ Festland.
c) Den Eingang finden Sie auf der recht＿＿ Seite.
d) In den letzt＿＿ Jahrzehnten hat sich die Region stark gewandelt.
e) Der Bodensee ist der größt＿＿ See in Deutschland.
f) Das Ruhrgebiet war früher das wichtigst＿＿ Zentrum für die Kohleindustrie.
g) Der Schwarzwald ist das Mittelgebirge mit den meist＿＿ Besuchern.

Landschaften und Klima

Fabian Rieke arbeitet bei einer Umweltorganisation. Im folgenden Interview spricht er über die geografischen Besonderheiten von Deutschland, unterschiedlichen Landschaften und das Klima.

Machen Sie sich Notizen und entscheiden Sie dann, ob die folgenden Aussagen richtig oder falsch sind. Korrigieren Sie die falschen Aussagen.

a) Deutschland liegt in der Mitte von Europa und hat acht Nachbarländer.
b) Flächenmäßig ist es etwa so groß wie Frankreich.
c) Im Norden ist die Landschaft flach und hügelig und in der Landesmitte dominieren die Mittelgebirge.
d) Etwa ein Viertel der Bodenfläche besteht aus Wald.
e) Im Süden ist es im Winter wärmer und im Sommer kälter als im Norden.
f) Die Stadt mit dem wärmsten Klima ist Freiburg.

V O K A B E L N

umgeben von	surrounded by
die Fläche (-n)	here: area
flächenmäßig	by area
deutlich	here: considerably
bestehen aus	to consist of
umgekehrt	conversely, the other way around

Und jetzt Sie!

Sprechen Sie mit Ihrer Partnerin/Ihrem Partner oder in einer kleinen Gruppe. Sie können die Fragen auch auf dem Audio hören.

Aus welchem Teil Ihres Landes kommen Sie?

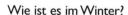

Wo liegt die Region?

Wie ist die Landschaft dort?

Wie ist das Klima im Sommer?

Wie ist es im Winter?

Gibt es etwas, wofür die Gegend bekannt ist?

Ist das Land, aus dem Sie kommen, größer oder kleiner als Deutschland?

Welche Nachbarländer hat es?

Gibt es unterschiedliche Landschaften?

Was ist typisch für den Norden, Süden, Osten und Westen?

Was ist der bekannteste Fluss?

Was ist der höchste Berg?

Gibt es viele Naturparks oder Nationalparks?

Was ist für Sie der schönste oder interessanteste Teil Ihres Landes und warum?

B | Typisch deutsch?
Typical German?

TIPP
verbinden mit
*here: to associate with,
to connect with*

ÜBUNG 8

Was verbinden Sie mit Deutschland?

Arbeiten Sie mit einem Partner/einer Partnerin oder in einer kleinen Gruppe. Welche von den folgenden Punkten verbinden Sie mit Deutschland oder den Deutschen? Sagen Sie auch, warum.

Müsli ❑	Bierfest ❑	Sozialstaat ❑	Humor ❑	Fußball ❑	Autos ❑
Pünktlichkeit ❑	Toleranz ❑	Lederhosen ❑	Modedesigner ❑	Berlin ❑	Coolness ❑

Beispiel
Ich verbinde / Wir verbinden Fußball mit Deutschland. Fußball ist der beliebteste Sport in Deutschland und es gibt viele bekannte und erfolgreiche Spieler und Teams wie zum Beispiel Bayern München oder die Nationalmannschaft.

Was für andere Assoziationen haben Sie zu Deutschland? Finden Sie noch mindestens drei weitere Punkte.

ÜBUNG 9

6.4

Umfrage – Was ist typisch deutsch?

Wir haben vier Hamburger gefragt, was für sie typisch deutsch ist. Welche Personen sehen die Deutschen eher positiv, welche eher negativ? Was sagen sie?

	Pos.	Neg.	Gründe
Max Abel			
Magda Szipinska	✓		Die Leute sind pünktlich und zuverlässig. Außerdem ...
Lina			
Uwe Strobl			

Lesen Sie dann die Interviews auf der Seite 91 und überprüfen Sie Ihre Antworten.

Typisch deutsch ist, dass wir uns zu viel Sorgen um die Zukunft machen. Für uns ist ein Glas eher halbleer und nicht halbvoll. Da können wir viel von den Menschen in der neuen Welt lernen. Manche Leute sind auch sehr rechthaberisch. Aber wir sind gut organisiert.

Max Abel, 28,
Tischler

a

Magda Szipinska, 40,
Apothekerin

b

Typisch deutsche Eigenschaften für mich sind, dass die Leute pünktlich und zuverlässig sind. Außerdem sind die Menschen sehr direkt und ehrlich und sagen, was sie denken. Ich mag das. Ich finde, es gibt sehr viele Vorurteile gegenüber den Deutschen.

Ich habe einen italienischen Vater und eine kubanische Mutter. Für mich ist typisch deutsch, dass sonntags die Geschäfte geschlossen sind. Typisch ist auch, dass die Menschen hier viel für die Umwelt tun, was sehr gut ist. Die meisten Leute sind wirklich freundlich.

Lina, 19,
Schülerin

c

Uwe Strobl, 58,
Büroangestellter

d

Früher waren typisch deutsche Eigenschaften Fleiß, Disziplin und Gehorsam, aber es hat sich ja viel verändert. Heute würde ich sagen, dass wir im Allgemeinen sehr tolerant und weltoffen sind. Wir reisen viel und interessieren uns für andere Kulturen.

ÜBUNG
10

Wie heißt es in den Interviews? Ergänzen Sie die Sätze.

a) Die Deutschen machen sich zu viele Sorgen um ...
b) Für uns ist ein Glas eher halbleer und ...
c) Die Menschen sind direkt und offen und sagen, ...
d) Für mich ist typisch deutsch, dass sonntags ...
e) Früher waren typisch deutsche Eigenschaften Fleiß, ...
f) Es hat sich viel ...

V O K A B E L N	
halbvoll, halbleer	*half full, half empty*
rechthaberisch	*self-opinionated, dogmatic*
das Vorurteil (-e)	*prejudice*
der Fleiß (no pl.)	*diligence*
der Gehorsam (no pl.)	*obedience*

Nomen und Adjektive

Ergänzen Sie die fehlenden Nomen und Adjektive.

a) die Pünktlichkeit   – _____
b) die Ehrlichkeit   – _____
c) die Offenheit   – _____
d) die Zuverlässigkeit   – _____
e) der _____   – fleißig
f) die _____   – diszipliniert
g) die Organisation   – _____
h) die _____   – tolerant

Adjektivendungen (II) – nach dem unbestimmten Artikel
Adjective endings (II) – after the indefinite article

Nach einem unbestimmten Artikel (**ein, eine, einen** etc.), einem Possessivpronomen (**mein, dein** etc.) und **kein** sind die Adjektivendungen wie folgt:

	masc.	fem.	neut.	pl.
nom.	ein gut**er** Freund	eine nette Familie	ein stark**es** Team	meine best**en** Freunde
acc.	einen gut**en** Freund	eine nette Familie	ein stark**es** Team	meine best**en** Freunde
dat.	einem gut**en** Freund	einer nett**en** Familie	einem stark**en** Team	meinen best**en** Freunden
gen.	eines gut**en** Freundes	einer nett**en** Familie	eines stark**en** Teams	meiner best**en** Freunde

Sie sind fast identisch mit den Adjektivendungen nach dem definitiven Artikel (siehe: **Adjektive I**).

Ausnahmen: männliche Nomen im Nominativ: ein gut**er** Freund; und sächliche Nomen im Nominativ und Akkusativ: ein stark**es** Team.

Mehr im Grammatikteil, Seite 99.

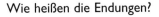

Wie heißen die Endungen?

a) Es ist eine beliebt__ Gegend zum Skifahren.
b) Deutschland ist ein grün__ und waldreich__ Land.
c) Der Ort ist bekannt für seinen alt__ Dom.
d) Sie kommen aus einer ander__ Stadt.
e) Dass alle Deutschen früh aufstehen, ist ein groß__ Vorurteil.
f) Sie sieht Zuverlässigkeit als eine positiv__ deutsch_ Eigenschaft.
g) Er ist mit seinen schottisch__ Gästen in eine alt_ Kneipe gegangen.

Der folgende Artikel beschreibt, wie Menschen in anderen Ländern Deutschland sehen. Lesen Sie den Text und beantworten Sie die Fragen.

a) Welche drei Eigenschaften nennen Europäer zuerst, wenn sie an die Deutschen denken?
b) Welcher Aspekt ist für die Franzosen wichtig?
c) Wozu tendieren die Deutschen selber?
d) Wie hat sich das Deutschlandbild historisch verändert?
e) Warum gibt es in den letzten Jahren ein größeres Interesse an der Bundesrepublik?

V O K A B E L N

akkurat	precise, meticulous
die Umgänglichkeit (no pl.)	friendliness, sociability
betonen	to emphasise, to stress
jammern	to moan, to whine
freizügig	liberal, permissive
zugänglich	here: approachable
zurückhaltend	restrained, reserved
beziehen	here: to take up, to adopt
sympathisch	likeable

Das Deutschlandbild in der Welt

Wenn man die Deutschen fragt, wie sie sich selber sehen, sagen sie, dass sie zuverlässig und fleißig sind, aber keinen Humor haben. Doch was denken Menschen aus anderen Ländern über die Bewohner der Bundesrepublik?

Von Tina Götze

Die europäischen Nachbarn halten die Deutschen vor allem für gut organisiert, akkurat und leicht pedantisch. Das ergab eine aktuelle Studie, in der 12 000 Bürger in zehn europäischen Ländern befragt wurden.

Andere Eigenschaften, die oft in den Deutschen gesehen werden, sind Zuverlässigkeit und Umgänglichkeit. Beispielsweise beschreibt jeder fünfte Niederländer die Deutschen als nette und freundliche Menschen, und immerhin ein Fünftel der Franzosen betont die gute Partnerschaft mit den europäischen Nachbarn. Allerdings: Fast jeder fünfte Tscheche hält die Deutschen für arrogant und acht Prozent der Österreicher geben zu, dass sie die Deutschen nicht mögen.

Es sind aber vor allem die Deutschen selbst, die dazu tendieren, die eigenen Schwächen zu stark zu betonen: So antworteten rund sieben Prozent der Bundesbürger auf die Frage „Was ist deutsch?", dass die Deutschen pessimistisch seien und zu viel jammern. Eine Einschätzung, die in den anderen Ländern Europas so gut wie überhaupt nicht geteilt wird.

Außerhalb Europas ist das Deutschlandbild oft ganz anders: Viele Amerikaner halten Deutsche für sehr freizügig, die Chinesen denken, dass die Deutschen langsam sind, und Menschen aus Costa Rica halten sie für eine offene und sehr zugängliche Nation.

Zudem hat sich das Deutschlandbild historisch verändert. Assoziationen mit Hitler und den Nazis spielen heute kaum noch eine Rolle. Selbst Israel bezeichnet Deutschland als einen guten Freund und Verbündeten.

In den letzten Jahren kann man feststellen, dass es ein größeres Interesse an Deutschland und seinen Menschen gibt. Lange Zeit galt die Bundesrepublik – selbst nach der Wiedervereinigung – international als farblos und zurückhaltend. Seit den letzten Krisen in Europa müssen deutsche Politiker klarere Positionen beziehen und mehr Profil zeigen. Das hat nicht nur einige Länder verärgert – für viele hat es Deutschland und die Deutschen sympathischer gemacht.

ÜBUNG 14

Wer sagt was über die Deutschen?

Lesen Sie den Text noch einmal und finden Sie heraus, wer das Folgende sagt.

| Niederländer | ~~Franzosen~~ | Tschechen | Amerikaner |
| Chinesen | Österreicher | Costa Ricaner | |

a) _____ → Deutsche sind arrogant.
b) _____ → Deutsche sind langsam.
c) _____ → Deutsche sind offen und zugänglich.
d) _____ → mögen die Deutschen nicht.
e) ___Franzosen___ → betonen gute Partnerschaft.
f) _____ → Deutsche sind nett und freundlich.
g) _____ → Deutsche sind freizügig.

ÜBUNG 15

Mein Deutschlandbild

In dem Artikel *Das Deutschlandbild in der Welt* heißt es, dass Deutsche über sich denken, dass sie zuverlässig und fleißig sind, aber keinen Humor haben. Ist das auch Ihr Eindruck von den Deutschen? Hat sich Ihr Bild von Deutschland und den Deutschen verändert, seitdem Sie ein Kind waren?

Schreiben Sie eine E-Mail an die Autorin Tina Götze und sagen Sie, was Sie denken.

> Sehr geehrte Frau Götze,
>
> ich habe den Artikel über das Deutschlandbild gelesen.
>
> Meiner Meinung nach ist der Artikel ...
>
> Die Deutschen, die ich kennen gelernt habe, waren ...
>
> In Großbritannien / Irland / den USA etc. denkt man, dass ...
>
> Das Bild der Deutschen hat sich in den letzten Jahren ...
>
> Mit freundlichen Grüßen
>
> ...

ÜBUNG 16

C | Essen und Trinken
Food and drink

Was essen Sie gern?

Arbeiten Sie mit Ihrer Partnerin/Ihrem Partner oder in einer kleinen Gruppe und sprechen Sie über Ihre Essgewohnheiten.

a) Was essen und trinken Sie normalerweise zum Frühstück?
b) Essen Sie mittags zu Hause, auf der Arbeit oder zum Beispiel in einer Kantine?
c) Essen Sie abends meistens warm oder kalt? Was ist Ihre Hauptmahlzeit?
d) Essen Sie viel Fleisch oder sind Sie Vegetarier/in?

e) Haben Sie eine Schwäche für süße Sachen?

f) Trinken Sie genug während des Tages?

g) Können Sie etwas nicht essen?

h) Kochen Sie selber gern und viel?

i) Kaufen Sie Lebensmittel lieber im Supermarkt, auf dem Markt oder online?

j) Glauben Sie, dass Sie sich im Großen und Ganzen gesund ernähren?

k) Haben Sie ein Lieblingsgetränk und Lieblingsgericht? Wenn ja, was ist es? Wie bereitet man es zu?

Finden Sie mehr Fragen.

NÜTZLICHE AUSDRÜCKE

Haben Sie eine Schwäche für … ?	*Do you have a weakness for …?*
Ich habe eine Weizenallergie.	*I am allergic to wheat.*
Ich kann kein Gluten / kein Schweinefleisch essen.	*I can't eat gluten / pork.*
Hühnerfleisch, Putenfleisch, Rindfleisch	*chicken (meat), turkey (meat), beef*

ÜBUNG
17

Vokabeltraining

Welche Definition passt zu welchem Wort?

a) Bioprodukte

b) Bioladen

c) Lebensmitteldiscounter

d) Lokale Produkte

e) Veganer/in

f) Vegetarier/in

g) Schnitzel

h) Currywurst

1 Produkte aus der Region

2 dünn geschnittenes Fleisch, meistens gebraten

3 meistens eine Bratwurst mit scharfer Soße

4 isst kein Fleisch und Produkte von einem Tier

5 ökologische Produkte ohne Pestizide und Gentechnik

6 bietet Food- und Non-Foodprodukte sehr billig an

7 bietet ökologische Produkte an, Food- und Non-Food

8 isst kein Fleisch, aber zum Beispiel Eier und Käse

6.5

Ernährungstrends in Deutschland

Nele Lorenz schreibt einen populären Foodblog. Im folgenden Interview spricht sie über aktuelle Trends in Deutschland. Machen Sie sich Notizen. Was sagt sie über die folgenden Punkte?

a) Gesunde Ernährung
b) Selber Kochen
c) Bioläden / Lebensmitteldiscounter
d) Fleischkonsum
e) Deutsches Nationalgericht
f) Lieblingsessen

Lesen Sie dann das Interview und überprüfen Sie Ihre Antworten.

Moderator	Frau Lorenz, welche Trends gibt es denn im Moment in Deutschland, was Essen und Lebensmittel angeht?
Frau Lorenz	Eine ganz positive Entwicklung ist, dass sich Leute in Deutschland gesünder ernähren, also mehr Getreide, Gemüse, Obst und Fisch kaufen. Das kann man schon seit einigen Jahren beobachten. Und auch selber Kochen ist wieder „in". Denken Sie an die vielen Kochshows im Fernsehen und wie beliebt Foodmagazine und Foodblogs sind. Und jüngere Leute organisieren Kochpartys, wo man zusammen kocht und isst.
Moderator	Und das zeigt sich auch im Trend zu Bio-Lebensmitteln?
Frau Lorenz	Ja, genau. Für immer mehr Menschen ist es wichtig, Lebensmittel ohne Pestizide und Gentechnik zu essen. Mittlerweile gibt es ja sehr viele Bioläden in Deutschland und die Supermärkte und Lebensmitteldiscounter haben ein relativ gutes Angebot an Bioprodukten. Und dann wollen Menschen wissen, woher die Lebensmittel kommen und kaufen mehr aus der eigenen Region. Darum sind auch Bauernmärkte so beliebt, wo man lokale Produkte bekommen kann.
Moderator	Traditionell isst man ja sehr viel Fleisch in Deutschland. Ist das noch so?
Frau Lorenz	Ja, wenn Sie sich zum Beispiel ansehen, was Leute in den Kantinen essen, dann sind Currywurst und Schnitzel immer noch top. Aber der Trend geht weg vom Fleisch, und vegetarisches Essen und vegane Gerichte werden immer beliebter, vor allem bei jüngeren Leuten. Das ist auch eine Generationsfrage.
Moderator	Gibt es denn eigentlich so etwas wie ein deutsches Nationalgericht?
Frau Lorenz	Nein, das kann man, glaube ich, nicht sagen. Weil Deutschland an so viele Länder grenzt, sind die Küchen sehr unterschiedlich. In Bayern zum Beispiel gibt es starke Einflüsse aus Österreich und in Norddeutschland aus Dänemark und Schweden. Was aber die Lieblingsgerichte der Deutschen angeht? Nun, die kommen eindeutig aus Italien: Pizza und Pasta. Und der Lieblingssnack, der ist türkisch: Döner Kebab.

ÜBUNG
19

Ergänzen Sie die Sätze.

Rein pflanzlich
gefällt uns!

a) Man kann seit einigen Jahren beobachten, dass sich ...
b) Jüngere Menschen kochen und essen gern zusammen und ...
c) Immer mehr Menschen kaufen Bioprodukte, weil ...
d) Auf Bauernmärkten kann man ...
e) Der Trend geht weg vom Fleisch, obwohl in den ...
f) Es gibt kein richtiges deutsches Nationalgericht, da ...

Gibt es in Ihrem Land ähnliche Ernährungstrends wie in Deutschland oder ist die Situation ganz anders? Diskutieren Sie in der Klasse.

1000 VEGETARISCHE GERICHTE

Deutschland-Info

TRADITIONELLE GERICHTE UND SPEZIALITÄTEN

Viele deutsche Spezialitäten kommen aus einer bestimmten Region. **Sauerkraut** und **Knödel** (*dumplings*) zum Beispiel stammen vorwiegend aus Bayern, die **Schwarzwälder Kirschtorte** und **Spätzle** (*egg noodles*) aus Baden-Württemberg. International bekannt sind auch die **Nürnberger Würstchen**, **Marzipan aus Lübeck** und der **Dresdner Stollen**, ein Weihnachtskuchen mit viel Butter und Trockenfrüchten oder Marzipan.

Natürlich darf man auch das **Bier** nicht vergessen. Statistisch gesehen trinken Deutsche mehr als 100 Liter pro Kopf im Jahr und gibt es mehr als 5000 verschiedene Biersorten in Deutschland.

Bekannte schweizer Gerichte sind **Rösti**, ein Kartoffelgericht, und **Fondue**. Spezialitäten aus Österreich sind unter anderem das **Wiener Schnitzel**, ein dünnes Schnitzel aus Kalbfleisch (*veal*) und **Apfelstrudel**.

Daneben gibt es auch viele Spezialitäten, die man nur in einer Region kennt, wie zum Beispiel **Labskaus**, ein Rindfleischgericht mit Roter Bete, in Norddeutschland; **Ahle Wurst**, eine Art Salami in Hessen; oder der **Bärwurzschnaps** aus dem Bayerischen Wald.

Der „Konsti-Markt"

Nadine Gasche kauft gern auf dem „Konsti-Markt" ein. Der „Konsti-Markt", an der Konstabler Wache in Frankfurt gelegen, ist ein Bauernmarkt und findet zweimal in der Woche statt. Hier bieten Bauern aus der Umgebung ihre Produkte an.

Sehen Sie das Video. Welche der drei Konversationen verstehen Sie gut? Welche weniger gut?

Sehen Sie das Video noch einmal und beantworten Sie die Fragen:

Teil A – Müslistand

a) Welche Produkte gibt es heute im Angebot?
b) Woher kommen die Produkte?
c) Verkauft der Müslistand seine Produkte auch auf anderen Wochenmärkten?
d) Was kauft Nadine und wie viel bezahlt sie?

Teil B – Bioland-Stand

a) Was für Äpfel möchte Nadine kaufen?
b) Wie nennt Laura den Galaapfel?
c) Was sagt sie über den Salat?
d) An welchen Tagen ist der Stand auf dem „Konsti-Markt"?

Teil C – Gemüsestand

a) Seit wann sind Bernd und Helmut Rück schon auf dem Markt?
b) Was für Produkte kann man auf dem Markt kaufen?
c) Warum, denkt Bernd, kommen viele Leute auf den Markt?
d) Welchen weiteren Aspekt erwähnt Helmut?

> **TIPP**
> Der **Odenwald** ist ein Mittelgebirge mit einer Fläche von etwa 2.500 km² und liegt nicht weit von Frankfurt entfernt. Der höchste Berg ist der Katzenbuckel mit 626 m.

V O K A B E L N	
der Stand (-¨e)	stall
die Innenstadt (-¨e)	city centre
sich entscheiden für	to choose, to opt for
knackig	crunchy, crisp
saftig	juicy
der Korb (-¨e)	basket
wird gepflückt	is being picked
das Radieschen (-)	radish
die Grüne Soße	speciality from Frankfurt, made from seven fresh herbs

Und jetzt Sie!

Arbeiten Sie in Gruppen. Sie wollen eine kleine Party für die Klasse organisieren. Was für Getränke, was für Gerichte bringen Sie mit?

Wo kaufen Sie ein?

Kochen oder machen Sie einige oder alle Gerichte selber?

Gibt es Optionen für Vegetarier, Veganer oder Personen mit einer Weizenallergie?

Haben Sie alkoholische und alkoholfreie Getränke auf der Liste?

Welche deutschen Spezialitäten oder Spezialitäten aus Ihrem Land können Sie anbieten?

Diskutieren Sie dann Ihre Ideen in der Klasse.

Grammatik

Question words *welcher* and *wer*

Normally question words don't change their forms but **welcher** is an exception. It takes the same endings as the definite articles.

De**r** Fluss ist lang. → Welch**er** Fluss ist lang?
Di**e** Gegend ist sehr bergig. → Welch**e** Gegend ist sehr bergig?
Da**s** Meer ist zu kalt zum Baden. → Welch**es** Meer ist zu kalt zum Baden?
Di**e** Leute waren sehr nett. → Welch**e** Leute waren sehr nett?

This not only applies to the nominative case as above, but also to the other cases, for instance the dative: Zu welch**em** Bundesland gehört Stuttgart?

Here are the forms in the accusative and dative in where **welcher** is frequently used:

	masc.	fem.	neut.	pl.
acc.	Welchen Berg ...?	Welche Gegend ...?	Welches Land ...?	Welche Leute ...?
dat.	Zu welchem Berg ...?	In welcher Gegend ...?	Zu welchem Land ...?	Mit welchen Leuten ...?

The question word **wer** also changes: **Wer** bist du? (nominative); **Wen** hast du gesehen? (accusative); Mit **wem** hast du gesprochen? (dative); **Wessen** Handy ist das? (genitive)

Adjective endings

Adjective endings are often seen as a difficult area in German as they might occur in four different ways, each time needing slightly different endings. Note the four categories:

a The adjective stands on its own: *Die Leute sind sehr **freundlich**.*
b The adjective is preceded by a definite article: *Der **neue** Minister kommt aus Köln.*
c The adjective follows an indefinite article or a possessive: *Sie führt ein **interessantes** Leben.*
d The adjective is not preceded by an article or possessive: *Trinkst du gern **deutsches** Bier?*

The first example is the easiest one, as no ending is needed. In this chapter you have already seen how adjectival endings after the definite article and the indefinite article work. Here is an overview of the remaining category – adjectives which are not preceded by any article or possessive:

	masc.	fem.	neut.	pl.
nom.	deutscher Wein	englische Musik	kaltes Wetter	gute Ideen
acc.	deutschen Wein	englische Musik	kaltes Wetter	gute Ideen
dat.	deutschem Wein	englischer Musik	kaltem Wetter	guten Ideen
gen.	deutschen Weines	englischer Musik	kalten Wetters	guten Ideen

Note that in this category, in the absence of an article or possessive, the adjective takes the endings associated with the definite article:

Der Wein ist gut. → Deutscher Wein ist gut.

Das Wetter ist schlecht. → Seit Tagen herrscht schlechtes Wetter.

Bei dem Wetter bleibe ich zu Hause. → Bei kaltem Wetter bleibe ich zu Hause.

For a reminder of the endings on adjectives after the definite and indefinite article, see the two tables in this chapter, page 88 and page 92.

Comparative and superlative forms

Don't forget that adjectives in the comparative or superlative – when in front of a noun – follow the pattern of the three categories described:

Die Schweizer haben den höchsten Lebensstandard in Europa.

Humorvollere Leute wirst du kaum finden.

Bayern ist ein reicheres Bundesland als Bremen.

> **TIP**
> Learners of German can find adjective endings difficult. Just remember that there are definite patterns and only a few endings apply. Keep practising to increase your confidence and your fluency.

Word formation: adjectives

As you saw earlier in this chapter, some adjectives are formed by adding -**ig** or -**isch** to a noun:

Sand → sandig	Sturm → stürmisch
Berg → bergig	Kind → kindisch

When putting **un-** in front of a number of adjectives they will be given the opposite meaning:

freundlich → unfreundlich	pünktlich → unpünktlich
gesund → ungesund	ehrlich → unehrlich

Adjectival nouns

There are also some nouns in German which are derived from adjectives. They include:

deutsch → ein Deutscher, eine Deutsche *a German (person)*
krank → ein Kranker, eine Kranke *a sick person, patient*
verwandt → ein Verwandter, eine Verwandte *a relative*

Adjectives used as nouns follow the pattern of adjectival endings. As you can see, male and female forms sometimes have different endings. Here is an overview of all forms:

	masculine	feminine	plural
nom.	der Verwandte/ein Verwandter	die/meine Verwandte	die/meine Verwandten
acc.	den/meinen Verwandten	die/meine Verwandte	die/meine Verwandten
dat.	dem/meinem Verwandten	der/meiner Verwandten	den/meinen Verwandten
gen.	des/meines Verwandten	der/meiner Verwandten	der/meiner Verwandten

Note that the indefinite articles follow the pattern of the possessives.

In the nominative and accusative plural, the adjectival noun only adds an -**e** when it is not preceded by an article or a possessive:

Rita und Marga sind Deutsche.   Das Parlament hat über 600 Abgeordnete.

Other adjectival nouns include **Fremder** *stranger,* **Verlobter** *fiancé,* **Abgeordneter** *Member of Parliament,* **Angestellter** *employee,* **Arbeitsloser** *unemployed person,* **Jugendlicher** *adolescent, teenager,* **Erwachsener** *adult.*

Mehr Übungen ...

1 Wie heißt das Gegenteil?

offen	pünktlich	arm	dogmatisch	langsam
zurückhaltend	fleißig	uncool	leer	alkoholisch
unehrlich	bergig	positiv	humorvoll	unzuverlässig

a) flach: _____

b) voll: _____

c) reich: _____

d) verschlossen: _____

e) faul: _____

f) negativ: _____

g) ehrlich: _____

h) schnell: _____

i) unpünktlich: _____

j) humorlos: _____

k) extrovertiert: _____

l) zuverlässig: _____

m) alkoholfrei: _____

n) undogmatisch: _____

o) hipp: _____

2 Ergänzen Sie die Endungen für Adjektive ohne Artikel oder Possessivpronomen.

a) Ich höre gern klassisch__ und modern__ Musik.

b) Deutsch__ Wein ist sehr vielfältig.

c) Er trinkt gern deutsch__ Wein.

d) Es gibt auch gesund__ Fast Food.

e) Sie kochen das am besten mit frisch__ Gemüse.

f) Er trinkt schon seit lang__ Zeit keinen Alkohol mehr.

g) Glutenfrei__ Lebensmittel sind im Trend.

3 Wie heißt es richtig? Finden Sie die fehlenden Endungen.

a) Sie ist eine Verwandt__ von mir.

b) Er war ein Fremd__.

c) Rosanna wohnt mit einem Deutsch__ zusammen.

d) Besuchst du im Sommer deine italienischen Verwandt__ in Rom?

e) Die Jugendlich__ haben noch lange gefeiert.

f) Moritz und Fabian sind Deutsch__ .

4 Ergänzen Sie die Sätze mit Informationen aus diesem Kapitel.

a) Deutschland besteht aus 16 ...

b) Dresden und Hamburg liegen an der ...

c) Düsseldorf und Köln liegen am ...

d) Die Zugspitze ist ...

e) Mehr als 30% der Fläche Deutschlands ...

f) Als typisch deutsche Eigenschaften galten früher ...

g) Aber historisch hat sich das Deutschlandbild ...

h) In den letzten Jahren gibt es ein größeres ...

i) Was das Essen angeht, hat Deutschland kein richtiges ...

j) Regionale Spezialitäten sind zum Beispiel ___ Kirschtorte, Dresdner ___ oder Nürnberger ___.

k) Bier ist immer noch wichtig – es gibt in Deutschland über ...

l) Aber die Lieblingsgerichte der Deutschen kommen ...

Am Ende von Kapitel 6 können Sie jetzt:

1 Regionen und Landschaften in Ihrem Land und in Deutschland beschreiben?   ❏
   (Seiten 84–89)

2 über Stereotype diskutieren?
   (Seiten 90–92)

3 einen Text über das Deutschlandbild in der Welt verstehen und
   in einem Leserbrief kritisch kommentieren?   ❏
   (Seiten 93–94)

4 ein Interview mit einer Foodbloggerin verstehen und über
   Essgewohnheiten und Ernährungstrends sprechen?   ❏
   (Seiten 94–97)

5 dabei helfen, eine Feier zu organisieren?   ❏
   (Seite 98)

6 **welcher** und **wer** benutzen?   ❏
   (Seite 92)

7 Adjektivendungen in verschiedenen Kontexten richtig anwenden?   ❏
   (Seiten 88, 92, 99)

Vokabeln

REGIONEN UND LANDSCHAFTEN
Regions and landscapes

der Ballungsraum (-ˍe)	*conurbation, agglomeration*
der Baum (-ˍe)	*tree*
der Berg (-e)	*mountain*
das Feld (-er)	*field*
der Fels (-en)	*cliff, rock*
das Gebiet (-e)	*territory, area*
das Gebirge (-)	*mountains, mountain range*
die Gegend (-en)	*area, region*
die Grenze (-n)	*border*
der Hügel (-)	*hill*
die Küste (-n)	*coast*
die Kreide (-n)	*chalk*
das Meer (-e)	*sea*
das Mittelgebirge (-)	*low mountain range*
das Moor (-e)	*moor*
der See (-n)	*lake*
die See (-n)	*sea*
der Strand (-ˍe)	*beach*
das Tal (-ˍer)	*valley*
der Wald (-ˍer)	*forest, wood*
der Wanderweg (-e)	*hiking trail, hiking path*
das europäische Festland (no pl.)	*mainland Europe*
die Fläche (-n)	*area*
die Landwirtschaft (-en)	*agriculture*
das Nachbarland (-ˍer)	*neighbouring country*
an|siedeln	*to establish, to settle*
bestehen aus	*to consist of*
umfassen	*here: to comprise, include*
umgeben von	*surrounded by*
bergig	*mountainous*
flach	*flat*
flächenmäßig	*by area*
hügelig	*hilly*
sandig	*sandy*
waldig	*wooded*
waldreich	*densely wooded*

TYPISCH DEUTSCH?
Typically German?

die Disziplin (no pl.)	*discipline*
die Ehrlichkeit (no pl.)	*honesty*
der Fleiß (no pl.)	*diligence*
der Gehorsam (no pl.)	*obedience*
die Offenheit (no pl.)	*openness*
die Pünktlichkeit (no pl.)	*punctuality*
die Schwäche (-n)	*weakness*
die Toleranz (no pl.)	*tolerance*
das Vorurteil (-e)	*prejudice*

die Zuverlässigkeit (-en)	*reliability*
bezeichnen	*to describe*
jammern	*to moan, to whine*

ADJEKTIVE
Adjectives

akkurat	*precise, meticulous*
direkt	*direct*
diszipliniert	*disciplined*
ehrlich	*honest*
farblos	*here: bland*
freizügig	*liberal, permissive*
halbleer	*half-empty*
halbvoll	*half-full*
pessimistisch	*pessimistic*
rechthaberisch	*(self-)opinionated, dogmatic*
sympathisch	*likeable*
tolerant	*tolerant*
zugänglich	*here: approachable*
zurückhaltend	*restrained, reserved*
zuverlässig	*reliable*

ESSEN UND TRINKEN
Food and drink

der Bioladen (ˍ)	*health food shop*
das Bioprodukt (-e)	*organic product*
der Discounter (-)	*discount supermarket*
die Ernährung (-en)	*food, diet, nutrition*
das Hühnerfleisch (no pl.)	*chicken (meat)*
das Nationalgericht (-e)	*national dish*
das Putenfleisch (no pl.)	*turkey (meat)*
das Rindfleisch (no pl.)	*beef*
das Schweinefleisch (no pl.)	*pork*
der Veganer (-) / die Veganerin (-nen)	*vegan*
der Vegetarier (-) / die Vegetarierin (-nen)	*vegetarian*
die Weizenallergie (-n)	*wheat allergy*

NÜTZLICHE AUSDRÜCKE
Useful expressions

umgekehrt	*conversely, the other way around*
vergleichsweise	*comparatively, by comparison*
im Vordergrund gibt es …	*in the foreground there is …*
im Hintergrund sieht man …	*in the background you see …*
in der Mitte des Fotos ist …	*in the centre of the photo is …*

7 | *sieben*
Politik und Gesellschaft

- Talk about political systems and parties
- Discuss a survey about the differences between generations
- Compare how life has changed between your and your grandparents' generation
- Understand interviews about migration issues

■ *The passive*
■ *Conjunctions* **als, wenn**
■ *Ordinal numbers*

A | Ist Politik wichtig für Sie?
Is politics important to you?

Ein kleines Quiz

Was wissen Sie schon über Politik in Deutschland? Arbeiten Sie mit einem Partner/einer Partnerin oder in einer kleinen Gruppe.

a) Wie heißt das deutsche Parlament?
b) In welcher Stadt und in welchem Gebäude tagt es?
c) Gibt es ungefähr 500, 600 oder 700 Abgeordnete?

d) Wie nennt man den Chef/die Chefin der deutschen Regierung?
e) Was für Aufgaben hat das Staatsoberhaupt, der Bundespräsident/die Bundespräsidentin?
f) Welche Farben hat die deutsche Nationalflagge?
g) Was ist das Wappentier von Deutschland?
h) Ist das politische System in Deutschland zentralistisch oder föderalistisch?
i) Wie viele Bundesländer gibt es? Kennen Sie mindestens fünf?
j) Wie heißen die zwei größten Parteien in Deutschland?
k) Wer ist im Moment Regierungschef/in? In welcher Partei ist er/sie?
l) Können Sie mindestens zwei weitere deutsche Politiker/innen aus der Gegenwart oder Vergangenheit nennen? Was wissen Sie über die Personen?

Besprechen Sie Ihre Antworten in der Klasse. Was hat Sie überrascht?

V O K A B E L N	
die Regierung (-en)	government
der/die Abgeordnete (-n)	Member of Parliament
das Staatsoberhaupt (-¨er)	Head of State
die Nationalflagge (-n)	national flag
das Wappentier (-e)	coat of arms; here: emblem
föderalistisch	federal

ÜBUNG 2

Welches Wort fehlt?

Ergänzen Sie die Sätze mit einem passenden Wort aus Übung 1.

a) Das Gegenteil von föderalistisch ist _____ .
b) Die Mitglieder des Bundestages heißen _____ .
c) Die deutsche _____ hat die Farben Schwarz-Rot-Gold.
d) Baden-Württemberg und Bayern sind die südlichsten _____ .
e) Das Staatsoberhaupt von Deutschland ist der _____ oder die _____ .

Deutschland-Info

FÖDERALISMUS

Deutschland hat eine Regierung für das ganze Land, die Bundesregierung. Jedes der 16 Bundesländer hat aber auch ein eigenes Parlament und eine eigene Regierung und kann über bestimmte Sachen selbst entscheiden. Diese Aufteilung der Macht zwischen der zentralen Macht, dem Bund, und den Ländern, nennt man Föderalismus oder das föderalistische Prinzip.

ÜBUNG

3

Die wichtigsten Parteien

Die folgenden kurzen Texte stellen die wichtigsten Parteien in Deutschland vor. Beantworten Sie die Fragen.

a) Welches ist die älteste Partei? Wofür kämpfte sie?
b) Für welche Partei ist die Familienpolitik sehr wichtig?
c) Welche der Parteien will weniger Kontrolle durch den Staat, welche will mehr?
d) Welche Partei ist gegen den Euro?
e) Für wen ist Nachhaltigkeit besonders wichtig?

Die wichtigsten Parteien Deutschlands

Die *Christlich Demokratische Union* und die *Christlich Soziale Union*, beide 1945 gegründet, sind Schwesterparteien und arbeiten eng zusammen. Die CSU gibt es aber nur in Bayern.

Beide sehen sich als konservative Volksparteien „der Mitte" mit christlichen Wurzeln. Wichtige Themen sind die Familienpolitik und eine liberale Wirtschaftspolitik. Die CDU versteht sich als Europapartei, die CSU sieht die EU kritischer.

Die *Sozialdemokratische Partei Deutschlands* ist neben der CDU die zweite große Volkspartei. Sie ist die älteste Partei Deutschlands – ihre Wurzeln gehen bis ins Jahr 1863 zurück. Sie war die „klassische" Arbeiterpartei und kämpfte für mehr Rechte für Arbeiter und bessere Arbeitsbedingungen. Auch heute steht die Partei für soziale Gerechtigkeit und Solidarität. Ein anderes wichtiges Thema sind gleiche Bildungschancen für alle Menschen.

Die Partei *Die Grünen* wurde 1980 gegründet und entstand aus verschiedenen sozialen Bewegungen und setzt sich vor allem für den Umweltschutz ein. Später schloss sie sich mit dem *Bündnis 90* zusammen. Neben dem Umweltschutz sind soziale Fairness und das Zusammenleben in einer multikulturellen Gesellschaft wichtige Themen. Die Grünen sind für ökologische und wirtschaftliche Nachhaltigkeit.

Die *Linke* entstand 2007 aus dem Zusammenschluss von zwei Parteien. Sie setzt sich für einen demokratischen Sozialismus ein. Wichtige Themen sind soziale Gerechtigkeit und die großen Unterschiede zwischen Arm und Reich in der Gesellschaft. Die Partei möchte, dass der Staat zum Beispiel mehr Kontrolle über die Banken und den Energiesektor hat. Die Linke ist besonders stark im Ostteil von Deutschland.

Die *Freie Demokratische Partei*, auch „die Liberalen" genannt, wurde 1948 gegründet. Für viele Jahre war sie Partner in der Regierung. Heute steht die Partei besonders für wirtschaftliche Deregulierung und Privatisierung. Sie setzt sich auch für Bürgerrechte ein und ist gegen zu starke Kontrolle durch den Staat.

Die *Alternative für Deutschland* ist eine relativ junge Partei. Sie entstand 2013 aus Protest gegen die Euro-Rettung und die etablierten Parteien. Die AfD sieht sich als eine patriotische Partei, ist gegen den Euro und die EU und will die Immigration beschränken.

ÜBUNG
4

Lesen Sie die Texte noch einmal und fassen Sie die wichtigsten Punkte in der Tabelle zusammen.

	CDU / CSU	SPD	Bündnis 90 / Die Grünen	Die Linke	FDP	AfD
Gegründet		Wurzeln gehen bis 1863 zurück				
Kennzeichen	Volksparteien „der Mitte"					
Wichtige Themen						ist gegen den Euro und die EU; …
Andere Informationen						

V O K A B E L N

das Ziel (-e)	*here: aims, goals*
die Wurzel (-n)	*here: root*
das Recht (-e)	*rights*
die Gerechtigkeit (-en)	*justice*
die Bewegung (-en)	*movement*
zusammen|schließen	*to unite, to merge*
der Zusammenschluss (-¨e)	*union, merger*
sich ein|setzen für	*to support, to fight for, to campaign for*
beschränken	*to restrict, to limit*

TIPP
Nachhaltigkeit (*sustainability*) ist ein wichtiges Wort im modernen Deutsch. Man benutzt es auch oft als Adjektiv, zum Beispiel:
nachhaltige Entwicklung *sustainable development*
nachhaltige Mode *sustainable fashion*
nachhaltiger Tourismus *sustainable tourism*

Das Passiv *The passive voice*

Viele Sätze können im Aktiv oder Passiv stehen:

Aktiv: Die Bürger wählen das Parlament alle vier Jahre.
Passiv: Das Parlament wird alle vier Jahre von den Bürgern gewählt.
Aktiv: Lars Rieker gründete die Firma 2015.
Passiv: Die Firma wurde 2015 von Lars Rieker gegründet.

Beim Aktivsatz liegt der Fokus mehr auf dem Subjekt (wer oder was?), beim Passivsatz mehr auf dem, was passiert. Oft kann man die Person/en auch weglassen:
Der Bundestag wird alle vier Jahre gewählt.
Die Firma wurde 2015 gegründet.

Man bildet das Passiv meistens mit **werden** + Partizip II (*past participle*). Am häufigsten benuzt man Passiv im **Präsens** (Das Parlament **wird** alle vier Jahre gewählt) oder im **Präteritum** (Die Firma **wurde** 2015 gegründet).

Mehr im Grammatikteil, Seite 119.

ÜBUNG
5

Testen Sie Ihr Allgemeinwissen!

Verbinden Sie die verschiedenen Elemente.

Der moderne Buchdruck		von Steve Jobs	entdeckt.
Harry Potter		von Deutschland	gegründet.
Das Penizillin		von Ludwig van Beethoven	erfunden.
Das World Wide Web	wird	alle vier Jahre	gewonnen.
Die 9. Symphonie	werden	von Alexander Fleming	entwickelt.
Der Tag der Deutschen Einheit	wurde	von Johannes Gutenberg	geschrieben.
Die Firma Apple		von Tim Berners-Lee	komponiert.
Die Olympischen Spiele		am 3. Oktober	ausgetragen.
Die Fußballweltmeisterschaft 2014		von J.K. Rowling	gefeiert.

ÜBUNG 6

Eine kurze Geschichte Deutschlands nach 1945

VOKABELN

der Buchdruck (no pl.)	*printing*
erfinden	*to invent*
entdecken	*to discover*

Setzen Sie die folgenden Sätze ins Passiv.

Beispiel

1945   Teilung Deutschlands in vier Zonen →
1945 wurde Deutschland in vier Zonen geteilt.

1949   Gründung der Bundesrepublik in den drei Westzonen. In der Ostzone – Gründung der DDR (Deutsche Demokratische Republik)
1961   Bau der Berliner Mauer
1989   Öffnung der Berliner Mauer
1990   Wiedervereinigung Deutschlands
2005   Wahl von Angela Merkel als erste Frau zur Bundeskanzlerin

TIPP
Nicht vergessen – der Genitiv
Gründung **der** Bundesrepublik
Bau **der** Mauer
Teilung Deutschland**s**
Siehe Kapitel 5.

Politik ist spannend!

Lena Meister studiert Politik in Hannover. In einem Interview erklärt sie, warum sie Politik spannend findet und spricht über das politische System in Deutschland. Hören Sie zu und beantworten Sie die Fragen.

a) Warum denkt Lena, dass Politik wichtig ist?
b) Wie erklärt sie das Wahlsystem?
c) Von wem wird der Bundeskanzler gewählt?
d) Wie wurden seit 1949 alle Bundesregierungen gebildet?
e) Was denkt Lena darüber?
f) Was sagt sie über das politische Engagement von jungen Leuten?

V O K A B E L N

der Wahlkreis (-e)	constituency
bestimmen	to determine, to define
zumindest	at least
auf Bundesebene	at federal level, on a national level
die Koalition (-en)	coalition
das Menschenrecht (-e)	human right
der Flüchtling (-e)	refugee

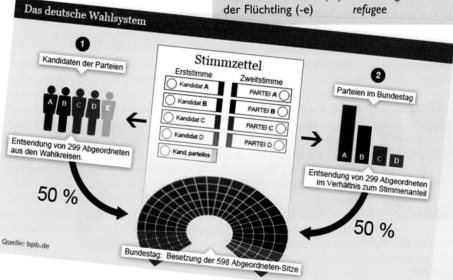

Das deutsche Wahlsystem

① Kandidaten der Parteien

Entsendung von 299 Abgeordneten aus den Wahlkreisen.

50 %

Stimmzettel
Erststimme — Zweitstimme
Kandidat A — PARTEI A
Kandidat B — PARTEI B
Kandidat C — PARTEI C
Kandidat D — PARTEI D
Kand. parteilos

② Parteien im Bundestag

Entsendung von 299 Abgeordneten im Verhältnis zum Stimmenanteil

50 %

Bundestag: Besetzung der 598 Abgeordneten-Sitze

Quelle: bpb.de

Und jetzt Sie!

Sprechen Sie mit Ihrem Partner/Ihrer Partnerin oder in einer kleinen Gruppe. Berichten Sie über Ihr Land oder ein Land, das Sie gut kennen. Sie können die Fragen auch auf dem Audio hören.

Was für eine Staatsform hat Ihr Land?
Ist es zum Beispiel eine Republik oder eine parlamentarische Monarchie?
Wie heißt das Parlament?
Wie oft wird es gewählt?
Wie viele Abgeordnete hat es etwa?
Welche Aufgaben hat der Regierungschef und welche der Präsident oder das Staatsoberhaupt?
Welche Parteien sitzen im Moment im Parlament?
Wofür stehen sie?
Kann man sie mit den Parteien in Deutschland vergleichen?
Wer regiert im Moment? Gibt es Regionalparlamente?
Was sind zurzeit die wichtigsten politischen Themen in Ihrem Land?

B | Verschiedene Generationen
Different generations

ÜBUNG
9

Von den Baby Boomern zur iGeneration

In den letzten Jahren gibt es immer mehr Untersuchungen über die Unterschiede zwischen verschiedenen Generationen. Arbeiten Sie mit einem Partner/einer Partnerin. Was glauben Sie: Welche Definition passt zu welcher Generation?

a) Baby Boomer (geboren etwa zwischen 1943 und 1960)	1 Das Internet gehört für diese Generation zum Alltag. Viele wollen mobil und flexibel arbeiten. Transparenz und Nachhaltigkeit sind wichtig. Die Arbeit soll sinnvoll sein, Glück ist wichtiger als Geld.
b) Generation X (geboren etwa zwischen 1961 und 1980)	2 Für Personen dieser Generation sind digitale Technologien wie Smartphones oder Tablet-PCs seit der Kindheit Teil des Alltags. Netzwerke sind wichtig. Viele wollen Karriere machen.
c) Generation Y (geboren etwa zwischen 1981 und 2000)	3 Diese Generation ist sehr geburtenstark und im Allgemeinen hoffnungsvoll und hat ein positives Bild von der Zukunft. Arbeit steht für viele im Mittelpunkt des Lebens.
d) Generation Z oder iGeneration (geboren ab 2001)	4 Diese Generation besitzt ein relativ hohes Bildungsniveau. Sie wird oft als individualistisch und ehrgeizig charakterisiert. Materielle Dinge und Konsum sind sehr wichtig.

Zu welcher Generation gehören Sie? Denken Sie, dass Sie typisch für diese Generation sind? Welche Charakteristiken stimmen vielleicht? Welche nicht?

V O K A B E L N	
sinnvoll	*here: meaningful*
geburtenstark	*here: with a high birth rate*
hoffnungsvoll	*full of hope*
ehrgeizig	*ambitious*

ÜBUNG
10

Früher und heute

Wie heißen die Verben im Präteritum?

Beispiel
Früher ____ Paare sehr jung. (heiraten) → Früher *heirateten* Paare sehr jung.

a) Während der industriellen Revolution ____ viele Kinder. (arbeiten)
b) Vor etwa 120 Jahren ____ nur sehr wenige Leute zur Universität. (gehen)
c) Vor 100 Jahren ____ Frauen kein Wahlrecht. (haben)
d) In den 1950er Jahren ____ nicht viele Leute ein Auto. (fahren)
e) Bis vor 60 Jahren ____ nur wenige Leute ihre Ferien im Ausland. (verbringen)
f) Bis vor 30 Jahren ____ es kaum Handys. (geben)
g) Und mit den Handys ____ man nur telefonieren. (können)

ÜBUNG

11

Lesen Sie den Text über Max Engelke und seine Enkeltochter Miriam.

Zwei Generationen

Fast 60 Jahre trennen den Großvater
von seiner Enkeltochter. Welche
Erfahrungen waren anders, was verbindet
die Generationen? Was waren wichtige
Ereignisse im Leben? Sabrina Reichard hat
mit Max Engelke und seiner Enkeltochter
Miriam gesprochen und ihre Erfahrungen
aufgezeichnet.

Max: „Ich bin Anfang der 1930er Jahre
in Hannover geboren. Wir waren vier
Geschwister und ich war das zweitälteste
Kind. Mein Vater hatte einen kleinen
Elektrobetrieb und meine Mutter half in der
Firma mit. Meine Eltern waren streng und ich
wurde manchmal geschlagen. Ich verbrachte
aber eine sehr glückliche Kindheit und hatte viele Freunde.

Als ich sechs Jahre alt war, ging ich in die Schule. Es war die Zeit, als die Nazis an der Macht
waren. Deutschland war eine Diktatur, alles wurde kontrolliert. In den Kriegsjahren wurde es
noch schlimmer – es gab wenig zu essen und, wenn es Bombenangriffe gab, mussten wir in den
Bunker flüchten. Ein großer Schock für mich war, als ich erfuhr, dass mein älterer Bruder kurz
vor Kriegsende gefallen war. Das veränderte auch meine Pläne.

Eigentlich wollte ich Lehrer werden, aber nach dem Tod meines Bruders war es klar, dass
ich eine Ausbildung zum Elektriker machen musste. Ich mag diesen Beruf, obwohl die Arbeit
gerade in den ersten Nachkriegsjahren, körperlich oft sehr hart war. Als mein Vater in Rente
ging, übernahm ich die Firma und leitete sie für über 30 Jahre.

Ich lernte meine Frau auf einem Konzert
kennen. Es war Liebe auf den ersten Blick. Wir
heirateten, als ich 27 war und hatten drei Kinder
zusammen. Neben der Familie war Sport für
uns wichtig. Meine Frau und ich waren beide
begeisterte Ruderer. Mit unserem Sportverein
haben wir in den 1950er und 60er Jahren tolle
Reisen nach Frankreich gemacht und auch
später verbrachten wir noch viele Urlaube in der
Normandie.

Ein großer Einschnitt war der Tod meiner Frau vor
ein paar Jahren. Doch ich versuche, immer positiv
zu denken und bin dankbar für die vielen schönen
Jahre, die wir zusammen verbringen konnten.

Mein Rat an die jungen Leute: Seid offen, habt keine Vorurteile und nutzt eure Freiheiten. Ihr
habt heute viel mehr Möglichkeiten als die Generationen vor euch."

Miriam: „Ich bin Anfang der 90er Jahre in Hannover geboren. Ich habe einen Bruder, der etwas jünger ist als ich. Wir wurden frei erzogen und hatten eine sehr glückliche Kindheit. Meine Eltern waren sehr verständnisvoll und unterstützten uns in vielen Sachen.

In die Schule ging ich eigentlich gern, obwohl der Leistungsdruck am Ende ziemlich groß war. Im Allgemeinen waren die Lehrer nett und wollten, dass wir kritisch waren und unsere Meinung sagten. Neben der Schule war Sport in meiner Jugend sehr wichtig. Ich war eine sehr gute Ruderin und gewann als 16-Jährige die deutsche Meisterschaft. In den letzten Jahren surfe ich lieber und fahre in den Sommerferien zum Surfen meistens nach Frankreich. Nach dem Abitur konnte ich selber entscheiden, was ich machen wollte. Ich arbeitete ein Jahr in einem Krankenhaus und danach fing ich ein Psychologiestudium in Göttingen an. In meinem zweiten Jahr verbrachte ich ein Auslandssemester an einer amerikanischen Universität – das war eine tolle und wichtige Erfahrung.

Nach dem Studium zog ich wieder nach Hannover und arbeite jetzt in einer psychologischen Praxis. An Familie oder Heirat denke ich im Moment nicht, erst mal möchte ich mich um meine berufliche Karriere kümmern und vielleicht noch einen Master machen.

Jedenfalls bin ich froh, dass ich in der Nähe von meinem Großvater wohne und ihn oft besuchen kann. Ich schätze an meinem Opa, dass er trotz seines hohen Alters immer noch so selbstständig ist und seinen Humor nicht verloren hat. Ich hoffe, dass ich auch noch so positiv denke, wenn ich einmal so alt bin wie er."

7.3

Können Sie alle Wörter richtig aussprechen? Hören Sie den Text und überprüfen Sie Ihre Aussprache.

VOKABELN

der Bombenangriff (-e)	air raid, bomb attack
die Nachkriegsjahre	the post-war years
leiten	to lead
auf den ersten Blick	at first sight
der Ruderer (-) / die Ruderin (-nen)	rower
der Einschnitt (-e)	turning point
erziehen	to bring up
unterstützen	to support
schätzen an (+ dat.)	to appreciate

Zwei Leben

Fassen Sie die wichtigsten Punkte zusammen.

	Max	**Miriam**
Kindheit / Erziehung		Hatte eine glückliche Kindheit, wurde frei erzogen, Eltern waren verständnisvoll, unterstützten sie.
Schule		
Jugend		
Beruf / Studium		
Hobby / Freizeit	Sport war wichtig für ihn, er war ein passionierter Ruderer. Mit dem Sportverein …	
Heirat / Familie		

Wo sind die Erfahrungen unterschiedlich? Was für Gemeinsamkeiten gibt es?

Als und wenn in der Vergangenheit *Using* als *and* wenn *in the past tense*

In der **Vergangenheit** benutzt man die Konjunktion **als** *when* sehr häufig:

1 Wenn etwas einmal passiert:
Als ich gestern joggen ging, sah ich Heidi Klum. *When I went jogging yesterday I saw Heidi Klum.*

2 Wenn man einen längeren Zeitraum beschreibt:
Als sie ein Kind war, lebte sie in Berlin. *When she was a child she lived in Berlin.*

Wenn benutzt man in der Vergangenheit nur für Aktionen, die sich wiederholt haben:
Wenn uns meine Tante besuchte, schenkte sie mir immer 5 Euro. *When/Whenever/Every time my aunt visited us she gave me 5 euros.*

Mehr im Grammatikteil, Seite 120.

Üben Sie.

Ergänzen Sie die Sätze mit Informationen aus den Texten.

a) Als Max sechs Jahre alt war, …
b) Als er erfuhr, dass sein Bruder gefallen war, …
c) Als sein Vater in Rente ging, …
d) Als Miriam 16 Jahre alt war, …
e) Als sie in ihrem zweiten Studienjahr war, …
f) Als sie mit ihrem Studium in Göttingen zu Ende war, …

14

7.4

Und jetzt Sie!

Sprechen Sie mit Ihrer Partnerin/Ihrem Partner. Vergleichen Sie Ihre Erziehung und Möglichkeiten mit denen früherer Generationen. Sie können die Fragen auch auf dem Audio hören.

Wo haben Sie gelebt, als Sie ein Kind waren?

Wie viele Geschwister hatten Sie?

Wie wurden Sie erzogen?

Waren Ihre Eltern verständnisvoll?

Hatten Sie eine glückliche Kindheit?

Was für Interessen hatten Sie, als Sie ein Teenager waren?

Konnten Sie nach der Schule selber entscheiden, was Sie machen wollten?

Was haben Sie gemacht?

Was waren – nach der Schulzeit – wichtige Ereignisse in Ihrem Leben?

Wenn Sie Ihr Leben mit dem Leben Ihres Großvaters/Vaters oder Ihrer Großmutter/Mutter vergleichen, gibt es da große Unterschiede?

Hatten Sie mehr Möglichkeiten?

Was für Gemeinsamkeiten gibt es zwischen den Generationen?

Was schätzen Sie an Ihrem Großvater/Vater oder an Ihrer Großmutter/Mutter? Erzählen Sie.

> *Nützliche Ausdrücke*
>
> Verglichen mit meinem Großvater/ meiner Großmutter ... *Compared to my grandfather/grandmother ...*
> Im Vergleich zu meinem Vater/meiner Mutter ... *In comparison to my father/ mother ...*
> Ich schätze an ihm/ihr, dass ... *I appreciate about him/her that ...*

C | Wir sind jetzt hier zu Hause
This is home for us now

15

7.5

Laura Martinez ist als Kind spanischer Gastarbeiter in Hamburg geboren. Im folgenden Interview spricht sie über ihre Kindheit, ihre Eltern und ihr Heimatgefühl. Hören Sie zu und beantworten Sie die Fragen.

a) Was sieht sie als ihre Heimat an und warum?
b) Wie ist Lauras Beziehung zu Spanien?
c) Warum sind ihre Eltern nach Deutschland gezogen?
d) Was hatten ihre Eltern vor?
e) Was war für die zweite und dritte Generation von Migranten anders?

V O K A B E L N

an|sehen als	to view as, to regard as
die Heimat (-en)	here: place where you feel at home
der Migrant (-en) / die Migrantin (-nen)	migrant
eben	here: just
sich gewöhnen an (+ acc.)	to get used to

Deutschland-Info

GASTARBEITER

Das Wort *Gastarbeiter* bezeichnet Personen, die in den 50er und 60er Jahren nach Deutschland kamen, um hier zu arbeiten. Die ersten Personen kamen aus Italien, später aus Spanien, Griechenland, der Türkei und Portugal. Viele blieben viel länger, als am Anfang gedacht, gründeten Familien und machten Deutschland zu ihrem neuen Lebensmittelpunkt.

Ordinalzahlen *Ordinal numbers*

Ordinalzahlen von 1 bis 19 enden im Deutschen auf **-te**:
erste, zweite, dritte, vierte, fünfte, sechste, siebte, achte, neunte, zehnte … neunzehnte.

Ab 20 enden sie auf **-ste**:
zwanzigste, einundzwanzigste, zweiunddreißigste, siebzigste, hundertste.

Ordinalzahlen haben Endungen wie andere Adjektive:
Heute ist der vier**te** Juni.
Wir kommen am vier**ten** Oktober.

Mehr im Grammatikteil, Seite 120.

ÜBUNG 16

Wie heißen die Endungen? Ergänzen Sie.

a) Sie hatte sich in Hamburg zum erst_____ Mal verliebt.
b) Die erst_____ Generation von Migranten plante oft, nicht in Deutschland zu bleiben.
c) Die zweit_____ Generation wuchs meistens in Deutschland auf.
d) Die Konferenz findet am zwanzigst_____ September statt.
e) Zu ihrem achtzehnt_____ Geburtstag macht sie eine große Party.
f) Sein fünft_____ Buch wurde ein Bestseller.

ÜBUNG 17

Deutschland als Einwanderungsland

Ist Deutschland mittlerweile ein multikulturelles Land mit einer sehr gemischten Bevölkerung? Lesen Sie den Text und finden Sie die fehlenden Informationen.

a) Anzahl von Menschen mit ausländischer Nationalität: _____
b) Anteil der Menschen mit Migrationshintergrund: _____
c) Wie lange die meisten Zuwanderer in Deutschland leben: _____
d) Geschichte der Zuwanderung: _____

In Deutschland leben aktuell mehr Ausländer als jemals zuvor, teilte das Statistische Bundesamt mit. Nach den letzten Berechnungen lebten mehr als 8,2 Millionen Menschen mit ausländischer Staatsangehörigkeit in Deutschland. Damit kommt etwa jeder zehnte der knapp 81 Millionen Einwohner aus einem anderen Land.

Rechnet man noch die mehr als neun Millionen Deutsche dazu, die zum Teil ausländische Wurzeln haben, so erhöht sich der Anteil der Menschen mit Migrationshintergrund auf 20%. Das heißt, dass jeder fünfte Einwohner in Deutschland einen Migrationshintergrund hat.

Obwohl die Zahl der Migranten besonders in den letzten Jahren angestiegen ist, lebt der Großteil der Zuwanderer schon länger als 20 Jahre in Deutschland. Und laut Statistik kommt die Mehrheit, etwa 70%, aus Europa.

Die Zuwanderung in der Bundesrepublik hat eine lange Tradition. Ab Mitte der 50er Jahre kamen die ersten Gastarbeiter aus Italien, später aus Portugal, Spanien, Griechenland und der Türkei. Ab dem Jahr 2000 gab es einen stärkeren Zuzug von Menschen aus Osteuropa und seit 2015 sind sehr viele Flüchtlinge aus Syrien gekommen.

(Stand: 2016)

V O K A B E L N

der Migrationshintergrund (-˙e)	*migration background*
die Zuwanderung (-en)	*immigration*
aktuell	*here: current(ly)*

ÜBUNG **18**

Vokabeltraining

Welche Wörter haben eine ähnliche Bedeutung? Ordnen Sie zu.

| Statistik | Nationalität | Personen | Großteil | Einwohner | Zuwanderer | Migration |

a) Staatsangehörigkeit: _____ b) Zuwanderung: _____ c) Bevölkerung: _____

d) Berechnung: _____ e) Migrant: _____ f) Mehrheit: _____ g) Menschen:_____ .

ÜBUNG **19**

Verbinden Sie.

a) Jeder zehnte Einwohner Deutschlands   1 kommt aus Europa.
b) Jede fünfte Person   2 hat einen Migrationshintergrund.
c) Der Großteil der Zuwanderer   3 kamen viele Osteuropäer.
d) Die ersten Gastarbeiter   4 hat eine lange Tradition.
e) Ab dem Jahr 1990   5 ist Ausländer.
f) Zuwanderung in die Bundesrepublik   6 kamen aus Südeuropa.

ÜBUNG
20

Frau Arslaner über Politik und Integration

Hilime Arslaner ist Deutsche mit türkischen Eltern und sitzt für die Grünen im Frankfurter Stadtparlament. Sie erzählt, wie es für sie war in Deutschland aufzuwachsen und warum es wichtig ist, dass mehr Menschen mit Migrationshintergrund in der Politik aktiv sind. Sehen Sie das Video und beantworten Sie dann die Fragen.

a) Mit wie vielen Jahren ist Hilime Arslaner nach Deutschland gekommen?
b) Wie war es für sie als Kind in Frankfurt aufzuwachsen?
c) Was waren ihre „zwei Welten"?
d) Gibt es ihrer Meinung nach genug Menschen mit Migrationshintergrund in der Politik?
e) Welche Probleme hat das für die Politik?
f) Wie könnte man mehr Menschen in die Politik einbinden?
g) Worauf hat sich Hilime in ihrem Beruf als Unternehmensberaterin spezialisiert?
h) Was sagt sie über das Thema Integration?

V O K A B E L N

die Abstammung (-en)	origins, descent
vertreten	here: represented
die Teilhabe (no pl.)	participation
ein|binden	to integrate
der Unternehmensberater (-) / die Unternehmensberaterin (-nen)	management consultant
die Führungskraft (-¨e)	executive
zusammen|rücken	here: to move (closer) together
die Andersartigkeit (-en)	otherness, difference
die Einbahnstraße (-n)	one-way street

ÜBUNG
21

Was sagt Frau Arslaner?

Sehen Sie das Video noch einmal und ergänzen Sie.

a) Mein Vater kam 1969 als typischer ...
b) Als Kind hier aufzuwachsen war nicht so leicht, weil ich mit ...
c) Das heißt, ich ...
d) In der Politik gibt es in Deutschland leider immer noch nicht ...
e) Damit wird ein gewisser Teil der Bevölkerung nicht ...
f) Es gibt verschiedene Möglichkeiten, Menschen für die Politik oder für die ...
g) Die politische Tätigkeit ist ehrenamtlich, das heißt, ...
h) In der Zukunft wird ...
i) Integration ist keine Einbahnstraße, sondern beide, mehrere Teile einer ...

N Ü T Z L I C H E   A U S D R Ü C K E

im Gegenzug	in return
seine Brötchen verdienen	to make a living, to earn a crust
aufeinander zu|bewegen	to move towards each other

Grammatik

The passive voice

As you saw earlier in this chapter, the passive is usually formed with **werden** in the appropriate tense together with the **past participle** of the main verb. It is mostly used in the **present** and **simple past tense** (*Präteritum*).

Formation

a Present tense:

To form the present tense in the passive use **werden** (present tense) + **past participle** of the main verb:

Das Essen **wird** gerade **gekocht**. *The meal is just being cooked.*
In der Schweiz **werden** vier Sprachen *In Switzerland four languages are*
gesprochen. *spoken.*

For all forms of *werden* in the present tense see Chapter 2.

b Simple past tense:

For the simple past tense, use **wurden** (simple past) + **past participle** of the main verb:

Die Berliner Mauer **wurde** 1961 **gebaut**. *The Berlin Wall was built in 1961.*
Wann **wurden** diese Bücher **geschrieben**? *When were these books written?*

The simple past tense forms of *werden* are: ich wurde, du wurdest, Sie wurden, er/sie/es wurde, wir wurden, ihr wurdet, Sie wurden, sie wurden.

c Present perfect / future tense:

Note that in the present perfect passive the past participle of *werden* is simply **worden** and has no **ge-** prefix. In the future tense *werden* appears twice in a sentence:

| Present perfect: | Die Rechnung **ist bezahlt worden**. | *The bill has been/was paid.* |
| Future: | Das Gebäude **wird** bald renoviert **werden**. | *The building will soon be renovated.* |

Prepositions

In a passive construction, the person who carries out the action is introduced by **von**:
Dieses Stück wurde **von** Haydn komponiert. *This piece was composed by Haydn.*

When an action is not carried out by a person, **durch** should be used:
Die Fabrik wurde **durch** ein Feuer zerstört. *The factory was destroyed by a fire.*

To indicate the instrument or implement with which something is done, **mit** is required:
Er wurde **mit** einem Messer getötet. *He was killed **with** a knife.*

Use of *man*

The pronoun **man** is often used in German where a passive structure would be more common in English:

Hier spricht man Deutsch. *German spoken here.*
Man glaubt, dass … *It is thought that …*
So etwas macht man eben nicht. *That sort of thing is just not done.*

When linked to *man*, the verb takes the same endings as with *er/sie/es*.

Conjunctions *als* and *wenn*

When referring to past events the conjunction **als** is much more frequently used than **wenn**:

- *als* can refer to single events or longer periods
- *wenn* is only used in the past for events that happened on a regular basis.

The easiest way of checking which conjunction to use is to see whether you can apply *whenever* in English. If you can, you normally use *wenn*. In addition, expressions like *immer* or *jedes Mal* often signal that something happened regularly:

Er besuchte mich immer, wenn er in Hamburg war.	*He always visited me when/whenever he was in Hamburg.*

Ordinal numbers

Ordinal numbers (first, second etc.) from 1 to 19 are formed by adding **-te** to the cardinal number. Note that there are some spelling variations, such as **erste** (first) and **dritte** (third):

1st–10th: ers**te**, zwei**te**, drit**te**, vier**te**, fünf**te**, sechs**te**, sieb**te**, ach**te**, neun**te**, zehn**te**

11th–19th: elf**te**, zwölf**te**, dreizehn**te**, vierzehn**te**, fünfzehn**te**, sechzehn**te**, siebzehn**te**, achtzehn**te**, neunzehn**te**.

From 20th onwards **-ste** is added:

20th zwanzig**ste**, 42nd zweiundvierzig**ste**, 100th hundert**ste**, 1000th tausend**ste**

When writing ordinal numbers in figures, a full stop is put after the cardinal number:

Der 3. Mai ist ein Sonntag.
Sie ist am 1. Juni geboren.

As ordinal numbers normally provide more information about nouns they will take the appropriate adjective ending. See Chapter 6 for a reminder on adjective endings in German.

Mehr Übungen ...

1 Wissen Sie noch?
   Beantworten Sie die Fragen im Präteritum. Alle Antworten finden Sie in diesem Kapitel.

   Beispiel
   Von wem wurde die 9. Symphonie komponiert? → Die 9. Symphonie wurde von Ludwig van Beethoven komponiert.

   a) Wann wurde die Mauer gebaut?
   b) Wann wurde sie geöffnet?
   c) Wann etwa wurde die *Generation Z* geboren?
   d) Von wem wurde die Fußballweltmeisterschaft 2014 gewonnen?

   Schreiben Sie die Antworten jetzt im Perfekt.

   Beispiel
   Die 9. Symphonie ist von Ludwig van Beethoven komponiert worden.

2 Welche Präposition fehlt: **durch**, **mit** oder **von**?

   a) Die Nachricht wurde _____ der Hand geschrieben.
   b) _____ wem wurde die SMS geschickt?
   c) Das Haus ist _____ den Sturm fast zerstört worden.
   d) Der Strom wird _____ Windenergie erzeugt.
   e) Das Auto wird _____ einem Automechatroniker repariert.

3 Ordinalzahlen

Schreiben Sie die Zahlen aus.

Beispiel

Sie hat am _____ Januar Geburtstag. (14.) → Sie hat am *vierzehnten* Januar Geburtstag.

a) Der Tag der Deutschen Einheit ist am _____ Oktober. (3.)
b) Für die _____ Generation von Migranten war es einfacher, sich in Deutschland zu Hause zu fühlen als für die _____ Generation. (2./1.)
c) Claudia Schiffer ist am _____ August 1970 geboren worden. (25.)
d) Sein _____ Film war ein Desaster. (6.)
e) Zum _____ Firmenjubiläum haben sie eine große Feier organisiert. (100.)

4 Verschiedene Generationen
Der Text in der Übung 11 vergleicht das Leben von zwei Generationen. Wie war Ihre Kindheit im Vergleich zur Kindheit Ihres Vaters/Großvaters oder Ihrer Mutter/Großmutter? Wurden Sie freier erzogen? Hatten Sie mehr Möglichkeiten in Bezug auf Ihre Ausbildung und Ihren Beruf? Sind Ihre Einstellungen zu Heirat und Familie anders?
Schreiben Sie eine E-Mail an die Autorin, Sabrina Reinhard.

> ✉ ← ANTWORTEN ← ALLE ANTWORTEN ✎
>
> Liebe Frau Reinhard,
> ich habe den Artikel über Max und Miriam Engelke gelesen und fand ihn …
> Mein Vater/Großvater / Meine Mutter/Großmutter wuchs in …
> Seine/Ihre Kindheit war …
> Nach der Schule …
> Als er/sie …
> Im Vergleich zu seiner/ihrer Kindheit war …
> Nach der Schule …
> Wenn man das Leben von uns beiden vergleicht, kann man sehen, dass …
> Mit freundlichen Grüßen
> …

Am Ende von Kapitel 7 können Sie jetzt:

1 das Regierungssystem und die wichtigsten Parteien in Ihrem Land vorstellen?   ❑
  (Seiten 104–110)

2 einen Blog über die Lebensweisen von verschiedenen Generationen verstehen?   ❑
  (Seiten 111–113)

3 Ihr Leben zum Beispiel mit dem Leben von Ihrem Großvater oder Ihrer Großmutter vergleichen?   ❑
  (Seite 115)

4 Interviews über Migration in Deutschland verstehen?   ❑
  (Seiten 115–117)

5 die Konjunktionen **als** und **wenn** richtig anwenden?   ❑
  (Seite 114)

6 das Passiv und Ordinalzahlen bilden?   ❑
  (Seiten 108, 109, 116)

Vokabeln

POLITIK — Politics

der Abgeordnete (-n) / die Abgeordnete (-n)	Member of Parliament
die Bewegung (-en)	here: social/political movement
das Bürgerrecht (-e)	civil right
die Familienpolitik (-en)	family policy
die Gerechtigkeit (-en)	justice
die Koalition (-en)	coalition
die Kontrolle (-n)	control
das Menschenrecht (-e)	human right
die Nachhaltigkeit (no pl.)	sustainability
die Nationalflagge (-n)	national flag
das Recht (-e)	rights; law, justice
die Regierung (-en)	government
das Staatsoberhaupt (-häupter)	head of state
der Wahlkreis (-e)	constituency
das Wahlsystem (-e)	electoral system
das Wappentier (-e)	heraldic animal
die Wirtschaftspolitik (no pl.)	economic policy
das Ziel (-e)	here: aims, goals
der Zusammenschluss (-¨e)	union, merger
auf Bundesebene	at federal level, on a national level
föderalistisch	federal

VERBEN — Verbs

bestimmen	to determine, to define
beschränken	to restrict, to limit
erfinden	to invent
entdecken	to discover
komponieren	to compose (in music)
wählen	to elect, to vote
sich ein|setzen für ... (+ acc.)	to support, to fight for, to campaign for
sich zusammen|schließen	to unite, to merge

VERSCHIEDENE GENERATIONEN — Different generations

das Bildungsniveau (-s)	level of education
der Bombenangriff (-e)	air raid, bomb attack
der Einschnitt (-e)	turning point
der Konsum (no pl.)	consumption
das Kriegsjahr (-e)	war year
der Mittelpunkt (-e)	centre
das Nachkriegsjahr (-e)	post-war year
erziehen	to bring up, to raise
gefallen	here: fallen, killed in the war
schätzen an (+ dat.)	to appreciate (about)
unterstützen	to support
ehrgeizig	ambitious
geburtenstark	here: with a high birth rate
hoffnungsvoll	full of hope
individualistisch	individualistic
passioniert	passionate
sinnvoll	here: meaningful

MODERNE GESELLSCHAFT — Modern society

der Flüchtling (-e)	refugee
die Heimat (-en)	here: place where you feel at home
der Migrant (-en) / die Migrantin (-nen)	migrant
der Migrationshintergrund (-¨e)	migration background
der Zuwanderer (-) / die Zuwanderin (-nen)	immigrant
die Zuwanderung (-en)	immigration
sich gewöhnen an (+ acc.)	to get used to, to become accustomed to
aktuell	here: currently
gemischt	mixed

NÜTZLICHE AUSDRÜCKE — Useful expressions

auf den ersten Blick	at first sight
verglichen mit ... (+ dat.)	compared to ...
im Vergleich zu ... (+ dat.)	in comparison to ...
nachhaltige Entwicklung	sustainable development
nachhaltiger Tourismus	sustainable tourism

8 | acht
Fitness, Gesundheit und Reisen

- Discuss health and fitness trends
- Analyse a study about stress
- Give advice, express and justify your opinion
- Describe different types of holiday
- Justify your choice of holiday destination

■ Konjunktiv II
■ Conditional sentences

A | Wie fit sind Sie?
How fit are you?

ÜBUNG

Arbeiten Sie mit einem Partner/einer Partnerin oder in einer kleinen Gruppe. Unten sehen Sie eine Tabelle von Sportarten, die Deutsche – nach einer Online-Umfrage – machen, um sich fit zu halten. Was glauben Sie: Auf welchen Plätzen in der Tabelle sind die folgenden Aktivitäten?

Fußball	Fitness und Workout	Schwimmen
Joggen	Yoga	

Beispiel

Wir denken, dass Fußball vielleicht auf dem ersten/dritten/vierten/sechsten/achten Platz ist, weil …

Wir glauben, dass Fitness und Workout möglicherweise/wahrscheinlich auf dem … Platz ist, weil …

Nützliche Ausdrücke

> vielleicht *maybe, perhaps*
> möglicherweise *possibly, perhaps*
> wahrscheinlich *probably*

Rangliste der Sportarten, die Deutsche regelmäßig ausüben

1.	39,8%
2. Wandern	38%
3.	38%
4.	32,5%
5. Nordic Walking	14,9%
6.	11,5%
7. Tanzsport	9,1%
8.	8,8%
9. Pilates	7,2%
10. Fahrradfahren	6,9%

Welche von diesen Sportarten sind auch in Ihrem Land als Freizeitaktivitäten populär? Welche weniger? Gibt es beliebte Sportarten in Ihrem Land, die nicht in der Tabelle sind?

ÜBUNG
2

Hatten Sie recht?

Lesen Sie jetzt den Text und überprüfen Sie Ihre Antworten von Übung 1.

Die beliebtesten Sportarten der Deutschen

Fußball? Fitness und Workout? Schwimmen oder Joggen?
Was sind die beliebtesten Sportarten der Deutschen, um sich fit zu halten?

Dass Fußball die Sportart Nummer eins ist, was das öffentliche Interesse und Gelder angeht, steht außer Frage. Bei den Sportarten, die Deutsche ausüben, um sich fit zu halten, liegt Fußball lediglich auf Rang acht, wenn man einer Umfrage der *Tomorrow Focus Media* glaubt.

Danach führen Fitness und Workout die Statistik an, gefolgt von Wandern und Schwimmen. Joggen folgt auf Rang vier. Yoga liegt in der Umfrage mit 11,5% auf Platz sechs.

Radfahren wird von allen Altersstufen etwa gleich stark ausgeübt.

Die letzten Daten zeigen auch, wie sehr sich das Freizeitverhalten der Deutschen in den letzten Jahrzehnten verändert hat. War vor 25 Jahren Tennis noch unter den Top-10, so befindet sich Tennis mittlerweile nur noch auf Rang 14 und Kegeln ist nicht mehr unter den ersten 20 Sportarten zu finden.

Bei der Altersstruktur gibt es teilweise starke Unterschiede zwischen einigen Sportarten: Beim Schwimmen und Nordic Walking sind mehr als die Hälfte der Aktiven älter als 60 Jahre. Dagegen mögen jüngere Leute lieber Krafttraining im Fitnessstudio oder Kampfsport.

Bei allen Veränderungen der Vorlieben für bestimmte Sportarten ist ein Trend ganz klar – die Deutschen machen mehr Sport und die Anzahl der Sportmuffel und Couch-Potatoes nimmt ab. Immerhin sagen etwa 60% der Deutschen, dass sie mindestens einmal in der Woche Sport treiben. Ein Drittel der Sportaktiven geht sogar mindestens dreimal wöchentlich an den Start.

VOKABELN

außer Frage stehen	to be beyond doubt
aus|üben	here: to do (a sport)
an|führen	to lead
die Altersstruktur (-en)	age distribution
das Krafttraining (-s)	weight training, power-training
der Sportmuffel (-)	person (a 'grouch') who doesn't care about sport

ÜBUNG **3**

Was steht noch im Text?

Richtig oder falsch? Korrigieren Sie die falschen Aussagen.

a) Fußball ist der Sport mit dem größten öffentlichen Interesse in Deutschland.
b) Nordic Walking und Krafttraining werden mehr von älteren Leuten ausgeübt.
c) Tennis ist immer noch sehr populär.
d) Die Deutschen machen weniger Sport als vor einigen Jahren.
e) Die Hälfte der Deutschen macht mindestens einmal pro Woche Sport.

ÜBUNG **4**

Wie heißen die Nomen? Verbinden Sie.

a) das Kraft   1 verhalten
b) das Fitness   2 sport
c) die Sport   3 out
d) der Kampf   4 art
e) das Freizeit   5 training
f) der Sport   6 struktur
g) der Work   7 studio
h) die Alters   8 muffel

ÜBUNG **5**

Der neue Fitnessclub

Aisha ist in einen Fitnessclub eingetreten und möchte ihre Freundin Katrin dazu überreden, auch Mitglied zu werden. Hören Sie zu.

8.1

a) Wie soll, nach Katrin, der neue Fitnessclub *Asperingia* sein?
b) Was sagt Aisha über die Kurse und das Ambiente?
c) Wie hoch sind die Kosten?
d) Was würde Katrin lieber mit dem Geld machen?
e) Wofür ist Brasil-Workout gut?
f) Welche Sportarten macht Katrin lieber und was schlägt sie am Ende vor?

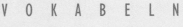

V O K A B E L N

die Ausstattung (-en)	equipment, design
die Aufnahmegebühr (-en)	joining fee
der Monatsbeitrag (-ᵉe)	monthly fee
Machst du Witze?	Are you joking?
das Zirkeltraining (-s)	circuit training
die Muskulatur (-en)	musculature, muscles
straffen	to tighten, to make taut
schwitzend	sweating
vor|schlagen	to suggest, to propose

Lesen Sie jetzt den Text und überprüfen Sie Ihre Antworten.

Aisha   Hallo, Katrin wie geht's? Du, ich bin jetzt seit drei Wochen Mitglied im neuen Fitnessclub *Asperingia*. Ich dachte, dass du mal mitkommen könntest. Was hältst du von der Idee?

Katrin   Aisha, ich habe von dem neuen Club gehört. Er soll richtig gut sein, aber auch nicht ganz billig, oder?

Aisha   Na ja, besonders billig ist er nicht. Aber dafür hast du ein super Angebot an Programmen und Kursen. Und das Ambiente und die Ausstattung sind echt toll. Es gibt zum Beispiel Innen- und Außenpools.

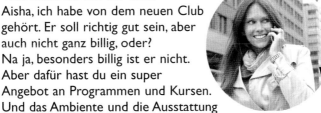

a

b

Katrin	Was müsste ich denn bezahlen, wenn ich, sagen wir mal, für ein Jahr Mitglied werden möchte?
Aisha	Nun, da ist erst mal eine einmalige Aufnahmegebühr und dann noch der Monatsbeitrag von 75 Euro, also um die 1000 Euro würde dich das im ersten Jahr schon kosten.
Katrin	Bitte, was? 1000 Euro? Machst du Witze? Dafür könnte ich ja schon für drei Wochen nach Mallorca fliegen und im Mittelmeer schwimmen gehen. Da brauche ich auch keine Innen- und Außenpools.
Aisha	Na komm, nun übertreib nicht. Die Trainer dort sind wirklich gut und für das Geld kannst du alles umsonst machen, zum Beispiel Zumba, Indoor-Cycling, Zirkeltraining, Brasil-Workout ...
Katrin	Brasil ... was?
Aisha	Brasil-Workout. Sag mal, hast du noch nie davon gehört? Dabei wird die Muskulatur im Bauch und Beinbereich gestrafft und es ist gut für den Rücken. Das wäre doch auch etwas für dich, oder?
Katrin	Ja, da hast du vielleicht recht, aber ganz ehrlich, die 1000 Euro würde ich lieber für andere Sachen ausgeben. Außerdem mache ich sowieso lieber Outdoorsport wie Joggen oder Radfahren und im Winter Skilaufen. Mit dutzenden anderen schwitzenden Menschen in einem Raum zu sein, das wäre nichts für mich.
Aisha	Aber du könntest doch einmal mitkommen und dir den Club anschauen?
Katrin	Ich weiß nicht. Ich würde vorschlagen, dass wir uns einfach mal wieder zum Joggen treffen und gemeinsam laufen. Das würde uns auf jeden Fall nichts kosten.

ÜBUNG

Fassen Sie den Dialog zusammen.

Was mag Aisha an dem neuen Club? Was gefällt Katrin nicht? Ergänzen Sie die Sätze.

Aishas Argumente	**Katrins Argumente**
Es gibt ein super Angebot an ...	1000 Euro? Machst ...
Das Ambiente und ...	Dafür könnte ich ...
Die Trainer ... und für das Geld kann man ...	Ich mache sowieso lieber ...
Brasil-Workout strafft ... und ...	Mit dutzenden schwitzenden ...

Konjunktiv II – könnte, würde, wäre ...
Subjunctive – could be, would be, were ...

Der **Konjunktiv II** hat verschiedene Funktionen im Deutschen. Man benutzt ihn zum Beispiel, wenn man etwas Hypothetisches, nicht Reales ausdrücken möchte:

Das **würde** dich 1000 Euro kosten.	*This would cost you 1000 euros.*
Wenn ich doch fitter **wäre.**	*If only I were fitter.*

Außerdem kann man mit dem Konjunktiv II etwas höflicher sagen:

Könnten Sie mir helfen?	*Could you help me?*
Wäre es möglich ...	*Would it be possible ...*

Den Konjunktiv II bildet man meistens mit:
1 haben und sein → **hätten, wären**
2 werden → **würden**
3 und den Modalverben: dürfen → **dürften**, können → **könnten**, sollen → **sollten**, mögen → **möchten**, müssen → **müssten.**

Mehr im Grammatikteil, Seite 138.

> Lesen Sie den Dialog noch einmal. Wie viele Beispiele für den Konjunktiv II gibt es? Können Sie erkennen, wie man den Konjunktiv II formt?

ÜBUNG 7

Üben Sie den Konjunktiv II.

Ergänzen Sie die Sätze mit dem passenden Verb aus der Box.

solltest	würde	hättet	könnte	wäre	hätte	könnten

a) An deiner Stelle _____ ich nicht so viel Krafttraining machen.
b) Ich _____ gern zwei Eintrittskarten für die Ausstellung.
c) Du _____ dich mehr bewegen.
d) Nina, _____ ich dich etwas fragen?
e) Wenn ihr Lust _____, _____ wir am Wochenende laufen gehen.
f) Wenn ich Sie _____, _____ ich das Angebot annehmen.

ÜBUNG 8

Geben Sie Ratschläge.

Ein Freund von Ihnen fragt Sie um Rat. Helfen Sie ihm. Beginnen Sie Ihre Sätze mit *An deiner Stelle würde ich ...* oder *Vielleicht könntest/solltest/müsstest du ...*

Beispiel
Ich habe das Gefühl, dass ich dicker geworden bin.
→ *An deiner Stelle würde ich mehr Sport machen.*
oder *Vielleicht solltest du mehr Sport machen.*

a) Ich bin morgens oft so müde.
b) Ich denke, dass mein Handyvertrag zu teuer ist.
c) Meine Freundin sagt, dass ich mich zu altmodisch anziehe.
d) Ich fahre im Sommer nach Chile, kann aber kein Wort Spanisch.
e) Ich glaube, ich verbringe zu viel Zeit in den sozialen Netzwerken.
f) Ich möchte mehr joggen gehen, aber es regnet zu viel.
g) Ich möchte eigentlich weniger Schokolade essen, aber sie schmeckt zu lecker.

ÜBUNG 9

8.2

Und jetzt Sie!

Sprechen Sie mit Ihrem Partner/Ihrer Partnerin oder in einer kleinen Gruppe über Ihre Fitnessgewohnheiten.

Wie oft machen Sie Sport?

Welche Sportart(en) machen Sie häufig?

Was gefällt Ihnen an den Sportarten?

Wofür sind sie gut?

Finden Sie im Allgemeinen Outdoorsport oder Indoorsport besser?

Sind Sie Mitglied in einem Fitnessclub? Warum? / Warum nicht?

Treiben Sie mehr Sport als noch vor fünf Jahren?

Welche neue Sportart würden Sie gern einmal ausprobieren? Warum?

Fühlen Sie sich im Allgemeinen fit?

Was glauben Sie, was könnten oder sollten Sie machen, um (noch) gesünder zu leben und um sich (noch) fitter zu fühlen?

Vergleichen Sie dann Ihre Antworten in der Klasse. Sie können die Fragen auch auf dem Audio hören.

NÜTZLICHE AUSDRÜCKE

Zumba, Zirkeltraining …	ist gut für den Muskelaufbau und verbessert die Kondition.
Indoor-Cycling …	ist gut für die Fettverbrennung.
Yoga, Pilates …	ist gut für die Entspannung und den Rücken.
Joggen, Nordic Walking …	ist gut für den Kreislauf und das Herz.

Mir gefällt Fußball, weil es ein Mannschaftssport ist und Spaß macht.
Ich mag Tanzsport, weil man viel reist und neue Leute kennenlernt.

B | Wie ist Ihre Meinung?
What is your opinion?

ÜBUNG 10

8.3

Umfrage: „Sind Sie der Meinung, dass Ihr Leben in den letzten Jahren stressiger geworden ist?"

Hören Sie zu. Für welche Personen ist das Leben stressiger geworden? Für welche nicht? Was sind die Gründe?

	Mehr Stress	Weniger Stress	Gründe
Zeynep Oklan			
Sandy Scholz			
Alexander Zverev	✓		
Johann Meister			

Lesen Sie jetzt die Interviews und überprüfen Sie Ihre Antworten.

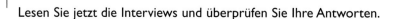

Ich habe dieses Jahr mein Studium angefangen. Erst war ich ziemlich nervös und dachte, dass es viel schwieriger als in der Schule werden würde. Aber nein, ich finde es an der Uni sogar lockerer und weniger stressig. Die Atmosphäre ist sehr nett und ich habe viele neue Leute kennengelernt.

Ich habe mehr Stress als noch vor ein paar Jahren. Zum einen muss ich meine zwei kleinen Kinder aufziehen und mich dann auch noch um meine Eltern kümmern. Mein Familienleben, die Kinder und meine Eltern – das alles miteinander zu vereinbaren ist nicht ganz einfach. Mein Mann ist eine große Hilfe und unterstützt mich.

Zeynep Oklan, 19, Studentin

Alexander Zverev, 31, Unternehmensberater

Sandy Scholz, 42, Reisekauffrau

Ja, ich bin der Meinung, dass vor allem das Berufsleben stressiger geworden ist. Überall gibt es Kürzungen und weniger Personal, gleichzeitig muss wegen der neuen Technologien alles schneller gehen. Der Druck hat zugenommen und macht es für mich schwierig, eine gute Work-Life-Balance zu finden.

Johann Meister, 67, Rentner

Ich bin seit vier Jahren pensioniert und fühle mich viel entspannter im Vergleich zu der Zeit, als ich noch gearbeitet habe. Endlich kann ich meinen Hobbys nachgehen und habe Zeit für meine Enkelkinder. Ich bin aber der Ansicht, dass die Situation für die jüngeren Leute heutzutage nicht ganz einfach ist.

VOKABELN

auf|ziehen	to bring up
vereinbaren	here: to combine
unterstützen	to support
die Kürzung (-en)	reduction, cutback
nach|gehen	here: to pursue (a hobby)

Nach Meinungen fragen und Meinungen äußern *Asking about and expressing opinions*

So kann man im Deutschen nach Meinungen fragen oder Meinungen äußern:

Glauben Sie, dass … ?	*Do you believe that … ?*
Wie finden Sie … ?	*What do you think of … ?*
Was denken Sie über (+ acc.) … ?	*What do you think about … ?*
Was halten Sie von (+ dat.) … ?	*What do you think of … ?*
Wie ist Ihre Meinung/Ansicht über (+ acc.) … ?	*What's your opinion/view on … ?*
Sind Sie der Meinung/Ansicht, dass … ?	*Are you of the opinion/view that … ?*

Natürlich kann man auch für alle Fragen die **du**-Form benutzen: Wie findest du …? Wie ist deine Meinung über … ?

Ich finde, …/Ich denke, …/Ich meine, …	*I think …*
Ich glaube, …	*I believe …*
Ich bin der Meinung/Ansicht, dass …	*I am of the opinion/view that …*
Meiner Meinung/Ansicht nach …	*In my opinion …*

Zustimmung (*agreement*) oder Ablehnung (*disagreement*) kann man so audrücken:

Ich stimme dir zu.	*I agree with you.*
Da haben Sie recht.	*You are correct.*
Da haben Sie unrecht.	*You are wrong (about this).*
Da muss ich (Ihnen) widersprechen.	*I have to disagree (with you) there.*

ÜBUNG 11

Was fehlt hier?

Ergänzen Sie die folgenden Fragen.

a) _____ findest du eigentlich Deutsch?
b) _____ ist deine Meinung _____ d_____ Politik der Regierung?
c) Was hältst du _____ d_____ Idee, mehr Sport zu treiben?
d) Gl_____ Sie, dass Sie gesund leben?
e) Stimmen Sie mir _____, dass es schwer ist, das Rauchen aufzugeben?
f) Sind Sie auch _____ An_____, dass Fitnessclubs oft zu teuer sind?
g) Sind Sie _____ Mein_____, dass das Leben in den letzten Jahren stressiger geworden ist?

Und Sie? Was ist Ihre Meinung? Beantworten Sie die Fragen a–g. Diskutieren Sie dann mit Ihrer Partnerin/Ihrem Partner oder in der Klasse. Benutzen Sie die Redewendungen von oben.

ÜBUNG 12

Stress und Work-Life-Balance

Die Techniker Krankenkasse hat eine Studie in Auftrag gegeben, um zu sehen, wie gestresst sich Deutsche fühlen. Bevor Sie den Text lesen, was glauben Sie: Sind die folgenden Aussagen richtig (R) oder falsch (F)?

	R	F
a) Deutsche fühlen sich in den letzten Jahren weniger gestresst.	❏	❏
b) Jüngere Leute zwischen 18 und 30 haben den größten Druck.	❏	❏
c) Die größten Stressfaktoren sind das Privatleben und hohe Selbstansprüche.	❏	❏
d) Es ist heutzutage schwieriger, Arbeit und Freizeit zu trennen.	❏	❏
e) Die häufigste Krankheit für Gestresste sind Kopfschmerzen.	❏	❏
f) Leute in Süddeutschland sind entspannter als Menschen in Norddeutschland.	❏	❏

Lesen Sie jetzt den Text und finden Sie Informationen zu a)–f).

Deutsche haben mehr Stress

Fast sechs von zehn Deutschen empfinden ihr Leben als stressig – jeder Fünfte steht sogar unter Dauerdruck. Das zeigt eine neue Studie der Techniker Krankenkasse (TK).

Und der Stresslevel steigt: Mehr als 50% der Deutschen haben das Gefühl, dass ihr Leben in den letzten drei Jahren stressiger geworden ist. Besonders betroffen sind Menschen zwischen 35 und 45 Jahren. Oft müssen sie sich nicht nur um ihre Karriere und Kinder, sondern auch um die eigenen Eltern kümmern.

Hier sind die wichtigsten Ergebnisse der Studie.

Stressfaktor Arbeit: Der größte Stressfaktor für die Menschen ist der Job. Zwei Drittel der Berufstätigen fühlen sich in ihrem Job gestresst. Doch schon an zweiter Stelle stehen die hohen Selbstansprüche vieler Menschen. „Nicht immer sind äußere Umstände der Grund für die Anspannung, oft ist es auch eine Frage der inneren Einstellung", sagt Dr. Jens Baas, Chef der TK.

Und Stress ist nicht immer negativ. Jeder zweite Berufstätige sagt, dass Stress ihn motiviert, jeder fünfte arbeitet unter Druck am besten. „Ein stressfreier Arbeitsplatz ist eine Utopie", erklärt Baas. Wichtig ist, dass man genügend Ressourcen hat, um etwas gegen den Stress zu tun.

Work-Life-Balance: Es ist selten die Arbeitslast im Job allein, die den Stresspegel in die Höhe treibt. Kritisch wird es, wenn aufgrund von privatem Stress der Ausgleich neben der Arbeit fehlt. Dies ist besonders oft bei berufstätigen Eltern der Fall. „Es ist die Work-Life-Balance, die insgesamt stimmen muss", sagt Baas. Wer mit seinem Leben außerhalb der Arbeit zufrieden ist, der kann mit dem Stress im Job viel besser umgehen.

Ständig erreichbar sein: Eine neue Herausforderung ist, dass sich Arbeit und Freizeit immer schlechter trennen lassen. Vier von

zehn Berufstätigen geben an, dass sie ständig erreichbar sind, jedem dritten gelingt es auch nach Feierabend und am Wochenende nicht, richtig abzuschalten.

Und – je höher der Stresslevel, desto mehr Beschwerden haben die Menschen. Die häufigsten Krankheiten für Gestresste sind Rückenschmerzen und Erschöpfung. Dann folgen Schlafstörungen, Gereiztheit und Kopfschmerzen.

Alter und Wohnort: Die Studie zeigt auch, dass es Unterschiede beim Alter und Wohnort gibt: Der Stresslevel steigt ab dem 18. Geburtstag an und erreicht zwischen 35 und 45 Jahren den Höhepunkt. Danach sinkt der Stresslevel wieder. Die Rentner sind die entspanntesten Deutschen.

Überraschend ist vielleicht, dass viel weniger Menschen in Schleswig-Holstein, Hamburg, Bremen und Niedersachsen angeben, dass sie in ihrem Alltag unter Druck stehen. In Baden-Württemberg, Bayern und Hessen ist die Zahl weit höher.

8.4 Wollen Sie die Aussprache überprüfen? Hören Sie den Text auf dem Audio.

ÜBUNG
13

Wie heißt das im Text?

Finden Sie für die Wörter in kursiv die Ausdrücke im Text mit den ähnlichen Bedeutungen.

Beispiel

jeder Fünfte steht unter *permanentem Druck* → jeder Fünfte steht unter *Dauerdruck*

a) oft ist es eine *Charakterfrage*
b) die hohen *Ansprüche* vieler Menschen *an sich selbst*
c) ein stressfreier Arbeitsplatz ist *nicht realistisch*
d) mit dem Stress im Job viel besser *klarkommen*
e) jedem dritten Berufstätigen gelingt es nicht *sich richtig zu entspannen*
f) sie sind *die ganze Zeit* erreichbar

> ### V O K A B E L N
>
> | | |
> |---|---|
> | der Dauerdruck (no pl.) | constant pressure |
> | betreffen | here: to affect |
> | der Selbstanspruch (-ˍe) | self-expectation |
> | die Anspannung (-en) | tension, strain |
> | die innere Einstellung (-en) | inner attitude |
> | umgehen mit (+ dat.) | here: to cope with, to handle |
> | erreichbar | contactable |
> | ab\|schalten | to disconnect, to switch off |
> | die Erschöpfung (-en) | exhaustion, fatigue |
> | die Gereiztheit (no pl.) | edginess, irritability |

ÜBUNG
14

Verbinden Sie die Satzteile.

a) Mehr als 50% haben das Gefühl,
b) Der größte Stressfaktor
c) An zweiter Stelle stehen
d) Es ist selten die Arbeitslast allein,
e) Arbeit und Freizeit
f) Je höher der Stresslevel,
g) Es ist wichtig,

1 die den Stresspegel in die Höhe treibt.
2 dass man eine gute Work-Life-Balance findet.
3 dass ihr Leben stressiger geworden ist.
4 lassen sich immer schlechter trennen.
5 ist der Job.
6 die Selbstansprüche vieler Menschen.
7 desto mehr Gesundheitsprobleme gibt es.

ÜBUNG
15

Meine Work-Life-Balance

Ihre Freundin Ulla hat gerade einen neuen Job angefangen und fühlt sich sehr gestresst. Sie möchte gern wissen, wie Sie mit Druck umgehen. Beantworten Sie Ullas Fragen und schreiben Sie ihr eine E-Mail.

Hallo …,

wie geht's? Wie du weißt, war es bei mir in der letzten Zeit sehr hektisch, nicht nur zu Hause, sondern auch auf der Arbeit. Kannst du mir sagen, wie das bei dir ist:

Ist dein Leben in den letzten Jahren stressiger geworden? Warum? / Warum nicht?

Was ist für dich der größte Stressfaktor? Was machst du dagegen?

Kannst du am Wochenende gut von der Arbeit abschalten?

Was machst du, um Stress abzubauen? Hilft dir das?

Stimmt deine Work-Life-Balance?

Was würdest du mir empfehlen?

Hoffe, bald von dir zu hören.

Ulla

C | Mein Traumurlaub
My dream holiday

Was für ein Reisetyp sind Sie?

Sprechen Sie mit Ihrem Partner/Ihrer Partnerin oder in einer kleinen Gruppe.

a) Wie oft machen Sie im Jahr Urlaub?
b) Verreisen Sie meistens oder bleiben Sie auch gern zu Hause?
c) In welchen Ländern sind Sie schon gewesen?
d) Wo hat es Ihnen besonders gut gefallen und warum?
e) Wo hat es Ihnen nicht so gut gefallen und warum nicht?
f) Fahren Sie lieber in die Berge, ans Meer oder vielleicht ganz woanders hin?
g) Sind Sie im Urlaub gern aktiv oder relaxen Sie lieber?
h) Bevorzugen Sie kürzere Trips oder verreisen Sie lieber länger?
i) Übernachten Sie im Urlaub meistens in einem Hotel oder in einer Ferienwohnung? Zelten Sie vielleicht? Oder machen Sie etwas anderes?
j) Haben Sie schon einmal einen Rucksackurlaub gemacht?
k) Was war Ihr letzter Urlaub? Wohin sind Sie gefahren? Was haben Sie gemacht? Erzählen Sie.

V O K A B E L N	
verreisen	*to go away (on a journey)*
zelten	*to go camping*
der Rucksackurlaub (-e)	*backpacking holiday*

Vokabeltraining

Welche Definition passt zu welchem Wort?

a) der Pauschalurlaub
b) die Kreuzfahrt
c) die Fernreise
d) die Rundreise
e) der Strandurlaub
f) die Freiwilligenarbeit

1 man fährt weit weg, oft auf einen anderen Kontinent
2 Tätigkeit ohne Bezahlung für soziale Zwecke
3 Zeit am Meer, man kann baden, sich sonnen etc.
4 vom Flug, Unterbringung bis zum Essen – alles ist inklusive
5 man besucht verschiedene Teile eines Landes
6 man fährt auf einem Schiff, besucht oft verschiedene Länder

Reiseangebote

Lesen Sie die fünf Texte. Haben Sie schon eines der Reiseziele besucht?

Trendziel Südafrika

Beeindruckende Landschaften, eine artenreiche Tierwelt, trendige Metropolen und erstklassige Weingüter – in Südafrika erwartet den Urlauber ein Land voller Kontraste. Wer möglichst viel vom Land sehen und erfahren möchte, der entscheidet sich für eine große Rundreise. Die Busrundreise „Klassisches Südafrika" beginnt in Johannesburg und führt über Pretoria und Port Elizabeth nach Kapstadt. Ein Höhepunkt der 14-tägigen Reise ist eine Tour durch den Krüger Nationalpark, wo sich mit etwas Glück ein Mitglied der „Big Five" vor den Augen der Urlauber sonnt.

Mehr Info unter www.tui.com/fernreisen

Engadin St. Moritz

Die Ferienregion Engadin St. Moritz liegt auf der Alpensüdseite der Schweiz auf dem „Dach Europas". St. Moritz ist die Wiege des Wintertourismus. Dem Wintersportler stehen in der Umgebung 350km Pisten mit modernster Infrastruktur zur Verfügung. Weitere Attraktionen sind ein Windsurf-Marathon, das Pferderennen und Polo-Turniere auf dem gefrorenen St. Moritzersee und ein Opernfestival.

Mit einer Gästekarte, die gleichzeitig Bergbahnticket, Busbillet, Parkschein und Kreditkarte ist und viele Vergünstigungen mit sich bringt, können Besucher von vielen Angeboten profitieren.

www.myswitzerland.com/de

Auf nach Hamburg – Günstige Hamburg CityTrips

Maritimes Flair erlebt man bei einer Städtereise nach Hamburg. Hamburg verbreitet einen einzigartigen Charme mit Hafen und Fischmarkt, Reeperbahn und Schanzenviertel. Die unterschiedlichen Facetten der zweitgrößten Stadt Deutschlands begeistern zahlreiche Touristen. Sowohl tagsüber als auch nachts ist die Stadt an der Elbemündung ein Erlebnis mit lebendiger Atmosphäre, sehenswerter Architektur sowie Bars, Theatern und Diskotheken in den Szenevierteln bei Nacht. Außerdem ist hier der drittgrößte Musicalstandort der Welt. Shoppen kann man am besten im Hanseviertel. Die Hamburger Kunsthalle genießt international einen guten Ruf.

www.ab-in-den-urlaub.de

Freiwilligenarbeit in Brasilien

Working Holidays bzw. Work and Travel – dazu gehört auch Freiwilligenarbeit. Diese Form von Work and Travel können Sie in Brasilien ohne ein Working-Holiday-Visum absolvieren!

Das vielfältige Land Brasilien hat viele Probleme: Die Kluft zwischen Arm und Reich wird immer sichtbarer – ein Bedarf an freiwilligen Helfern im Sozialwesen ist in den letzten Jahren stetig gestiegen. Um diesen Bedarf zu decken, sind eine Vielzahl an Freiwilligenarbeitsprojekten entstanden: In Kindergärten, Schulen, Waisenhäusern oder auch kirchlichen Einrichtungen kommen viele Helfer zusammen. Solche Programme dauern meistens 4 bis 8 Wochen; häufig kann man sie mit Sprachkursen kombinieren.

http://www.working-holiday-visum.de

Sommerzeit ist Badezeit ...

In den Sommermonaten locken die zahlreichen Orte an der deutschen Ostseeküste mit ausgiebigem Badevergnügen. Das leicht salzige Wasser der Ostsee hat eine heilende Wirkung und eine hervorragende Wasserqualität. Genießen Sie einen wunderschönen Strandurlaub. Oder nutzen Sie die vielen Kultur-, Freizeit- oder Wellnessangebote in einer der schönsten und beliebtesten Urlaubsregionen Deutschlands.

Egal ob Aktiv- oder Wellnessurlaub, als Familie oder als Single – planen Sie hier Ihren Urlaub im Hotel, im Ferienhaus, in der Pension, der Ferienwohnung oder auf dem Campingplatz am Ostseestrand!

http://www.ostsee.de

ÜBUNG
19

Fassen Sie die wichtigsten Informationen in der Tabelle zusammen:

Reiseziel	Aktivitäten / Angebote	Urlaubsart	Andere Informationen
Südafrika	14-tägige Rundreise; man besichtigt ...		
St. Moritz		Skiurlaub	
Hamburg			
Brasilien			
Ostsee			Das Wasser der Ostsee hat eine ...

Welche der fünf Reiseangebote würde Sie interessieren? Welche nicht? Warum? Sprechen dann Sie mit einem Partner/einer Partnerin.

Beispiel
Mich würde ein Strandurlaub an der Ostsee interessieren. Ich schwimme gern und außerdem wäre es auch toll für meine Frau und meine Kinder. Wir könnten uns am Strand ausruhen oder die Wellnessangebote nutzen. Wir haben ein großes Zelt und ein Urlaub auf dem Campingplatz ist auch viel billiger als in einer Ferienwohnung oder im Hotel.

Wollen Sie mehr wissen? Gehen Sie zu einer der Webseiten und finden Sie mehr Details, zum Beispiel über Zeiten, Unterkunft, Verpflegung, Preise.

Konjunktiv II und Konditionalsätze
Subjunctive II and conditional clauses

Konjunktiv II wird auch oft in Konditionalsätzen mit **wenn** verwendet. In diesen Strukturen benutzt man oft die Konjunktivformen von **haben, sein** oder einem Modalverb + **würden** und Infinitiv:
Wenn ich mehr Geld **hätte, würde** ich morgen auf die Bahamas **fliegen**.
Wenn ich Bundeskanzler **wäre, würde** ich mehr für die Umwelt **tun**.
Wenn ich besser skilaufen **könnte, würde** ich Urlaub in St. Moritz **machen**.

Mehr im Grammatikteil, Seite 138.

Was würde Elena Paul machen, wenn …?

Schreiben Sie, was Elena Paul in den folgenden Umständen machen würde.

Beispiel
mehr Zeit hätte? (mehr im Garten arbeiten) → *Wenn Elena Paul mehr Zeit hätte, würde sie mehr im Garten arbeiten.*
a) in der Stadt ihrer Wahl leben könnte? (Barcelona)
b) im Lotto gewinnen würde? (eine Weltreise machen)
c) in der Vergangenheit leben könnte? (in der Antike oder im 19. Jahrhundert)
d) eine bekannte Person interviewen könnte? (am liebsten Angelina Jolie)
e) in einem Film mitspielen könnte? (im neuen James Bond-Film)
f) für einen Tag Bundeskanzlerin wäre? (mehr Feiertage einführen)

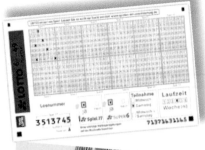

Und Sie? Was würden Sie machen, wenn…?

Beantworten Sie nun die Fragen a–f von Übung 20 für sich. Bereiten Sie Ihre Antworten vor. Interviewen Sie dann Ihren Partner/Ihre Partnerin.
Sie können die Fragen auch auf dem Audio hören.

8.5

Beispiel
Wenn ich mehr Zeit hätte, würde ich mehr meinen Hobbys nachgehen. Ich würde öfter ins Fitnessstudio gehen. Außerdem würde ich ein Instrument lernen. Dann könnte ich vielleicht einige meiner Lieblingsstücke selber spielen.

Wir reisen gern

Jeisy und Florian leben mit ihrem vierjährigen Sohn Jay-Philippe in Frankfurt. Jeisy ist Zumbatrainerin und Florian ist in der IT-Branche tätig. Eine ihrer Leidenschaften ist Reisen. Im Interview sprechen sie über ihre Reisegewohnheiten. Sehen Sie das Video und beantworten Sie dann die Fragen.
a) Wo haben sich Jeisy und Florian kennengelernt?
b) Warum ist Jeisy Zumbatrainerin geworden?
c) Warum reisen sie meistens im Dezember und was sind ihre Ziele?
d) Was waren bislang die Highlights für Florian?

Deutschland-Info

DIE REISEWELTMEISTER

Jahrzehntelang galten die Deutschen als Reiseweltmeister, kaum eine andere Nation reist so viel und so gern. Am liebsten verbringen die Bundesbürger den Urlaub allerdings im eigenen Land. Mit einem Marktanteil von etwa 30 Prozent ist Deutschland das beliebteste Reiseziel. Am meisten reisen die Deutschen dabei nach Mecklenburg-Vorpommern, gefolgt von den Bundesländern Bayern und Schleswig-Holstein.

Bei den europäischen Reiseländern liegt Spanien klar vor Italien und der Türkei. Wenn es um Fernreisen geht, ist Ostasien das beliebteste Ziel, knapp vor Nordamerika.

e) In was für Unterkünften wohnen sie normalerweise?
f) Was sind die Vorteile?
g) Wohin würde Florian reisen, wenn er genug Zeit und Geld hätte?
h) Wohin würde Jeisy gern reisen?

ÜBUNG 23

Was stimmt?
Was bedeuten die Ausdrücke im Kontext des Videos? Sehen Sie das Video noch einmal und überprüfen Sie Ihre Antworten.

a) der kleine Mann

❏ ein Junge
❏ ein Mann, der nicht groß ist

b) Wir sind viel in der Weltgeschichte umhergereist.

❏ Wir haben viel von der Welt gesehen.
❏ Wir haben uns viel Historie angesehen.

c) Informationen aus erster Hand

❏ Insiderinformationen von Einheimischen
❏ Man gibt Einheimischen Informationen.

d) unterwegs sein

❏ auf Reisen sein
❏ auf dem richtigen Weg sein

V O K A B E L N

in der Regel	*usually, as a rule*
lebensfroh	*cheerful, full of the joys of life*
die Privatunterkunft (-¨e)	*private accommodation*
das Zelt (-e)	*tent*

ÜBUNG 24

Mein Traumurlaub

Der Reiseblog *www.da-und-hier.de* macht eine Umfrage: Was wäre Ihr Traumurlaub?

www.da-und-hier.de

- Wohin würden Sie fahren?
- Wo würden Sie wohnen?
- Mit wem würden Sie fahren?
- Welche drei Dinge würden Sie auf jeden Fall mitnehmen?
- Was würden Sie unternehmen?
- Was müssten Sie nicht machen?
- Wie lange würden Sie bleiben?

Schreiben Sie einen kurzen Text und vergleichen Sie dann die Antworten in der Klasse.

Grammatik

Konjunktiv II (Imperfect subjunctive)

Formation

As explained earlier in the chapter, the *Konjunktiv II* is used most often with the verbs **haben**, **sein** and **werden**, and the modal verbs. *Konjunktiv II* forms are usually constructed from the past simple forms by adding the appropriate endings and an umlaut. In some cases, however, they are identical to the past simple form. Here is an overview:

Haben, sein and werden

	would have	*would be*	*would*
ich	hätte	wäre	würde
du	hättest	wärest	würdest
Sie	hätten	wären	würden
er/sie/es	hätte	wäre	würde
wir	hätten	wären	würden
ihr	hättet	wäret	würdet
Sie, sie	hätten	wären	würden

Modal verbs

	might, to be allowed to	*could, would be able to*	*would like to*	*would have to*	*should*	*would want (to)*
ich	dürfte	könnte	möchte	müsste	sollte	wollte
du	dürftest	könntest	möchtest	müsstest	solltest	wolltest
Sie	dürften	könnten	möchten	müssten	sollten	wollten
er/sie/es	dürfte	könnte	möchte	müsste	sollte	wollte
wir	dürften	könnten	möchten	müssten	sollten	wollten
ihr	dürftet	könntet	möchtet	müsstet	solltet	wolltet
Sie, sie	dürften	könnten	möchten	müssten	sollten	wollten

Other verbs

With most other verbs, it is common in modern German to use the appropriate form of **würden** + infinitive to express a hypothetical situation:
Wenn du nur mehr **trainieren würdest**.
Wenn ich im Lotto **gewinnen würde, würde** ich eine Weltreise **machen**.

However, you will still encounter the subjunctive forms of other verbs, for instance in news articles and in reported speech. In order to help you recognise them, here is a short overview of how these verbs form the *Konjunktiv II*:

Regular verbs

The *Konjunktiv II* forms of regular verbs are constructed by adding the highlighted endings to the stem. Note that these forms are normally identical with the simple past tense.
ich spiel**te**, du spiel**test**, Sie spiel**ten**, er/sie/es spiel**te**,
wir spiel**ten**, ihr spiel**tet**, Sie spiel**ten**, Sie spiel**ten**.

Irregular verbs

The *Konjunktiv II* forms of irregular verbs are constructed from the **simple past tense** by adding the appropriate ending and an umlaut, if possible:

gehen → gingen   kommen → kamen

ich ging**e**	wir ging**en**
du ging**st**	ihr ging**et**
Sie ging**en**	Sie ging**en**
er/sie/es ging	sie ging**en**

ich käm**e**	wir käm**en**
du käm**est**	ihr käm**et**
Sie käm**en**	Sie käm**en**
er/sie/es käm**e**	sie käm**en**

Konjunktiv II and conditional sentences

Konjunktiv II is used in conditional sentences to express unreal, imagined situations. A conditional sentence usually consists of two parts – a clause starting with **Wenn** setting out a condition and a main clause describing a consequence. As explained above, you normally use the subjunctive forms of *haben*, *sein* and the modal verbs in these structures and for most other verbs the appropriate form of *würden* + infinitive:

Condition	Consequence
Wenn das Wasser wärmer wäre,	würde ich schwimmen gehen.
Wenn wir mehr mit dem Rad fahren würden,	wäre das besser für die Umwelt.

Usage

As you have seen, *Konjunktiv II* in German is used in a number of contexts. In this chapter you have met the following three instances:
1 to add a tone of politeness
2 to express hypothetical situations and ideas
3 to connect sentence parts in conditional sentences with *wenn*.

You'll find out more about the use of *Konjunktiv II* in indirect speech in Chapter 10.

Expressing opinions

In Part B of this chapter you saw that there are a number of ways of asking about and expressing your opinion in German with different degrees of formality. Note that when you use **Meiner Meinung nach** ... or **Meiner Ansicht nach** ... the finite verb needs to be placed directly after **nach**:

Meiner Meinung nach **ist** das der erste Schritt.
Meiner Ansicht nach **solltest** du mal wieder in den Urlaub fahren.

Here are a few commonly used phrases to express agreement or disagreement:

Agreeing

Das finde ich auch.	*I think the same.*
Da haben Sie recht.	*You are right (on that).*
Da stimme ich Ihnen zu.	*I agree with you there.*
Ich teile Ihre Meinung.	*I share your opinion.*
Darüber sind wir uns einig.	*We're in agreement on that.*

Disagreeing

Das stimmt nicht.	*That's not right.*
Da bin ich anderer Meinung.	*I have a different opinion (on that).*
Da bin ich anderer Ansicht.	*I have a different view (on that).*
Da muss ich (Ihnen) widersprechen.	*I have to disagree (with you) there.*
Da liegst du (völlig) falsch!	*You're (quite) wrong there!*

Mehr Übungen ...

1   Welches Verb passt am besten?

> aufziehen   übernachten   treiben   bezahlen   halten
> eintreten   finden   nutzen   ausprobieren   umgehen

a) Sport: _____ ;

b) in einen Club: _____ ;

c) eine Aufnahmegebühr: _____ ;

d) eine neue Sportart: _____ ;

e) sich fit: _____ ;

f) Kinder: _____ ;

g) eine gute Work-Life-Balance: _____ ;

h) mit Stress: _____ ;

i) in einer Ferienwohnung: _____ ;

j) Kultur- und Freizeitangebote: _____ .

2   Können Sie es höflicher sagen?
Setzen Sie das Verb in kursiv in die Konjunktiv II-Form.

Beispiel
Kann ich Sie etwas fragen? → *Könnte ich Sie etwas fragen?*

a) *Ist* es möglich, den Termin zu ändern?

b) Ich *muss* noch mal mit dem Fitnesscoach sprechen.

c) *Hast* du Lust, mit ins Kino zu kommen?

d) Wissen Sie, wie teuer ein Tagespass *ist*?

e) *Darf* ich Ihr Handy benutzen?

f) *Können* Sie mir sagen, wo man hier gut ausgehen kann?

g) *Könnt* ihr bitte kommen?

3   Wie ist Ihre Meinung?
Stimmen Sie den folgenden Aussagen zu oder sind Sie anderer Meinung? Benutzen Sie die
Ausdrücke aus diesem Kapitel (Seite 130 und Seiten 139–141).

Beispiel
Die Gebühren für Fitnesscenter sind viel zu hoch.

→ Da haben Sie recht. Ich bin der Ansicht, dass sie zu viel kosten.

oder

→ Da muss ich widersprechen. Es gibt doch auch sehr viele billige Center.

a) Die Deutschen machen immer weniger Sport.

b) Yoga ist gut für die Entspannung.

c) Ständig erreichbar zu sein ist ein großes Problem im heutigen Berufsleben.

d) Ein Pauschalurlaub ist doch langweilig.

e) Deutsch ist die leichteste Fremdsprache der Welt.

f) Berlin ist die coolste Stadt der Welt.

Am Ende von Kapitel 8 können Sie jetzt:

1 beschreiben, wie Sie sich fit halten? ❏
   (Seiten 123–125, 128)

2 anderen Leuten mündlich und schriftlich Ratschläge geben? ❏
   (Seite 127)

3 Ihre Meinung zu einer Reihe von Themen ausdrücken? ❏
   (Seiten 128–130)

4 die Ergebnisse einer Studie über Stress und Work-Life-Balance verstehen? ❏
   (Seiten 130–132)

5 Reiseangebote vergleichen und ein Interview über die Reisegewohnheiten
   einer deutschen Familie verstehen? ❏
   (Seiten 133–137)

6 Ihren Traumurlaub beschreiben? ❏
   (Seite 137)

7 den *Konjunktiv II* für **haben**, **sein**, **werden** und die Modalverben
   bilden und anwenden? ❏
   (Seite 135, 136)

Vokabeln

FITNESS · *Fitness*

die Altersstruktur (-en) — *age distribution*
das Ambiente (no pl.) — *ambience, atmosphere*
die Ausstattung (-en) — *equipment, design*
die Aufnahmegebühr (-en) — *joining fee*
die Fettverbrennung (no pl.) — *fat burning*
das Krafttraining (-s) — *weight training, power-training*
der Kreislauf (-ˉe) — *here: circulation (in the body)*
die Kondition (-en) — *here: fitness, stamina*
der Mannschaftssport (no pl.) — *team sports*
der Monatsbeitrag (-ˉe) — *monthly fee*
die Muskulatur (-en) — *musculature, muscles*
die Sportart (-en) — *type of sport*
der Sportmuffel (-) — *person (a 'grouch') who doesn't care about sport*
das Zirkeltraining (no pl.) — *circuit training*
aus|probieren — *to try (out)*
aus|üben — *here: to do (a sport)*
an|führen — *to lead*
nach|gehen — *here: to pursue (a hobby)*
straffen — *to tighten, to make taut*
vor|schlagen — *to suggest, to propose*
schwitzend — *sweating (people)*

WORK-LIFE-BALANCE · *Work-life balance*

die Anspannung (-en) — *tension, strain*
die Arbeitslast (-en) — *workload*
der Ausgleich (-e) — *balance*
der Dauerdruck (no pl.) — *constant pressure*
die Erschöpfung (-en) — *exhaustion, fatigue*
die Gereiztheit (no pl.) — *edginess, irritability*
die Kürzung (-en) — *reduction, cutback*
das Privatleben (-en) — *private life*
die Schlafstörung (-en) — *sleep disturbances, sleep disorder*
der Selbstanspruch (-ˉe) — *self-expectation*
der Stresslevel (-) — *level of stress*

die Utopie (-n) — *utopia*
die innere Einstellung (-en) — *inner attitude*
ab|schalten — *to switch off, to disconnect*
auf|ziehen — *here: to bring up*
beneiden — *to envy*
betreffen — *here: to affect*
umgehen mit (+ dat.) — *here: to cope with, to handle*
unterstützen — *to support*
vereinbaren — *here: to combine*
erreichbar — *contactable, reachable*
genügend — *sufficient*
stressfrei — *stress-free, hassle-free*

REISEN · *Travelling*

der Campingplatz (-ˉe) — *campsite*
das Ferienhaus (-ˉe) — *holiday home*
die Ferienwohnung (-en) — *holiday apartment*
die Fernreise (-n) — *long-distance travel*
die Freiwilligenarbeit (-en) — *voluntary work*
die Kreuzfahrt (-en) — *cruise*
der Pauschalurlaub (-e) — *package holiday*
der Rucksackurlaub (-e) — *backpacking holiday*
die Rundreise (-n) — *round trip*
der Strandurlaub (-e) — *beach holiday*
die Wasserqualität (-en) — *water quality*
verreisen — *to go away (on a journey)*
zelten — *to go camping*

MEINUNGEN · *Opinions*

Eine Liste, wie man Meinungen, Ablehnung und Zustimmung äußert, finden Sie auf den Seiten 130 und 139–140.

NÜTZLICHE AUSDRÜCKE · *Useful expressions*

außer Frage stehen — *to be beyond doubt*
einen guten Ruf haben — *to have a good reputation*
Machst du Witze? — *Are you joking?*

9 | neun
Deutschland heute

- Discuss environmental issues
- Summarise an article about the EU
- Give the pros and cons of an opinion piece
- Describe your media habits

- Identify various categories of news items
- Follow an interview with a journalist

■ *Indirect questions*
■ *Relative clauses*
■ *More about nouns*

A | Umweltschutz
Environmental protection

Vokabeltraining

Arbeiten Sie mit einem Partner/einer Partnerin. Welche Definition passt zu welchem Begriff?

a) der Umweltschutz	1	Ein anderes Wort für Abfall
b) der Klimawandel	2	Man bekommt Geld zurück, wenn man sie in ein Geschäft zurückbringt.
c) die Stofftasche	3	Man tut etwas für die Umwelt.
d) die Treibhausgase (pl.)	4	Ein anderes Wort für Elektrizität
e) der Müll	5	Zum Beispiel Kohle und Erdöl
f) die Energiesparlampe	6	Zum Beispiel Kohlendioxid (CO_2)
g) die Pfandflasche	7	Das Wetter, die Temperaturen ändern sich.
h) der Strom	8	Verbraucht weniger Elektrizität.
i) das Elektroauto	9	Umweltfreundliche Alternative zur Plastiktüte
j) fossile Energiequellen	10	Fährt mit einer Batterie, ohne Benzin.

Kennen Sie noch andere Vokabeln zum Thema Umwelt?

Eine Umfrage: Was tun Sie für die Umwelt?

Was denken die folgenden Leute über Umweltschutz? Hören Sie die Interviews (Sprecher 1–4). Auf wen treffen die folgenden Aussagen zu? Begründen Sie Ihre Antworten.

9.1

a) Interessiert sich nicht besonders für das Thema.
b) Ist der Ansicht, dass man selber im Alltag viel machen kann.
c) Meint, dass wir unseren Lebensstil ändern müssen.
d) Denkt, dass Firmen und die Gesellschaft mehr tun sollten.

Lesen Sie jetzt die Texte und überprüfen Sie Ihre Antworten.

Natürlich trennen wir den Müll und sparen Strom, wo wir können. Wir benutzen Energiesparlampen und ich mache das Licht aus, wenn ich aus dem Raum gehe. Elektrogeräte lassen wir nie auf Stand-by laufen. Und wenn ich mir die Zähne putze, drehe ich den Wasserhahn zu. Jeder kann im Alltag eine ganze Menge für die Umwelt tun.

Klimawandel, Treibhausgase – ich kann das alles nicht mehr hören. Ich benutze ja auch Stofftaschen zum Einkaufen, aber diese ganzen Untergangsszenarien sind doch total übertrieben. Es hat doch schon immer Veränderungen auf der Erde gegeben und den meisten Menschen geht es heute so gut wie nie zuvor.

Ich bin der Meinung, dass die Politiker und die Industrie viel mehr machen müssten. Solaranlagen und erneuerbare Energien, wie zum Beispiel Windenergie und Biomasse, müssten viel höher subventioniert werden. Und die Autoindustrie sollte billigere und bessere Elektroautos herstellen. Das wäre ein guter Anfang.

Wussten Sie, dass man 10.000 Liter Wasser braucht, um ein Kilo Rindfleisch zu produzieren? Dann kommen noch die CO_2-Emissionen dazu. Im Winter Erdbeeren aus Kenia?! Das ist doch Wahnsinn. Wir müssen alle umdenken und lernen, nachhaltiger zu leben. Ich kaufe jetzt sehr viele Produkte aus der Region.

Patricia O'Hara, 23, Studentin

Joschka Waldmann, 45, Beamter

Erdogan Özic, 42, Arzt

Sophia Klar, 64, Rentnerin

ÜBUNG
3

Was man für die Umwelt tun kann

Lesen Sie die Texte noch einmal und ergänzen Sie.

Zu Hause	Allgemein
Den Müll sollte man … Wir benutzen … Ich mache das Licht aus, … Elektrogeräte laufen nie … Man sollte den Wasserhahn zudrehen, wenn …	Zum Einkaufen benutze ich … Erneuerbare Energien müssten höher … Die Autoindustrie sollte … Wir müssen alle umdenken und … Man kann Produkte aus …

VOKABELN

trennen	here: to separate
der Wasserhahn (-ë)	tap
zu|drehen	to turn off
das Untergangsszenario (-szenarien)	gloom and doom scenario
erneuerbar	renewable
subventionieren	to subsidise
der Wahnsinn (no pl.)	madness

Haben Sie noch anderen Ideen? Was könnte oder müsste man noch für die Umwelt tun? Sprechen Sie mit einem Partner/einer Partnerin und schreiben Sie Ihre Ideen auf. Besprechen Sie Ihre Vorschläge in der Klasse.

Zusammengesetzte Nomen *Compound nouns*

Viele Wörter aus dem Bereich „Umwelt" sind zusammengesetzte Nomen. So kann man ihre Bedeutung leichter verstehen:

1 Viele Wörter sind ähnlich oder identisch mit den englischen Wörtern, zum Beispiel: Solar *solar*, Plastik *plastic*, Energie *energy*.

2 Viele Begriffe sind Kombinationen aus Wörtern, die Sie wahrscheinlich schon kennen, zum Beispiel: die Solarenergie, die Sonnenenergie, die Biomasse.

Nicht vergessen: Bei zusammengesetzten Nomen bestimmt das Geschlecht des letzten Nomens, ob das Wort männlich, weiblich oder sächlich ist:

der Wind + die Energie → die Windenergie *wind energy*

Wenn das erste Wort die Endungen -heit, -ing, -ion, -keit, -ling, -schaft, -tät oder -ung hat, braucht man meistens ein extra **s** (das sogenannte *Fugen-s*):
die Mannschaft + der Sport → der Mannschaft**s**sport
team sport
der Liebling + die Gruppe → die Liebling**s**gruppe
favourite band

Mehr im Grammatikteil, Seite 158.

Deutschland-Info

DIE ENERGIEWENDE

Energie **wende**
Umschalten auf Zukunft

Die Energiewende ist Deutschlands offizielle Energiepolitik. Sie wurde von der Bundesregierung zuerst im September 2010 beschlossen und legt die Energiepolitik für die nächsten 40 Jahre fest. Danach sollen bis zum Jahr 2022 alle Kernkraftwerke in Deutschland abgeschaltet werden. 2050 soll der Anteil erneuerbarer Energien an der Stromversorgung mindestens 80% betragen.

ÜBUNG 4

Was gehört zusammen?

Bilden Sie zusammengesetzte Nomen zum Thema Umwelt. Dreimal brauchen Sie ein *Fugen-s*.

-lampe　-tüte　-hahn　-auto　-wandel　-politik　-material　-energie　-park

a) der Klima_____
b) die Energiespar_____
c) die Solar _____
d) der Wasser_____
e) die Plastik_____
f) das Elektro _____
g) der Landschaft_____
h) das Verpackung_____
i) die Regierung_____

ÜBUNG 5

9.2

Die blaue Tonne, die graue Tonne

Sabrina Conte, eine Studentin aus Argentinien mit deutschen Eltern, macht ein Praktikum bei einer Firma in Hannover. Sie spricht mit ihrem Vermieter, Leo Wichmann, über die Mülltrennung. Hören Sie zu und beantworten Sie die Fragen.

a) Was wird in Deutschland schon seit vielen Jahren gemacht?
b) Wofür sind die blaue Tonne und die braune Tonne?
c) Was gehört neben Plastik noch in den Gelben Sack?
d) Was hat Herr Wichmann bemerkt und welche Beispiele gibt er?
e) Wie oft wird der Müll abgeholt?
f) Wohin muss Frau Conte die Flaschen bringen?

V O K A B E L N

die Mülltrennung (no pl.)	separation of waste
sammeln	to collect
die Schale (-n)	here: skin (fruit, vegetable)
der Glascontainer (-)	here: bottle bank
ab|holen	here: to collect
das kann ja heiter werden	that will be fun (ironic)

ÜBUNG 6

Testen Sie sich. Wissen Sie, wohin der Müll kommt?

Papier	Coladose	Zeitungen	Biomüll	Karottenschalen
Broschüren	Konservendosen	Gummi	Plastiktüten	Weinflasche
Joghurtbecher	Eierschalen	Marmeladenglas	Porzellan	Teebeutel

blaue Tonne	braune Tonne	Gelber Sack	graue Tonne	Glascontainer

ÜBUNG 7

Was sagen Sabrina und Leo? Verbinden Sie.

a) Könnte ich Sie fragen,
b) Es wäre vielleicht gut,
c) Was man nicht recyceln kann,
d) Ich habe schon bemerkt,
e) Bei uns im Büro zum Beispiel
f) Und die Flaschen? Wissen Sie,

1 kommt in die graue Tonne hier vorne.
2 wie das hier mit der Mülltrennung funktioniert?
3 drucken wir kaum noch E-Mails aus.
4 wenn Sie mir das zeigen könnten.
5 wohin die kommen?
6 dass die Leute mehr auf die Umwelt achten.

Indirekte Fragen *Indirect questions*

Mit indirekten Fragen kann man eine Frage höflicher stellen:

Direkte Frage: Was passiert mit dem Plastikmüll?
Indirekte Frage: **Könnten Sie mir sagen**, was mit dem Plastikmüll passiert?

Direkte Frage: Wo ist die nächste Haltestelle?
Indirekte Frage: **Könnte ich Sie fragen,** wo die nächste Haltestelle ist?

Ein indirekter Fragesatz wird oft mit Phrasen wie **Könnten Sie mir sagen, ..., Könnte ich Sie fragen, ...** oder **Wissen Sie, ...** eingeleitet. Der Nebensatz beginnt dann mit dem Fragewort und das Verb geht ans Ende. Bei Ja/Nein-Fragen benutzt man **ob**:

Direkte Frage: Gibt es hier ein gutes Restaurant?
Indirekte Frage: **Wissen Sie,** ob es hier ein gutes Restaurant gibt?

Wenn man höflich antworten möchte, benutzt man oft eine ähnliche Struktur:
Ich weiß leider nicht, ob es hier ein gutes Restaurant gibt.

Mehr im Grammatikteil, Seite 158.

Entschuldigen Sie, können Sie …?

Sie arbeiten für sechs Monate in Hannover und haben eine kleine Wohnung gemietet. Fragen Sie Ihren Vermieter, Herrn Wichmann, über die Wohnung und die Gegend. Benutzen Sie indirekte Fragen und beginnen Sie mit Phrasen wie *Können Sie mir sagen, ..., Wissen Sie, ...* oder *Entschuldigung, könnte ich Sie fragen, ...*

Beispiel
Wo ist der nächste Supermarkt? → Können Sie mir sagen, wo der nächste Supermarkt ist?

a) In welche Tonne kommen die alten Zeitungen?
b) Wo stehen die Gelben Säcke?
c) Wie oft wird der Müll abgeholt?
d) Ist es weit bis zum nächsten Glascontainer?
e) Kann man hier in der Nähe gut essen gehen?
f) Wo gibt es hier ein gutes Fitnesscenter?
g) Was kann man hier abends machen?

Was möchten Sie noch wissen? Finden Sie noch mindestens vier Fragen.

ÜBUNG **9**

9.3

Und jetzt Sie!

Bereiten Sie Ihre Antworten vor und sprechen Sie dann mit Ihrem Partner/Ihrer Partnerin oder in einer kleinen Gruppe. Diskutieren Sie anschließend in der Klasse. Sie können die Fragen auch auf dem Audio hören.

Sind Umweltfragen wichtig für Sie? Warum?/Warum nicht?

Gibt es in Ihrem Land/Ihrer Stadt Mülltrennung?

Wenn ja, funktioniert das System ähnlich wie in Deutschland?

Wie oft wird der Müll abgeholt?

Haben Sie den Eindruck, dass die Menschen in den letzten Jahren mehr für die Umwelt tun?

Gibt es „grüne" Initiativen bei Ihnen auf der Arbeit/an der Uni?

Was machen Sie persönlich?

Was könnte oder sollte man Ihrer Meinung nach noch für die Umwelt tun?

B | Deutschland und Europa
Germany and Europe

ÜBUNG **10**

Ein kleines Quiz

Was wissen Sie über die EU? Arbeiten Sie mit einem Partner/einer Partnerin oder in einer kleinen Gruppe.

a) Wissen Sie, wie viele Mitgliedsstaaten die EU hat?
b) Welches dieser Länder ist nicht in der EU: Schweden, Malta oder die Schweiz?
c) Wie viele Einwohner hat die EU ungefähr?
d) Was zeigt die Europaflagge auf blauem Hintergrund?
e) Die sechs Gründerstaaten waren Frankreich, Belgien, Luxemburg, Italien, … und …
f) In welcher Stadt tagt das Europäische Parlament?
g) Wo hat die Europäische Zentralbank ihren Sitz?
h) Wurde der Euro als Bargeld am 1. Januar 2002 oder 2007 eingeführt?
i) Wie hieß die Währung in Deutschland vor dem Euro?
j) Die Europahymne stammt aus der neunten Symphonie von Ludwig …
k) Die drei Arbeitssprachen der EU sind Englisch, Deutsch und …
l) Die Sprachenpolitik für EU-Bürger lautet „1+2". Was könnte das bedeuten?
m) Haben Sie ein europäisches Lieblingsland und/oder eine europäische Lieblingsstadt? Was mögen Sie an dem Land/an der Stadt? Erzählen Sie.

Besprechen Sie Ihre Antworten in der Klasse.

der Hintergrund (-̈e)	background
das Bargeld (no pl.)	cash
die Währung (-en)	currency

Lesen und Lernen

Kurze Geschichte der EU

Die Bundesrepublik Deutschland gehörte 1957 zu den Gründerstaaten der EWG (Europäischen Wirtschaftsgemeinschaft) und setzt sich seitdem für eine Erweiterung und größere Integration der Gemeinschaft ein. Hier sind einige weitere wichtige Ereignisse in der Geschichte der EU:

1973	Dänemark, Großbritannien und Irland treten der EU bei (damals noch EG)
1979	Erste Direktwahl zum Europaparlament
1993	Vertrag von Maastricht – die Europäische Gemeinschaft soll zu einer politischen Union zusammenwachsen
1999	Schengener Abkommen – die Menschen können frei in Europa reisen
2002	Der Euro wird als Bargeld in den meisten EU-Ländern eingeführt
2004	10 neue Staaten treten der EU bei; sie besteht nun aus 25 Ländern
2009	Vertrag von Lissabon tritt in Kraft – die EU soll reformiert werden
2016	Referendum in Großbritannien – das Land stimmt für den Brexit

Was wussten Sie? Welche Informationen sind neu? Gibt es andere Ereignisse, die Sie für wichtig halten?

die Erweiterung (-en)	extension
bei|treten	here: to join, to enter
das Abkommen (-)	agreement, treaty
in Kraft treten	come into effect

Was denken die Deutschen heutzutage über die EU?

In den letzten Jahren wird in vielen Ländern kontrovers über die EU diskutiert. Was denken die Deutschen? Lesen Sie den Artikel und fassen Sie die wichtigsten Informationen unter den folgenden Punkten zusammen:

a) Haltung der meisten Deutschen zur EU
b) Die drei wichtigsten Errungenschaften
c) Meinung zum Euro
d) Kritikpunkte an der EU
e) Die drei wichtigsten Wünsche/Vorschläge

Deutsche glauben weiter an Europa

Während in vielen Mitgliedsstaaten das Vertrauen in die Europäische Union und ihre Institutionen schwindet, ist in Deutschland der Glaube an eine gemeinsame Zukunft auf dem europäischen Kontinent immer noch groß.

Das sagt zumindest eine Umfrage des US-Meinungsinstituts Pew. Danach unterstützen 60% der Bundesbürger die Übertragung von mehr Kompetenzen an Brüssel, um aktuelle oder zukünftige Krisen zu bewältigen. Und im Vergleich zu anderen Ländern sehen die Deutschen auch die wirtschaftliche Entwicklung in Europa optimistischer.

Errungenschaften der EU

Als zwei der wichtigsten Errungenschaften der EU nennen die Deutschen, dass sie innerhalb Europas ohne Grenzkontrollen reisen können und die Möglichkeit haben, in allen Mitgliedsstaaten zu arbeiten. Einen weiteren großen Vorteil sehen sie auch im Frieden, den die EU-Zusammenarbeit in Europa gebracht hat. Daneben glauben 80%, dass die EU ein Vorbild für andere Regionen der Welt sein könnte.

Akzeptanz des Euro nimmt ab

Auf der anderen Seite hat sich die Skepsis gegenüber dem Euro in den letzten Jahren deutlich verstärkt. Mittlerweile sind nur noch etwa 35% der Deutschen besonders stolz auf die gemeinsame europäische Währung und etwa ein Drittel glaubt, dass es ihnen persönlich besser gehen würde, wenn es anstelle des Euro noch die D-Mark gäbe. Besonders stark ist die Euroskepsis bei älteren Leuten sowie bei Leuten mit geringerem Einkommen. Auch meint mehr als ein Drittel, dass die EU zu bürokratisch ist und dass ihre Institutionen zu weit von den Bürgern entfernt sind.

Wünsche an die EU

Wenn es um die Zukunft der EU geht, wünschen sich viele Deutsche eine bessere Sozialpolitik und die Schaffung eines europäischen Mindestlohns, der in Deutschland nur unter großem Widerstand vieler Arbeitgeber eingeführt wurde. 41% wollen eine effektivere Umweltpolitik, die mehr für die Umwelt erreicht. Fast die Hälfte der 18- bis 24-Jährigen wünscht sich, dass die Berufs- und Studienabschlüsse vereinfacht und in ganz Europa anerkannt werden. Das könnte darauf hindeuten, dass viele junge Leute im Ausland arbeiten oder studieren möchten.

 9.4

Können Sie alle Wörter richtig aussprechen? Hören Sie den Text und überprüfen Sie Ihre Aussprache.

 ÜBUNG **13**

Was bedeuten die Zahlen?

Beispiel
35% – Nur noch 35% der Deutschen sind stolz auf den Euro.

a) 41%
b) 60%
c) 80%
d) 18- bis 24-Jährige

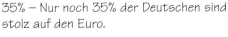
V O K A B E L N

das Vertrauen (no pl.)	*trust*
schwinden	*to shrink, to fade*
die Übertragung (-en)	*here: transfer*
bewältigen	*here: to overcome, to manage*
die Errungenschaft (-en)	*achievement*
das Vorbild (-er)	*role model, example*
der Mindestlohn (-¨e)	*minimum wage*
der Widerstand (-¨e)	*resistance, opposition*
an|erkennen	*to recognise*

 ÜBUNG **14**

Vorteile und Nachteile der EU

Lesen Sie den Text noch einmal und ergänzen Sie die Argumente pro und contra EU.

Pro EU	Contra EU
Man kann ohne Grenzen …	Es gibt Skepsis gegenüber …
Es gibt die Möglichkeit, …	Viele denken, …
Die EU-Zusammenarbeit …	Die EU ist zu …
Die EU kann …	Die Institutionen …

Fallen Ihnen noch mehr Argumente pro und contra EU ein? Ergänzen Sie die Listen.

ÜBUNG
15

Was denken Sie über die EU und Europa?

Nach einer Umfrage des Magazins *Europafragen* sehen die Deutschen die folgenden drei Aspekte als die wichtigsten Errungenschaften der EU:

1	Frieden in Europa	76%
2	Die Möglichkeiten, in Europa frei reisen und arbeiten zu können	65%
3	Die Schaffung einer gemeinsamen Währung	42%

Wie ist Ihre Meinung? Stimmen Sie mit den drei Punkten überein? Was sind für Sie positive und negative Seiten der EU? Welche Aspekte sieht man in Ihrem Land skeptisch? Was könnte die EU tun, um sich zu verbessern?

Schreiben Sie eine kurze E-Mail an den Herausgeber, Rob Schneider. Die folgenden Redemittel können Ihnen helfen:

Nützliche Ausdrücke

Auf der einen Seite ...
On the one hand ...
Auf der anderen Seite ...
On the other hand ...

Lieber Herr Schneider,

ich habe das Ergebnis Ihrer Umfrage gelesen und stimme mit den drei Punkten überein/nicht überein. Eine der wichtigsten Errungenschaften der EU ist für mich ...

Auch finde ich es positiv, dass ...
Auf der anderen Seite ...

Mein Land ist Mitglied/nicht Mitglied der EU. Es gibt bei uns eine gewisse/große Skepsis gegenüber ...
Die EU sollte/müsste meiner Meinung nach ...

Mit freundlichen Grüßen

...

C | Wie informieren Sie sich?
How do you keep up with the news?

16

Deutschsprachige Medien

Arbeiten Sie mit einer Partnerin/einem Partner oder in einer kleinen Gruppe.

a) Welche deutschsprachigen Zeitungen oder Zeitschriften kennen Sie?

b) Welche haben Sie schon gelesen, entweder online oder als Printversion?

c) Kennen Sie ein deutschsprachiges Fernsehprogramm oder eine deutschsprachige Fernsehserie?

d) Kennen Sie einen deutschsprachigen Fernsehsender?

e) Sehen Sie manchmal deutschsprachige Clips auf einem der Videoportals oder in den sozialen Netzwerken?

f) Gibt es eine Zeitung, eine Fernsehsendung oder Clips, die Sie besonders gut und interessant finden und anderen Deutschlernern empfehlen würden?

Besprechen Sie dann Ihre Antworten in der Klasse.

17

9.5

Fünf Fragen an Paulina Bento

Paulina Bento arbeitet als Journalistin in Hamburg. Im folgenden Interview spricht sie über die wichtigsten Zeitungen und Zeitschriften in der Bundesrepublik Deutschland und Trends in der Mediennutzung. Hören Sie das Interview und beantworten Sie die Fragen.

a) Was sind die bekanntesten Tageszeitungen in Deutschland?

b) Was sagt Paulina über die *Bild*-Zeitung?

c) Welche Informationen gibt es über den *Spiegel*?

d) Was ist mit den Printauflagen der Zeitungen passiert?

e) Welche Unterschiede gibt es bei der Nutzung zwischen Fernsehen und Internet?

f) Welche Bedeutung haben soziale Medien als Informationsquelle?

V O K A B E L N

die Zeitschrift (-en)	*magazine, journal*
der Fernsehsender (-)	*television channel, station*
die Fernsehserie (-n)	*TV series*
die Fernsehsendung (-en)	*television programme, broadcast*

V O K A B E L N

überregional	*national, nationwide*
das Boulevardblatt (-¨er), die Boulevardzeitung (-en)	*tabloid*
beinhalten	*to contain*
Klatsch und Tratsch	*gossip*
die Auflage (-n)	*here: circulation, copies*
zu|treffen auf	*apply to*
die Quelle (-n)	*source*
Das kommt darauf an.	*It depends.*

Lesen Sie jetzt das Interview und überprüfen Sie Ihre Antworten.

Reporter	Was sind die bekanntesten Tageszeitungen in Deutschland?
Frau Bento	Am bekanntesten sind die *Süddeutsche Zeitung*, die *Frankfurter Allgemeine Zeitung* und *Die Welt*. Diese sind sogenannte überregionale Zeitungen, die man in ganz Deutschland kaufen kann. Politisch ist die *Süddeutsche Zeitung* eher linksliberal, während die FAZ und die *Welt* konservativer sind. Die meistverkaufte Zeitung ist allerdings die *Bild*, die ein typisches Boulevardblatt ist. Das heißt, sie beinhaltet viel Tratsch und Klatsch.
Reporter	Und Zeitschriften und Magazine?
Frau Bento	Da gibt es natürlich ein weites Spektrum von politischen Wochenzeitungen, Frauenzeitschriften, Computermagazinen bis hin zu Lifestyle- und Stadtmagazinen. Das bekannteste Nachrichtenmagazin ist *Der Spiegel*, der schon seit 1947 auf dem Markt ist und kritisch über das Zeitgeschehen berichtet. Beliebt sind aber auch Fernsehzeitschriften oder Sportmagazine, wie zum Beispiel *Kicker*.
Reporter	Welchen Einfluss haben die digitalen Medien?
Frau Bento	Ein Drittel der Deutschen liest Zeitungen heute online. Das trifft besonders auf junge Leute zu, die sich in der Mehrheit per Smartphone oder Tablet informieren. Die Printauflagen der Zeitungen sind deshalb in den letzten Jahren sehr stark zurückgegangen. Bei Zeitschriften und Magazinen ist das im Moment noch weniger der Fall.
Reporter	Und was für eine Bedeutung hat das Fernsehen?
Frau Bento	Das Fernsehen ist immer noch Medium Nummer 1, wenn sich Leute darüber informieren möchten, was aktuell in der Welt passiert. Daran hat sich in den letzten Jahren nicht viel verändert. Wenn man sich allerdings über ein Thema genauer informieren möchte, dann ist das Web ganz klar das beliebteste Medium.
Reporter	Soziale Netzwerke spielen als Nachrichtenquelle also eine geringere Rolle?
Frau Bento	Das kommt darauf an. Bei älteren Leuten ist das sicherlich der Fall. Leute unter 30 Jahren benutzen Twitter, Instagram und Co. mittlerweile auch sehr viel, um sich über aktuelle Ereignisse zu informieren. In dieser Altersgruppe werden soziale Netzwerke auch als Informationsquelle immer wichtiger.

Relativsätze *Relative clauses*

Relativsätze sind Nebensätze, die mehr Informationen über ein Nomen im Hauptsatz geben:

Das bekannteste Nachrichtenmagazin ist (*Der Spiegel*), **der** seit 1947 auf dem Markt ist.

Die meistverkaufte Zeitung ist (die *Bild*), **die** ein typisches Boulevardblatt ist.

Der *Kicker* ist (ein Magazin), **das** viel über Fußball berichtet.

Das trifft auf junge (Leute) zu, **die** sich per Smartphone informieren.

Können Sie sehen, wo das Verb in einem Relativsatz steht?

Relativsätze beginnen mit einem Relativpronomen (im Englischen *who(m), that, which, whose*). Im Deutschen ähneln die Relativpronomen den bestimmten Artikeln. Im Nominativ benutzt man **der** für männliche, **die** für weibliche, **das** für sächliche und **die** für Nomen im Plural (siehe Beispielsätze).

Wichtig ist: der Fall (Kasus) des Relativpronomens hängt von seiner Funktion **im Relativsatz** ab. Verweist es auf das Subjekt, steht es im Nominativ: Das ist Marcel, **der** aus Berlin kommt. Verweist es auf das indirekte Objekt, steht es im Akkusativ: Das ist Marcel, **den** ich lange kenne.

Mehr im Grammatikteil, Seite 159.

ÜBUNG **18**

Verbinden Sie.

a) Überregionale Zeitungen sind Zeitungen, 1 das kritisch über unsere Zeit berichtet.
b) Lokalzeitungen sind Blätter, 2 die man in ganz Deutschland kaufen kann.
c) Die *Süddeutsche* ist eine Zeitung, 3 das immer noch Nachrichtenquelle Nr. 1 ist.
d) Boulevardblätter sind Zeitungen, 4 die politisch eher linksliberal ist.
e) Der *Spiegel* ist ein Nachrichtenmagazin, 5 die viel Klatsch und Tratsch beinhalten.
f) Das Fernsehen ist das Medium, 6 die viel über die eigene Region berichten.

ÜBUNG **19**

Formen Sie Relativsätze.
Verbinden Sie die Sätze und benutzen Sie das richtige Relativpronomen im Nominativ.

Beispiel

Das Smartphone hat ein neues Display. Es ist sehr gut designed. → *Das Smartphone hat ein neues Display, das sehr gut designed ist.*

a) Die Telekom hat einen flexiblen Prepaid-Tarif. Er ist auch sehr günstig.
b) Der *Kicker* hat eine neue Internetseite. Sie sieht sehr gut aus.
c) Hier ist der Computer von Timo. Er hat nur 199 Euro gekostet.
d) Das ist die neue App. Sie wurde von einer Firma in Berlin entwickelt.
e) Er trägt seine neuen Sneakers. Sie sollen sehr leicht sein.

ÜBUNG **20**

Zeitungsnachrichten

In einer Zeitung gibt es verschiedene Teile. Wohin gehören die Nachrichten unten und warum? Ordnen Sie zu.

1. Politik
2. Wirtschaft
3. Lokal
4. Kultur
5. Sport
6. Reise
7. Stil

☐ **Unfall mit Straßenbahn – Fahrerin unverletzt**

Schreck in der Morgenstunde: Am Dienstagmorgen sind in der Hamburger Straße eine Straßenbahn und ein Cabrio zusammengestoßen. Die Fahrerin des Autos hatte eine Rot zeigende Ampel übersehen. Obwohl das Auto von der Bahn fast zerquetscht wurde, wurde die 53-jährige Fahrerin praktisch unverletzt aus dem Auto geborgen. Der Schaden an dem Wagen soll rund 18 000 Euro betragen.

☐ **Brillenhersteller will Hunderte Mitarbeiter einstellen**

Der Brillenhersteller Rodenstock will zahlreiche Mitarbeiter einstellen. Dank einer steigenden Nachfrage benötige das Unternehmen bis zu 500 zusätzliche Beschäftigte, teilte Rodenstock in München mit. Die Produktionskapazitäten seien gut ausgelastet und sollen in den kommenden Jahren erweitert werden. Vor allem in Deutschland und anderen Ländern Europas lief das Geschäft gut.

☐ **Nordkorea schießt Rakete von U-Boot ab**

Nordkorea hat nach eigenen Angaben eine ballistische Testrakete von einem U-Boot aus abgefeuert. Details zu dem Test wurden nicht genannt. Das kommunistische Regime in Pjöngjang hat in diesem Jahr mehrfach Raketen getestet. Diese wurden immer von Land aus gestartet. Der isolierte Staat verstößt mit den Tests gegen Resolutionen des UN-Sicherheitsrats.

☐ **Ethno liegt voll im Trend**

Diesen Sommer wird es farbenfroh – bunte Stickereien und Ethnomuster geben der Mode ein folkloristisches Flair. Röcke, Blusen und Jacken können fantasievoll verziert und nach Lust und Laune kombiniert werden. Ganz nach dem Motto „je bunter, desto besser". Das Schöne an dem Trend: Egal wie das Wetter ist, das farbenfrohe Outfit lässt uns alle an den nächsten Urlaub denken!

☐ Jury entscheidet über Sieg

Bei der ersten Bergetappe der Tour de Romandie in der Schweiz musste am Donnerstag die Jury über den Sieg entscheiden. Das Gremium gab dem Protest des Kolumbianers Nairo Quintana vom Movistar-Team statt, der zum Etappensieger erklärt wurde. Der Russe Ilnur Zakarin vom Team Katusha, der die Ziellinie als Erster überquert hatte, wurde auf Rang zwei zurückgestuft. Quintana übernahm auch das Gelbe Trikot als Gesamtführender vom Spanier Jon Izaguirre.

☐ Neapel lädt zur Streetfood-Parade

Vom 22. bis 24. April wird Neapel zur italienischen Hauptstadt des Streetfood. Mehr als 100 Stände bieten italienische Spezialitäten wie Trapizzino oder Lampredotto toscano und viele weitere Klassiker an. Auch die Stände von 13 italienischen Regionen werden auf dem Event präsent sein, ebenso wie Streetfood-Stände mit Gerichten aus unterschiedlichen Kontinenten.

☐ Der Familien-Clan

Auch Genies haben irdische Wurzeln. Man weiß, dass Johann Sebastian Bach, überragender Komponist des Barock, aus einer Musikerfamilie stammt. Der Musiker und Journalist Volker Hagedorn zeigt in seinem Buch *Bachs Welt*, wie verzweigt die Familie war und wie viele Talente sie hervorgebracht hat. Ein spannendes und faktenreiches, gut recherchiertes Buch über eines der wichtigsten Kapitel der Musikgeschichte.

VOKABELN

zerquetschen	to squash, to crush
ein|stellen	to recruit, to employ
verstoßen gegen	to violate
statt|geben	here: to uphold, to accept
verziert	ornamented
nach Lust und Laune	at (a) whim, as you fancy
verzweigt	here: extended

ÜBUNG 21

Richtig oder falsch? Korrigieren Sie die falschen Aussagen.

a) Bei dem Autounfall wurde die Fahrerin schwer verletzt.
b) Der Brillenhersteller Rodenstock will über 500 Leute einstellen.
c) Es ist nicht der erste Raketentest Nordkoreas in diesem Jahr.
d) Der Radrennfahrer Nairo Quintana kam eigentlich als Zweiter ins Ziel.
e) Der Trend in diesem Sommer sind dunkle Farben.
f) Im Buch über Johann Sebastian Bach geht es auch um die Familie des Komponisten.
g) Bei der Streetfood-Parade gibt es nur italienisches Essen.

Aus dem Alltag eines Journalisten

Florian Leclerc ist Lokalredakteur bei der *Frankfurter Rundschau* und schreibt über Ereignisse, die in Frankfurt oder in der Umgebung passieren. Im Interview spricht er über seinen Arbeitsalltag, welche Rolle soziale Medien für ihn spielen und über die Zukunft der Printmedien. Sehen Sie das Video und machen Sie Notizen zu den folgenden Punkten:

a) Über was er berichtet
b) Seine Erfahrung als Journalist
c) Tagesablauf in der Redaktion
d) Wie er seine Geschichten findet
e) Veränderungen in der Zeitungslandschaft
f) Probleme, die die Veränderungen mit sich bringen
g) Vorteile und Nachteile von sozialen Medien
h) Wie er soziale Medien nutzt
i) Was ihm große Sorgen bereitet
j) Große Herausforderung für Journalisten in den nächsten Jahren

V O K A B E L N	
der Redakteur (-e) / die Redakteurin (-nen)	editor
die Redaktionskonferenz (-en)	editorial conference
ein|fangen	to capture
redigieren	to edit
erscheinen	here: to be published, to come out
aus|werten	to evaluate
sich wandeln	to change
der Zeitfresser (-)	time eater, time killer
aus|sterben	to die out
um|treiben	here: to worry, to be on one's mind

Was sagt Florian?

Sehen Sie das Video noch einmal und ergänzen Sie.

a) Morgens so gegen halb zehn komme ich in die Redaktion, dann …
b) Dann geht es an die Recherche – telefonieren, rausfahren mit dem Fahrrad, mit dem Auto, mit …
c) Die Texte werden dann gegengelesen, redigiert, korrigiert, gedruckt und …
d) In den zehn Jahren, in denen ich als Journalist arbeite, …
e) Mehr Menschen lesen die Texte im Internet, …
f) Klar ist, eine …
g) Die Frage ist nur: …

Und jetzt Sie!

Sprechen Sie mit Ihrem Partner/Ihrer Partnerin oder in einer kleinen Gruppe.

9.6

Lesen Sie regelmäßig eine Zeitung?
Lesen Sie Nachrichten lieber in einer Printversion oder online?
Welche Teile einer Zeitung interessieren Sie?
Was interessiert Sie weniger oder überhaupt nicht?
Gibt es ein Magazin, das Sie regelmäßig lesen?
Benutzen Sie eines Ihrer sozialen Netzwerke, um sich über Neuigkeiten zu informieren?
Wenn ja, welche Vorteile hat das?
Sehen Sie Nachrichtensendungen im Fernsehen oder im Web?
Welche anderen Medien benutzen Sie?
Was glauben Sie: Wie werden sich die „klassischen" Medien wie Zeitungen, Fernsehen und Radio in der Zukunft verändern?
Wie nutzen wir Medien in zehn Jahren?

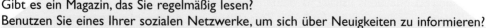
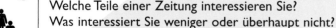
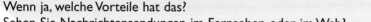

Grammatik

More about nouns

Compound nouns

As you saw earlier in this chapter, compound nouns are a common feature in German. If two compound nouns with a common element appear together in rapid succession, it's customary to leave out the common part to avoid repetition:

Welt**nachrichten** und Wirtschafts**nachrichten** → Welt- und Wirtschafts**nachrichten**
Sonntags**zeitungen** und Wochen**zeitungen** → Sonntags- und Wochen**zeitungen**
Winter**semester** und Sommer**semester** → Winter- und Sommer**semester**

In writing, the part of the word which is omitted is replaced with a hyphen.
This feature also occurs with combinations of verbs, adjectives or adverbs: *ein**steigen** und aus**steigen*** → *ein- und aus**steigen**, ein**mal** oder zwei**mal*** → *ein- oder zwei**mal***.

Weak nouns

Der Journalist is an example of a word which belongs to a group of **masculine** nouns called **weak nouns** (*schwache Nomen*), usually referring to male job titles, people or animals. Weak nouns take **-(e)n** in all cases except the nominative singular:

	sing.	pl.
nom.	ein/der Journalist	die Journalist**en**
acc	einen/den Journalist**en**	die Journalist**en**
dat.	einem/dem Journalist**en**	den Journalist**en**
gen.	eines/des Journalist**en**	der Journalist**en**

Other nouns in this group include:
der Architekt, der Assistent, der Fotograf, der Herr, der Junge, der Kandidat, der Kollege, der Kunde, der Mensch, der Nachbar, der Soldat, der Student, der Tourist, der Affe, der Bär, der Löwe.

Note that *Herr* adds **-n** in the singular, but **-en** in the plural:
Kennst du Herr**n** Schröder?   Guten Tag, meine Damen und Herr**en**!

Indirect questions

You've already seen how indirect questions can be used as a more polite way of requesting information:

Könnten Sie mir sagen,   *Could you tell me*
wann der nächste Zug nach Berlin fährt? *when the next train leaves for Berlin?*

Indirect questions usually have an introductory clause such as *Wissen Sie, ... Könnten Sie mir sagen, ... Könnte ich Sie fragen, ...* To add another degree of politeness, you could start the clause with *Entschuldigen Sie (bitte), ...* or *Entschuldigung ...*

Indirect questions are often used in response to requests for information:
Es tut mir leid, aber ich weiß nicht, wann der nächste Zug nach Berlin fährt.
I'm sorry, but I don't know when the next train leaves for Berlin.

Here is a reminder of the main points:

Indirect questions begin either with a question word: **wann? warum? wie?**, etc., or with **ob** *whether* for yes/no questions. As with most subordinating clauses, the verb goes to the end of the clause. And don't forget to put a comma at the start of the indirect question, just before *wann, warum,* etc.

Relative clauses

Main points

As explained earlier, relative clauses provide more information about an item in the main clause. They are usually introduced by a relative pronoun.

In German, the relative pronoun agrees in gender (masculine, feminine, neuter) and number (singular, plural) with the noun that it stands for. Note that the case of the relative pronoun depends on its function within the clause that it is part of. For instance, if it is the **subject** of the relative clause, it takes the appropriate **nominative** form:

Sie sahen einen Film, **der** *(subject, nominative)*   *They watched the film which was* von Tom Tykwer gemacht wurde.   *made by Tom Tykwer.*

The function of the relative pronoun within the relative clause becomes clear when you convert it into a statement: *Der Film* (subject, nominative) *wurde von Tom Tykwer gemacht.*

Likewise, if the relative pronoun refers to the **direct object**, it takes the appropriate *accusative* form:

Ist das der Film, **den** du gestern   *Is this the film (which) you* gesehen hast?   *saw yesterday?*

Converted into a statement, the function/case becomes more obvious: *Du hast **den Film*** (direct object, accusative) *gestern gesehen.*

All forms

Relative pronouns can have nominative, accusative, dative or genitive forms:

	masculine	feminine	neuter	plural
nom.	der	die	das	die
acc.	den	die	das	die
dat.	dem	der	dem	denen
gen.	dessen	deren	dessen	deren

As you already know, in the **nominative** case the pronouns are: *der, die, das,* and *die* in the plural.

In the **accusative** case there is a change for masculine nouns only:

m: Das ist Peter, **den** ich noch aus der Schule kenne.

In the *dative* case the pronouns are: ***dem*** for masculine and neuter, ***der*** for feminine and ***denen*** for the plural:

m: Das ist Herr Kaiser, **dem** ich 100 Euro geliehen habe.

f: Das ist Petra, **der** ich das Buch über New York gegeben habe.

n: Das ist das Kind, **dem** ich geholfen habe.

pl: Das sind die Leute, **denen** wir gestern begegnet sind.

In the **genitive** case, the case of possession, the German words meaning 'whose' are:

m: Das ist Marcus, **dessen** Tochter Journalistin ist.

f: Ist das nicht Hannah, **deren** Tochter in den USA lebt?

n: Das ist das Kind, **dessen** Eltern aus Bern kommen.

pl: Das sind die Studenten, **deren** Tests sehr gut waren.

As in English, relative pronouns are often used together with prepositions:

Das ist die Firma, **bei der** ich ein Praktikum gemacht habe.

Das sind Ulrike und Johanna, **von denen** ich dir schon viel erzählt habe.

Don't forget that in a relative clause the verb goes to the end. The relative clause is separated from the main clause with commas. If the relative clause appears in the middle of the main clause, always put a comma at the beginning and one at the end to separate it:

Meine Freundin, **die in Berlin wohnt,** kommt morgen nach Hannover.

Das Buch, **das du mir gegeben hast,** war super.

Mehr Übungen ...

1   Welches Relativpronomen fehlt?

> der   die   das   den   die   dem   deren   dessen

   a) Dieses Jahr ist Schwarz die Farbe, _____ trendy ist.
   b) Der Rhein ist ein Fluss, _____ durch Köln fließt.
   c) Sie hat eine Tochter, _____ Nadja heißt.
   d) Das ist Moritz, von _____ ich dir schon viel erzählt habe.
   e) Kennst du die Band, _____ Sängerin aus Berlin kommt?
   f) Da vorne ist Kai, _____ Bruder ein bekannter Comedian ist.
   g) Der Artikel, _____ du mir gemailt hast, war wirklich interessant.
   h) Das Rennen, _____ es jetzt schon seit 15 Jahren gibt, wurde diesmal von einem Briten gewonnen.

2   Mehr Relativsätze

   Bilden Sie Relativsätze, wie in dem folgenden Beispielsatz. Beginnen Sie alle Sätze mit *Das ist Herr Großmann, ...*

   Beispiel

   Er kommt aus Stuttgart. → *Das ist Herr Großmann, der aus Stuttgart kommt.*

   a) Er arbeitet als Journalist.
   b) Seine Frau ist auch Journalistin.
   c) Sein Sohn studiert in den USA.
   d) Er fährt einen roten Porsche.
   e) Er trägt meistens italienische Anzüge.
   f) Man sieht ihn auf vielen Partys.
   g) Von ihm bekomme ich noch £400.

3 Sagen Sie es kürzer!

Beispiel
Ist *Die Zeit* eine Tageszeitung oder Wochenzeitung? → Ist *Die Zeit* eine Tages- oder Wochenzeitung?

a) Die Universität bietet Bachelorkurse und Masterkurse an.
b) Wir müssen mehr in die Sonnenenergie und Windenergie investieren.
c) Berlin hat ein tolles Kulturangebot und Freizeitangebot.
d) Machst du lieber Indoorsport oder Outdoorsport?
e) Sie müssen hier vorn einsteigen und dort drüben aussteigen.
f) Das hat Vorteile und Nachteile.

4 Wissen Sie noch?
Können Sie die folgenden Fragen beantworten? Alle Informationen finden Sie in diesem Kapitel.

Beispiel
Wissen Sie, wann der Euro eingeführt wurde? → Natürlich weiß ich, wann der Euro eingeführt wurde. Das war am 1. Januar 2002.

a) Wissen Sie, wohin in Deutschland alte Zeitungen und Zeitschriften kommen?
b) Können Sie mir sagen, was fossile Energiequellen sind?
c) Können Sie mir auch sagen, von wem die Europahymne komponiert wurde?
d) Wissen Sie welche Zeitung in Deutschland die höchste Printauflage hat?
e) Können Sie auch erklären, was überregionale Zeitungen sind?

5 Welche deutschsprachige Zeitung, Zeitschrift oder welches andere Medium interessiert Sie? Recherchieren Sie im Internet und stellen Sie kurz vor, was Sie herausgefunden haben.

Am Ende von Kapitel 9 können Sie jetzt:

1 über Umweltfragen sprechen und beschreiben, was Sie persönlich für die Umwelt tun? ❑
(Seiten 143–148)

2 einen Text über die EU zusammenfassen und in einem Leserbrief Vorteile und Nachteile der EU auflisten? ❑
(Seiten 148–152)

3 Interviews mit Journalisten verstehen und beschreiben, wie Sie sich informieren und welche Medien Sie benutzen? ❑
(Seiten 152–155, 157)

4 kurze Zeitungsnachrichten über verschiedene Themen verstehen? ❑
(Seiten 155–156)

5 zusammengesetzte Nomen anwenden? ❑
(Seite 145)

6 indirekte Fragen richtig benutzen? ❑
(Seite 147)

7 Relativsätze bilden und anwenden? ❑
(Seiten 154–155)

Vokabeln

DIE UMWELT
The environment
der Biomüll (no pl.) — organic waste
das Elektroauto (-s) — electric car
die Energiequelle (-n) — source of energy
die Energiesparlampe (-n) — energy-saving lightbulb

der Glascontainer (-) — here: bottle bank
der Klimawandel (no pl.) — climate change
der Müll (no pl.) — waste, rubbish
die Mülltrennung (no pl.) — separation of waste
die Pfandflasche (-n) — returnable bottle
die Solaranlage (-n) — solar installation
die Stofftasche (-n) — tote bag, cloth bag
der Strom (-¨e) — here: electricity
die Treibhausgase (pl.) — greenhouse gases
der Umweltschutz (no pl.) — protection of the environment

das Untergangsszenario (-szenarien) — prophecy of gloom
der Wasserhahn (-¨e) — water tap
ab|holen — here: to collect
sammeln — to collect
subventionieren — to subsidise
zurück|bringen — here: to return
erneuerbar — renewable
fossil — fossil
trennen — here: to separate
zu|drehen — to turn off

EUROPA
Europe
das Abkommen (-) — treaty, agreement
die Arbeitssprache (-n) — working language
das Bargeld (no pl.) — cash
die Errungenschaft (-en) — achievement
die Erweiterung (-en) — extension
die Grenzkontrolle (-n) — border control
der Gründerstaat (-en) — founding state
der Mindestlohn (-¨e) — minimum wage
der Mitgliedsstaat (-en) — member state
die Schaffung (no pl.) — creation
die Übertragung (-en) — here: transfer
das Vertrauen (no pl.) — trust
das Vorbild (-er) — role model, example
die Währung (-en) — currency
der Widerstand (-¨e) — resistance, opposition
an|erkennen — to recognise

bei|treten — here: to join, to enter
bewältigen — here: to overcome, to manage
ein|führen — to introduce
reformieren — to reform
schwinden — to shrink, to fade
zusammen|wachsen — to grow together
in Kraft treten — to come into effect

MEDIEN
The media
die Auflage (-n) — here: circulation, copies

das Boulevardblatt (-¨er), die Boulevardzeitung (-en) — tabloid
der Fernsehsender (-) — television channel, station
die Fernsehserie (-n) — TV series
die Fernsehsendung (-en) — television programme, broadcast
die Informationsquelle (-n) — source of information
die Mediennutzung (-en) — media usage
das Nachrichtenmagazin (-e) — news magazine
die Nachrichtenquelle (-n) — news source
Klatsch und Tratsch — gossip
das Zeitgeschehen (no pl.) — current affairs
die Zeitschrift (-en) — magazine, journal
beinhalten — to contain
zu|treffen auf — to apply to
linksliberal — centre-left
überregional — national, nationwide

MEHR VERBEN
More verbs
ab|schießen — here: to launch a rocket
ein|stellen — to recruit, to employ
hervor|bringen — to produce
statt|geben — here: to uphold, to accept
überqueren — to cross
zerquetschen — to squash, to crush

NÜTZLICHE AUSDRÜCKE
Useful expressions
Das kann ja heiter werden. — That will be fun. (ironic)
Das kommt darauf an. — It depends.
Das ist Wahnsinn. — That's madness.

Deutschland in der Welt

- Talk about famous Germans, past and present
- Give a presentation
- Understand basic business etiquette in Germany
- Contrast business cultures
- Identify the main points in texts and interviews about business issues

- Past perfect tense
- Konjunktiv I
- Indirect speech

A | Land der Ideen
Land of ideas

ÜBUNG
I

Berühmte Deutsche

Kennen Sie die Personen? Wofür sind sie bekannt? Ordnen Sie dann die Beschreibungen auf Seite 164 den folgenden Porträts zu.

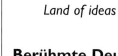

a

Johann Wolfgang von Goethe (1749–1832)

b

Angela Merkel (*1954)

c

Jérôme Boateng (*1988)

d

Albert Einstein (1879–1955)

e

Heidi Klum (*1973)

f

Ludwig van Beethoven (1770–1827)

g

Martin Luther (1483–1546)

h

Sophie Scholl (1921–1943)

i

Josef Beuys (1921–1986)

j

Roland Emmerich (*1955)

1 _____ Übersetzte die Bibel ins Deutsche und löste mit seinen Schriften die Reformation in Deutschland aus. Ist bekannt für seine 95 Thesen, mit denen er gegen die damaligen Praktiken der katholischen Kirche protestierte.

2 _____ Einer der bekanntesten und einflussreichsten Komponisten der Musikgeschichte. Trotz fortschreitender Taubheit komponierte er bis zum Endes seines Lebens. Er schrieb unter anderem neun Symphonien und fünf Klavierkonzerte.

3 _____ Schloss sich während des Studiums der Widerstandsgruppe „Weiße Rose" an und kämpfte mit anderen jungen Leuten in Deutschland gegen den Nationalsozialismus. Wurde verhaftet und zum Tod verurteilt.

4 _____ Die erste weibliche Bundeskanzlerin in der Geschichte der Bundesrepublik. Wuchs als Pastorentochter in der ehemaligen DDR auf, studierte Physik und machte dann Karriere in der CDU. Gewann mehrere Bundestagswahlen.

5 _____ Revolutionierte mit der Relativitätstheorie und der Formel $E=mc^2$ das physikalische Weltbild. Emigrierte 1933 in die USA und engagierte sich – neben seiner wissenschaftlichen Tätigkeit – für den Weltfrieden.

6 _____ Einer der bekanntesten Fußballspieler der Welt. Wuchs in Berlin auf, spielte in Hamburg und Manchester, bevor er zu Bayern München wechselte. Gewann die Championsleague und die Fußballweltmeisterschaft. Engagiert sich für soziale Projekte.

7 _____ War ein berühmter Installations- und Aktionskünstler, Zeichner, Bildhauer und Professor an der Kunstakademie Düsseldorf, der die traditionelle Kunst in Frage stellte. Von ihm stammt der Ausspruch: „Jeder Mensch ist ein Künstler".

8 _____ Ist nicht nur als Dichter und Schriftsteller weltbekannt, sondern veröffentlichte auch Schriften zur Botanik, Mineralogie und Farbenlehre und war als Minister tätig. Gemeinsam mit Friedrich Schiller gilt er als Kopf der „Weimarer Klassik".

9 _____ Ist ein bekanntes Model und arbeitet auch als Designerin, Produzentin, TV-Moderatorin und gelegentlich als Schauspielerin. Mehrere Kollektionen und Parfüms tragen ihren Namen. 2013 erhielt sie den Emmy für die Realityshow „Project Runway".

10 _____ Ist ein deutscher Regisseur, Drehbuchautor und Produzent, der mit Filmen wie *Independence Day*, *Godzilla*, *The Day After Tomorrow* or *Stonewall* bekannt wurde. Er ist ein aktiver Unterstützer von LGBT-Rechten.

ÜBUNG 2

Wie heißt das im Text?

Finden Sie für die Wörter in kursiv die Ausdrücke in den Texten mit den ähnlichen Bedeutungen.

Beispiel
in der *Geschichte der Musik* → in der Musikgeschichte

a) er *veränderte* das physikalische Weltbild *radikal*
b) neben seiner wissenschaftlichen *Arbeit*
c) *in der ganzen Welt* bekannt
d) die traditionelle Kunst *stark kritisieren*
e) als *Poet und Autor*
f) etwas *aktiv unterstützen*

> ### VOKABELN
>
> | | |
> |---|---|
> | aus\|lösen | *to cause, to trigger* |
> | einflussreich | *influential* |
> | die Taubheit (no pl.) | *deafness* |
> | die Widerstandsgruppe (-n) | *resistance group* |
> | der Ausspruch (-ˇe) | *saying, statement* |
> | die Schrift (-en) | *here: works, writings* |

ÜBUNG 3

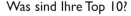

Was passt zusammen? Verbinden Sie.

Angela Merkel   Reformator   dreht Blockbusters in Hollywood
Martin Luther   Politikerin   benutzte Formen wie Happenings
Joseph Beuys   Physiker   übersetzte die Bibel ins Deutsche
Albert Einstein   Schriftsteller   gewann mehrere Bundestagswahlen
Roland Emmerich   Regisseur   bekanntester deutscher Dichter
J. W. von Goethe   Künstler   veränderte die Vorstellung von Raum und Zeit

ÜBUNG 4

Was sind Ihre Top 10?

Sprechen Sie mit Ihrer Partnerin/Ihrem Partner oder in einer kleinen Gruppe. Diskutieren Sie anschließend in der Klasse.

Haben Sie einen deutschsprachigen Lieblingskomponisten oder Lieblingsmusiker?

Gibt es einen deutschsprachigen Schriftsteller, Künstler oder Politiker, den Sie besonders schätzen?

Haben Sie in letzter Zeit einen Roman gelesen oder einen Film gesehen, der aus Österreich, der Schweiz oder Deutschland kam?

Wenn ja, um was geht es dabei?

Welche zeitgenössischen deutschsprachigen Personen finden Sie besonders interessant?

Wenn Sie sich die Personen von Seite 163 noch einmal ansehen, wer fehlt Ihrer Meinung nach? Warum?

ÜBUNG
5

Lesen und Lernen – Eine Präsentation halten

Wenn Sie eine Präsentation oder einen
Vortrag halten wollen, ist es wichtig, dass
die Struktur klar ist. Meistens gibt es
die folgenden Teile: Einleitung, Hauptteil,
Schluss.

Hier sind einige nützliche Redemittel:

Einleitung	Struktur beschreiben	Schluss
Ich spreche heute über …	Zuerst werde ich über … sprechen.	Damit komme ich zum Ende meiner Präsentation/meines Vortrags.
Ich möchte Ihnen … vorstellen.	Dann beschäftige ich mich mit …	Ich hoffe, dass Sie einen guten Eindruck von … bekommen haben. Abschließend kann man sagen, dass …
In meiner Präsentation geht es um …	Zuletzt beschreibe ich …	
Das Thema meines Vortrags ist …	Im ersten Teil … / Im zweiten Teil … / Im dritten Teil …	
Ich habe meinen Vortrag in drei Teile gegliedert …		

Ganz am Ende können Sie sagen:

„Ich bedanke mich für Ihre Aufmerksamkeit und beantworte jetzt gern Ihre Fragen."

Gibt es noch andere Phrasen, die Sie gern wissen möchten?

V O K A B E L N

die Präsentation (-en)	*presentation*
der Vortrag (-¨e)	*talk, lecture, presentation*
ein|gehen auf	*to deal with, to go into*
abschließend	*finally, in conclusion*
die Aufmerksamkeit (-en)	*here: attention*

ÜBUNG
6

10.1

Goethes Leben und Werk

Der Literaturwissenschaftler René Hinschken hält einen Kurzvortrag über Johann Wolfgang von Goethe. Hören Sie zu und machen Sie Notizen unter den folgenden Punkten. Finden Sie so viele Details wie möglich:

a) Kindheit, Jugend, Studium
b) Erster literarischer Erfolg
c) Beruf in Weimar
d) Produktivste Phase
e) Privatleben
d) Werk
e) Hinschkens Resümee über Goethe

Johann Wolfgang von Goethe

Kurzbio:

1749	am 28.8. in Frankfurt/Main geboren
1771	Abschluss des Jura-Studiums in Straßburg
1775	Einladung von Herzog Karl August nach Weimar
1776	trat in den Staatsdienst ein
1786–88	erste Italienreise
1806	heiratete Christiane Vulpius
1832	starb am 22.3. in Weimar

Werke, unter anderem:

1774	Die Leiden des jungen Werther
1796	Wilhelm Meisters Lehrjahre
1808	Faust, 1. Teil
1819	West-östlicher Divan

Johann Wolfgang Goethe
West-östlicher Divan
Mit allen Noten und Abhandlungen

V O K A B E L N

nach|gehen	here: to look into, to investigate
sorgenfrei	carefree
die Leidenschaft (-en)	passion
die Wendung (-en)	turn, change
der Bergbau (no pl.)	mining (industry)
die Verkörperung (-en)	embodiment
denn je	than ever

Plusquamperfekt *Past perfect tense*

Man benutzt das *Plusquamperfekt* in der Vergangenheit für Ereignisse, die vorher passierten:

Vorher:	**Danach:**
Nachdem er aus Italien zurückgekommen war,	begann Goethes produktivste Phase.
Sie hatte letzte Nacht wenig geschlafen und	war deshalb heute Morgen sehr müde.

Das Plusquamperfekt bildet man mit dem Präteritum von **haben** oder **sein** und *Partizip II*. Bei der Frage, ob man **haben** oder **sein** benutzt, gelten dieselben Regeln wie beim Perfekt:
Er **hatte** schon einmal als Kind in Berlin **gelebt**.
Als sie ankamen, **war** der Bus schon **abgefahren**.

Mehr im Grammatikteil, Seite 179.

ÜBUNG 7

Üben Sie.

Ergänzen Sie die Sätze mit dem Plusquamperfekt.

Beispiel
Goethe _____ schon eine sehr gute Ausbildung _____,
bevor er in Leipzig studierte. (haben) → Goethe *hatte* schon
eine sehr gute Ausbildung *gehabt*, bevor er in Leipzig studierte.

a) Nachdem er für eineinhalb Jahre wieder in Frankfurt _____ _____, schloss er sein
   Studium in Straßburg ab. (wohnen)
b) Goethe _____ 10 Jahre Minister _____, bevor er nach Italien reiste. (sein)
c) 1806 heiratete er Christiane, nachdem beide schon viele Jahre _____ _____.
   (zusammenleben)
d) Nachdem Schiller nach Weimar _____ _____, arbeiteten beide eng zusammen. (ziehen)
e) 1831 veröffentlichte er *Faust II*, 28 Jahre nachdem er *Faust I* zu Ende _____ _____.
   (schreiben)

ÜBUNG 8

Und jetzt Sie!
Eine Präsentation halten

Welche Persönlichkeit aus Deutschland, Österreich oder der Schweiz
finden Sie interessant? Was waren die wichtigsten biografischen
Ereignisse? Was hat die Person Besonderes gemacht? Was für Ideen
hat/hatte er oder sie? Welche Bedeutung hat die Person für unsere
Zeit? Was fasziniert Sie an ihm/ihr?

Recherchieren Sie und bereiten Sie eine Präsentation vor. Stellen Sie die Person dann in der
Klasse vor. Benutzen Sie die Redemittel von Übung 5 und Übung 6.

B | In Deutschland leben und arbeiten
Living and working in Germany

ÜBUNG 9

Mein Weg nach Deutschland

Deutschland ist schon seit langem ein Einwanderungsland und attraktiv für ausländische
Arbeitnehmer und Studenten. Bedingt durch den demografischen Wandel braucht die deutsche
Wirtschaft viele Arbeitskräfte. Vor allem Ingenieure, IT-Spezialisten, aber auch Fachkräfte in den
Gesundheitsberufen, wie der Kranken- und Altenpflege, werden gesucht.

Lesen Sie den Artikel über Ritesh Batra und beantworten Sie die Fragen:

a) Warum wollte er gerade in Deutschland
   studieren?
b) Was beeindruckte ihn bei seiner Ankunft?
c) Wie versuchte er sein Deutsch zu
   verbessern?
d) Wie sieht er die Karrieremöglichkeiten
   in Deutschland?
e) Woran musste er sich am Anfang seines
   Berufslebens gewöhnen?
f) Was sind seine Zukunftspläne?

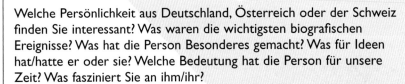

V O K A B E L N	
die Wahlheimat (-en)	*adopted country*
das Stipendium (Stipendien)	*scholarship*
sich bemühen	*to endeavour, here: to make an effort*
das Fachwissen (no pl.)	*expertise*
befördern	*here: to promote*
die Versorgung (no pl.)	*here: provision, care*

Ritesh Batra – Mein Weg nach Deutschland

Ritesh Batra lebt seit etwa 10 Jahren in Deutschland und arbeitet als Senior IT Projekt Manager bei einer bekannten Firma in München. Im folgenden Artikel erklärt er, warum er von Indien nach Deutschland gezogen ist und was er von seiner neuen Wahlheimat hält.

Wie sind Sie nach Deutschland gekommen?

Ich habe in Indien mein Bachelor-Studium mit einer sehr guten Note abgeschlossen und wollte anschließend gern einen Master im Ausland machen. Indische Studenten gehen dann normalerweise in die USA oder nach Großbritannien. Ich wusste aber, dass Deutschland in den Ingenieurwissenschaften einen sehr guten Ruf hat und habe mich um ein Stipendium an der TU München beworben, das ich glücklicherweise auch bekommen habe.

Was war Ihr erster Eindruck von Deutschland?

Ich war sehr davon beeindruckt, wie hilfsbereit die Menschen bei meiner Ankunft waren: Eine junge Frau half mir gleich das richtige Ticket zu kaufen und an der TU München kümmerte man sich am Anfang sehr viel um mich. Beeindruckt war ich auch von der vielfältigen Landschaft und wie gut alles organisiert war. Nur der erste Winter – das war ein kleiner Schock für mich.

Wo haben Sie Deutsch gelernt?

Ich hatte Deutsch schon in Indien gelernt, war also kein Anfänger, als ich hierher kam. In München habe ich Deutschkurse besucht. Ich war sehr motiviert – das hilft natürlich, wenn man eine Sprache lernt und ich habe mich immer darum bemüht, viel Kontakt zu Deutschen zu haben.

Wie lief es im Berufsleben?

Nach meinem Master habe ich gleich eine gute Stelle gefunden. Wenn man Fachwissen hat, insbesondere im Technologie- oder IT-Bereich, und offen und engagiert ist, kann man in Deutschland sehr gut Karriere machen. Ich bin in den letzten Jahren mehrmals befördert worden. Wenn man sich fachlich weiterentwickeln möchte, gibt es hier viele Möglichkeiten.

Wie ist die Zusammenarbeit mit den Kollegen?

Es gibt eine sehr gute Arbeitsatmosphäre. Die Kollegen sind nett und ich habe auch zu vielen privat Kontakt. Am Anfang musste ich mich erst einmal an die deutsche Mentalität gewöhnen: Pünktlichkeit ist schon sehr wichtig. Und man ist auch direkter im Umgang miteinander als in anderen Ländern, weil man versucht effizient zu arbeiten.

Wie sehen Sie Ihre Zukunft in Deutschland?

Ich bin jetzt fast 10 Jahre in Deutschland, habe viele Freunde hier und fühle mich sehr wohl. Es ist ein sehr offenes und tolerantes Land. Ich kann meine Religion frei ausüben und habe sehr gute Karrieremöglichkeiten. Ich mag die Natur, es gibt eine gute medizinische Versorgung und die Kriminalitätsrate ist sehr gering. Seit zwei Jahren habe ich auch eine feste Partnerin und wir wollen in ein paar Monaten heiraten und dann eine Familie gründen.

10.2 Können Sie alle Wörter richtig aussprechen? Hören Sie den Text und überprüfen Sie Ihre Aussprache.

Indirekte Rede und Konjunktiv I *Indirect speech and Konjunktiv I*

Im Deutschen gibt es verschiedene Möglichkeiten, auszudrücken, was jemand gesagt hat:
Sie sagt, sie **kommt** aus Berlin. *(Indikativ)*
Sie meint, sie **käme** aus Berlin. *(Konjunktiv II)*

Außerdem gibt es eine spezielle Form, die man insbesondere für indirekte Rede benutzt –
Konjunktiv I:
Sie sagt, sie **komme** aus Berlin.

Den *Konjunktiv I* für regelmäßige und unregelmäßige
Verben formt man mit dem **Verbstamm + den
folgenden Endungen**:
ich komm**e**, du komm**est**, Sie komm**en**, er/sie/es
komm**e**, wir komm**en**, ihr komm**et**, Sie komm**en**, sie
komm**en**

Die einzige Ausnahme ist das Verb **sein**:
ich **sei**, du **seist**, Sie **seien**, er/sie/es **sei**, wir **seien**,
ihr **seiet**, Sie **seien**, sie **seien**

> **TIPP**
> *Konjunktiv I* benutzt man
> heutzutage meistens für die
> 3. Person Singular:
> er/sie/es/man **habe, sei**
> er/sie/es/man **gehe, komme,
> arbeite**
> er/sie/es/man **könne, wolle,
> müsse**

Oft benutzt man auch **dass**, um indirekte Rede
anzuzeigen. Das Verb geht dann ans Ende:
Sie sagt, **dass** sie aus Berlin **komme**. Beide meinten, **dass** sie 19 Jahre alt **seien**.

Mehr im Grammatikteil, Seite 179.

ÜBUNG 10

Was meint Ritesh Batra?

Setzen Sie die Sätze in die indirekte Rede und benutzen Sie **dass** + *Konjunktiv I.*

Beispiel
Ritesh sagt: „Im Winter ist es in Deutschland kalt.“ → *Ritesh sagt,
dass es im Winter in Deutschland kalt sei.*
a) Er meint: „Pünktlichkeit ist sehr wichtig.“
b) Er denkt: „Die Menschen in Deutschland sind sehr hilfsbereit.“
c) Ritesh betont: „Ich habe hier viele Freunde.“
d) Er sagt: „Ich will in ein paar Monaten heiraten.“
e) Er ist der Ansicht: „Man kann in Deutschland gut Karriere machen.“
f) Ritesh meint: „Deutschland ist ein offenes und tolerantes Land.“

Deutschland-Info

ARBEITEN UND STUDIEREN

Der Anteil ausländischer Arbeitskräfte in Deutschland ist in
den letzten Jahren immer weiter gestiegen. Mittlerweile
kommen mehr als 9% aller Erwerbstätigen aus dem Ausland, etwa die Hälfte aus der EU und die
andere Hälfte aus Nicht-EU-Staaten.

Auch die Zahl der ausländischen Studenten hat sich erhöht. Das Ziel der Bundesregierung ist es, die
deutschen Hochschulen weiter zu internationalisieren und in ein paar Jahren 350.000 ausländische
Studenten in Deutschland auszubilden.

Mehr Informationen: www.make-it-in-germany.com or www.study-in.de

ÜBUNG 11

Andere Länder, andere Sitten

Wissen Sie, wie man sich in geschäftlichen Situation in Deutschland verhält und welche Regeln es gibt?

Machen Sie das Quiz und testen Sie sich. Wie viele richtige Antworten haben Sie?

Business-Etikette – Wissen Sie Bescheid?

1 Wie stellt man sich vor?

A Ich bin: Vorname.
B Ich bin: Nachname.
C Ich bin: Vorname + Nachname.

2 Chef und Mitarbeiter. Wer grüßt zuerst?

A Der Mitarbeiter grüßt den Vorgesetzten immer zuerst, unabhängig von Geschlecht oder Alter.
B Der Vorgesetzte grüßt den Mitarbeiter immer zuerst.
C Das Geschlecht ist wichtiger als die Hierarchie: Der männliche Vorgesetzte grüßt die Mitarbeiterin zuerst.

3 Ein Geschäftspartner kommt in Ihr Büro. Wie begrüßen Sie ihn richtig?

A Das hängt ganz davon ab, wie nett ich ihn finde.
B Ich stehe auf und begrüße ihn per Handschlag.
C Ich nicke mit dem Kopf und sage *Guten Tag.*

4 Sie bekommen die Visitenkarte eines Geschäftspartners. Was machen Sie?

A Ich lasse sie sofort in der Tasche verschwinden.
B Ich betrachte die Karte in Ruhe.
C Ich gebe die Karte an eine andere Person weiter.

5 Wie weit sollte man von seinen Gesprächspartnern entfernt stehen?

A Weniger als 50 cm.
B Etwa 2 Meter.
C Zwischen 50 cm und 1 Meter.

6 Welche Themen wählt man für den beruflichen Smalltalk?

A Kultur und Sport.
B Familienverhältnisse.
C Religion und Politik.

7 Was gehört zur deutschen Meeting-Kultur?

A Meetingzeiten sind sehr flexibel.
B Man verbringt viel Zeit mit Smalltalk.
C Es gibt eine feste Anfangs- und Endzeit.

8 Sie gehen zu einem lockeren Business-Brunch. Was ziehen Sie an?

A Anzug und Krawatte oder Kostüm sind absolute Pflicht.
B Solange man smart gekleidet ist, gibt es eine gewisse Flexibilität.
C Es ist ein „informeller" Brunch – man kann tragen, was man will.

9 Ein Geschäftspartner hat Sie zum Essen nach Hause eingeladen.

A Sie kommen 10 Minuten früher mit einem Geschenk.
B Sie kommen pünktlich und haben ein Geschenk.
C Sie kommen 20 Minuten zu spät ohne ein Geschenk.

Antworten: 1-c; 2-a; 3-b; 4-b; 5-c; 6-a; 7-c; 8-b; 9-b.

0–3 Punkte: Wo haben Sie die letzten Jahre gelebt? Da ist viel Luft nach oben. **4–5 Punkte:** Ein guter Anfang, aber Sie müssen noch an sich arbeiten. **6–7 Punkte:** Nicht schlecht. Schon fast Profi in Sachen Businesskultur in Deutschland. **8–9 Punkte:** Großartig und stilsicher. Absoluter Business-Profi.

Und jetzt Sie!

Arbeiten Sie mit Ihrer Partnerin/Ihrem Partner oder in einer Gruppe. Sie können die Fragen auch auf dem Audio hören.

Welche Verhaltensregeln im Businessbereich aus dem Quiz sind ähnlich in Ihrem Land?

Welche sind anders?

Welche Antworten haben Sie überrascht?

Glauben Sie, dass es generell große Unterschiede zwischen der Businesskultur in Deutschland und Ihrem Land gibt?

Wenn ja, welche sind das? Was für Gemeinsamkeiten gibt es?

Wenn eine Kollegin aus Deutschland in Ihrem Land arbeitet, worauf muss sie achten in Bezug auf Begrüßung, Kleiderordnung, Meeting-Kultur, Smalltalk oder beim Geschäftsessen?

Was sind die wichtigsten Tipps, die Sie ihr geben würden?

Machen Sie eine Liste und vergleichen Sie dann Ihre Punkte in der Klasse.

NÜTZLICHE AUSDRÜCKE

Die Business-Etikette in meinem Land und Deutschland ist sehr ähnlich/sehr unterschiedlich.
Bei der Begrüßung ist es in meinem Land üblich, dass …
Themen für Smalltalk sind normalerweise …
Für Meetings gibt es meistens eine Agenda/keine Agenda und …
Was die Kleiderordnung angeht, sollte man …
Bei einem Geschäftsessen / Bei einer Einladung nach Hause ist es wichtig, …
Man sollte darauf achten, dass …
Allgemein wird erwartet, dass …

C | Made in Germany

Bekannte deutsche Firmen

Arbeiten Sie mit einem Partner/einer Partnerin. Welche Firmen kennen Sie? Zu welcher Branche gehören sie? Ordnen Sie zu.

VOKABELN

die Branche (-n)	*here: sector, branch of industry*
der Autozulieferer (-)	*automotive parts supplier*
in den Schlagzeilen	*in the headlines*
das Unternehmen (-)	*company, corporation, business*

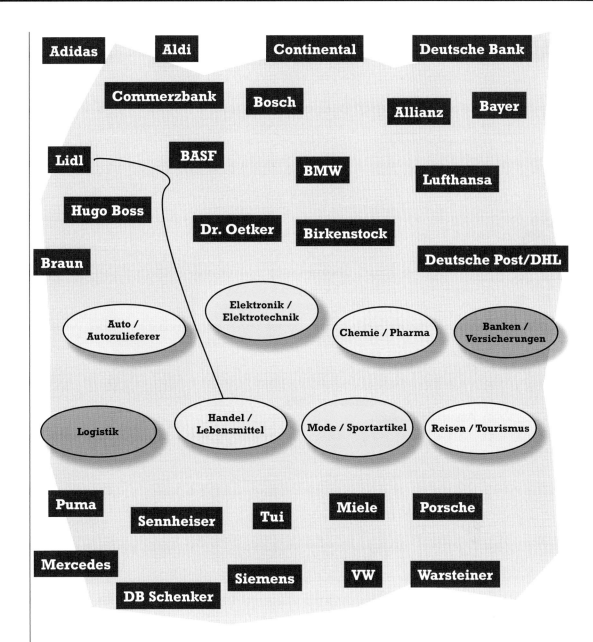

Über welche Firma/Firmen wissen Sie mehr? Welche Firma/Firmen sind gerade oder waren vor kurzem in den Schlagzeilen und warum? Welche bekannten deutschen Unternehmen fehlen Ihrer Meinung nach? Gibt es ein deutsches Unternehmen oder ein deutsches Produkt, das Sie besonders schätzen? Weshalb?

ÜBUNG **14**

Wirtschaftsvokabeln

Welche Definition passt zu welchem Begriff?

a) das Unternehmen   1   das deutsche Wort für Import
b) etwas herstellen   2   die Leute, die für eine Firma arbeiten
c) etwas erweitern   3   etwas produzieren
d) die Einfuhr   4   Produkte, die man in einem Geschäft kaufen kann
e) Produkte ausführen   5   kleine, mittlere Unternehmen, oft Familienunternehmen
f) die Ware   6   ein anderes Wort für Firma
g) die Mitarbeiter   7   etwas ausbauen, etwas vergrößern
h) der Mittelstand   8   wenn man Produkte ins Ausland exportiert

ÜBUNG **15**

10.4

Sechs Fragen an Linda Viciano

Linda Viciano ist Wirtschaftsexpertin. In einem
Interview gibt sie einen kurzen Überblick über die
deutsche Wirtschaft. Hören Sie zu und fassen Sie
die wichtigsten Informationen unter den folgenden
Punkten zusammen:

a) Bereiche, in denen die deutsche Wirtschaft
   traditionell stark ist
b) Welche Bedeutung der Export hat
c) Wichtigste Handelspartner
d) Gründe für den anhaltenden Erfolg
e) Aussichten/Zukunft

Lesen Sie jetzt das Interview und
überprüfen Sie Ihre Antworten.

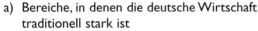

V O K A B E L N

anhaltend	continuing, long-standing
der Maschinenbau (no pl.)	mechanical engineering
gesättigt	saturated
mittelständisch	medium-sized
konkurrenzfähig	competitive
der Dienstleistungssektor (-en)	service sector

Reporter   Die deutsche
Wirtschaft ist eine der
führenden der Welt.
In welchen Branchen
ist sie denn besonders
stark?

Frau Viciano   Traditionell natürlich in der Industrie. Das ist sozusagen der Motor der deutschen
Wirtschaft. Dazu gehören der Maschinenbau und auch die chemische Industrie.
Dann muss man natürlich auch die Autoindustrie nennen, mit Betrieben wie
Volkswagen, BMW oder Mercedes, die alle weltweit bekannt sind.

Reporter   Und wie wichtig ist der Export für die deutsche Wirtschaft?

Frau Viciano   Extrem wichtig. Jeder vierte Arbeitsplatz in Deutschland ist vom Export abhängig.
Nehmen Sie zum Beispiel die Autoindustrie, die mittlerweile mehr als 80% ihrer
Produkte ausführt, weil der Markt in Deutschland doch relativ gesättigt ist.
Hier geht der Trend – besonders bei jungen Leuten – hin zu Carsharing oder
öffentlichen Verkehrsmitteln.

Reporter   Und welches sind die wichtigsten Handelspartner?

Frau Viciano   Am wichtigsten sind immer noch die Länder der EU, in die fast 60% der Exporte
gehen. In den letzten Jahren ist der asiatische Raum immer wichtiger geworden,
besonders China. Wir exportieren mittlerweile doppelt so viele Waren nach Asien
wie in die USA.

Reporter   Was sind denn für Sie die Gründe für diesen anhaltenden Erfolg der deutschen Wirtschaft?

Frau Viciano   Da gibt es natürlich sehr viele, etwa die lange Geschichte und Tradition vieler Unternehmen oder auch eine große Innovationskraft. Ein weiterer Grund ist die große Vielfalt. Neben den Großkonzernen gibt es ja hunderte von kleineren, mittelständischen Unternehmen, die in ganz Deutschland verteilt, in ihren Bereichen oft weltführend sind. Die Stärke des Mittelstandes – das ist für mich das eigentliche Erfolgsgeheimnis der deutschen Wirtschaft.

Reporter   Und welche Bedeutung hat das Ausbildungssystem?

Frau Viciano   Das ist sicherlich ein anderer wichtiger Faktor. Die duale Ausbildung, das heißt die Kombination von Lehre und Berufsschule, hat ja über Jahrzehnte hinweg hervorragend funktioniert. Aber wir müssen weiterhin viel in die Bildung investieren – das ist einer der Schlüssel, wenn wir konkurrenzfähig bleiben wollen.

Reporter   Und wie sehen Sie die Zukunft? Vor welchen Herausforderungen steht die deutsche Wirtschaft?

Frau Viciano   Es ist gut, dass die Industrie sehr stark ist, aber wir dürfen nicht vergessen, andere Branchen wie den Dienstleistungssektor auszubauen. In der Zukunft werden Kopfarbeit und neue Technologien immer wichtiger. Wir müssen uns hier gut positionieren. Aber längerfristige Prognosen zu machen – damit sollte man im Augenblick vorsichtig sein.

ÜBUNG 16

Wie heißt es im Interview?

Ergänzen Sie die Relativsätze.
a) Die Industrie ist die Branche, in der die deutsche Wirtschaft besonders ...
b) Volkswagen, BMW und Mercedes sind Marken, die weltweit ...
c) Der Export ist ein wichtiger Bereich, von dem jeder vierte ...
d) Asien ist ein Gebiet, das für die deutsche Wirtschaft in den letzten Jahren ...
e) Es gibt viele erfolgreiche mittelständische Unternehmen, die in ganz Deutschland ...
f) Bildung ist ein Bereich, in den wir weiterhin ...

ÜBUNG 17

Vier globale Unternehmen

Wie gelang es *Adidas*, *Siemens*, *VW* und *Aldi* sich zu weltweit führenden Unternehmen zu entwickeln? Lesen Sie die vier Firmenporträts und beantworten Sie die Fragen:
a) Durch welches Sportereignis wurde Adidas weltweit bekannt?
b) Welche Entdeckung verhalf Werner von Siemens zu seinem großen Durchbruch?
c) Was ist das Besondere an der Stadt Wolfsburg?
d) Was ist typisch für das Discounterprinzip von *Aldi*?
e) Welche der vier Firmen ist am ältesten, welche hat die meisten Mitarbeiter?

Adidas

Adidas ist nach Nike der zweitgrößte Sportartikelhersteller der Welt. Die Ursprünge der Firma gehen bis in die 1920er Jahre zurück, als die Brüder Rudolf und Adolf („Adi") Dassler damit begannen, Sportschuhe herzustellen. Nach dem Zweiten Weltkrieg zerstritten sich die beiden Brüder – Rudolf gründete die Firma *Puma*, Adolf die Firma *Adidas*, ein Akronym, das sich aus Dasslers Spitznamen *Adi* und den ersten drei Buchstaben seines Nachnamens zusammensetzt.

Ein wichtiger Schritt in der Firmengeschichte war der Gewinn der Fußballweltmeisterschaft 1954 durch das deutsche Team in Adidas-Schuhen mit innovativen Schraubstollen, durch den das Unternehmen weltweit bekannt wurde. Geschickte Marketingstrategien halfen danach, Adidas zu einem *Global Player* aufzubauen. Die Firma, deren Hauptsitz noch immer in der Kleinstadt Herzogenaurach in Bayern liegt, hat aktuell weltweit etwa 55.000 Mitarbeiter. Neben Sportartikeln spielen Streetwear und Fashion heutzutage eine große Rolle.

Siemens

Werner von Siemens war ein genialer Erfinder mit unternehmerischem Weitblick. Er schaffte es innerhalb weniger Jahrzehnte seine kleine 1847 in Berlin gegründete Werkstatt, die neben Telegrafen vorwiegend Wassermesser herstellte, zu einem der größten Elektrounternehmen der Welt auszubauen. Seine ersten Erfolge hatte er mit dem Bau von Telegrafenlinien im In- und Ausland. Seine Entdeckung des dynamoelektrischen Prinzips verhalf ihm dazu, Elektrizität zur Kraftversorgung zu nutzen. 1883 fuhr die erste elektrische Straßenbahnlinie der Welt in der Nähe von Wien, entwickelt von der Firma Siemens.

In den 1920er Jahren war die Firma an internationalen Großprojekten wie dem Ausbau der Metro in Athen und Buenos Aires beteiligt. Mit etwa 350.000 Mitarbeitern und einer Präsenz in mehr als 190 Staaten ist der Siemens-Konzern heute eines der führenden Unternehmen der Elektrotechnik- und Elektronikbranche und stellt unter anderem auch den *ICE* her. Die Hauptsitze der Firma sind in Berlin und München.

VW Volkswagen

Die Firma entstand 1937 während der Zeit des Nationalsozialismus. Ferdinand Porsche, ein Stuttgarter Autokonstrukteur, erhielt damals den Auftrag einen kostengünstigen *Volkswagen* zu

entwickeln. Für den Bau des Autos wurde eine neue Stadt, das heutige Wolfsburg, gegründet. Zu einer serienmäßigen Produktion des Autos kam es allerdings erst nach 1945, als immer mehr *Käfer*, wie das Fahrzeug nun genannt wurde, vom Band liefen und das Unternehmen weltweit bekannt machte. Bis 1972 verkaufte sich der *Käfer* mehr als 15 Millionen Mal. Auch die Nachfolgemodelle *Golf* und *Passat* entwickelten sich zu wahren Verkaufshits.

Schon in den 1980er Jahren begann VW damit, Fahrzeuge in China herzustellen. Außerdem gehören heute andere Fahrzeugmarken wie Audi, Seat, Škoda, Bentley, Porsche, MAN und Scania zum VW-Konzern. Insgesamt beschäftigt das Unternehmen mehr als 600.000 Mitarbeiter. Der mit Abstand wichtigste Absatzmarkt ist China.

Aldi

Aldi, eine Kurzform von Albrecht Discount, ist mit über 10.000 Filialen die weltweit größte Discounterkette. Ihre Geschichte begann 1945 als die Brüder Karl und Theo Albrecht den Lebensmittelladen ihrer Eltern in Essen übernahmen und einige Jahre später mit dem Discounter-Prinzip eine für Europa neue Betriebsform entwickelten.

Durch ein schmaleres Warensortiment, den Verzicht auf teure Ladeneinrichtungen und leicht verderbliche Frischwaren sowie den Verkauf eigener Marken konnte Aldi seine Produkte weitaus preisgünstiger als die Konkurrenz anbieten.

1961 entschlossen sich die Brüder, die Firma in *Aldi Nord* und *Aldi Süd* aufzuteilen. Theo kümmerte sich um die nördlichen Geschäfte in Deutschland und Albrecht um die südlichen. Auch das globale Geschäft teilten die Firmen unter sich auf: *Aldi Nord* hat beispielsweise Filialen in Frankreich, Belgien und Spanien, während *Aldi Süd* für Australien, die USA und Großbritannien zuständig ist. Die Mitarbeiterzahl liegt bei etwa 250.000.

V O K A B E L N

sich zerstreiten	*here: to fall out*
der Spitzname (-n)	*nickname*
die Schraubstolle (-n)	*screw-in stud*
unternehmerisch	*entrepreneurial*
die Kraftversorgung (-en)	*here: power source*
vom Band laufen	*to come off the (production) line*
der Verzicht auf	*here: doing without*
verderblich	*perishable*

ÜBUNG
18

Lesen Sie die Texte noch einmal und fassen Sie die wichtigsten Informationen in der Tabelle zusammen. Stellen Sie die Firmen in Ihren eigenen Worten vor.

	Name	*Anfänge*	*Innovation / Durchbruch*	*Marktstellung heute*	*Andere Informationen*
Adidas					
Siemens					
VW					
Aldi					

Welches andere Unternehmen interessiert Sie? Recherchieren Sie im Internet und berichten Sie in der Klasse.

ÜBUNG
19

Christian Rau ist Mitinhaber und Gründer des Designbüros „made in" in Frankfurt. Er spricht über die Arbeit der Firma, was für ihn „Made in Germany" bedeutet und warum Deutschland für viele ausländische Unternehmen ein attraktiver Standort ist.

Sehen Sie das Video und machen Sie Notizen zu den folgenden Punkten:
a) Geschichte der Firma
b) Was für einen Service sie anbieten
c) Für welche Branchen und Kunden sie arbeiten
d) Welchen Wandel er in Deutschland sieht
e) Was für ihn „Made in Germany" bedeutet
f) Gründe, warum sich so viele Firmen in
   Deutschland ansiedeln

V O K A B E L N

der Mitinhaber (-) / die Mitinhaberin (-nen)	co-owner
sich ergeben	here: to result in
die Anwendung (-en)	application
das Erscheinungsbild (-er)	here: image
der Verband (-e)	here: association, federation
sich darstellen	to present oneself
das Gütesiegel (-)	seal of approval, seal of quality
die Haltung (-en)	attitude
sich an|siedeln	here: to locate (a business)
der Standort (-e)	location

TIPP
Das Land der Dichter und Denker
Deutschland wird oft auch „das Land der Dichter und Denker" genannt, mit Bezug auf die vielen Schriftsteller, Künstler und Wissenschaftler, die aus Deutschland kommen. Der Begriff entstand im 19. Jahrhundert, wird aber auch heute noch oft benutzt.

ÜBUNG
20

Was sagt Christian über „Made in Germany"?

Sehen Sie das Video noch einmal und ergänzen Sie.

„Made in Germany" ist sicherlich ein _____, was für eine Menge _____ steht, die ein Unternehmen vertritt. Wenn es dieses _____ verwendet, dann ist es eine Art _____, dass der Unternehmer immer noch auf _____ Wertarbeit setzt und er verkörpert damit einfach eine _____, dass ihm handwerkliche _____ sehr wichtig ist.

ÜBUNG
21

Und jetzt Sie!

Arbeiten Sie mit einem Partner/einer Partnerin oder in einer kleinen Gruppe und besprechen Sie dann Ihre Antworten in der Klasse.

Was verbinden Sie mit „Made in Germany"?

Haben Ihnen die letzten Kapitel geholfen, ein besseres Bild über Deutschland zu bekommen?

Welche Themen haben Ihnen besonders gefallen?

Worüber möchten Sie gern mehr wissen?

Welche Grammatikpunkte haben Sie gut verstanden?

Welche müssen Sie wiederholen?

Was möchten Sie im nächsten Kurs machen?

Welche Themen?

Was möchten Sie lernen?

Grammatik

Past perfect tense

In German, as in English, the **past perfect tense** (*Plusquamperfekt*) is used to report events that took place prior to another event in the past, i.e. referring to something that **had** already happened:

Ich hatte ihr schon mehrmals getextet,	*I had texted her several times,*
aber sie antwortete mir erst gestern.	*but she only got back to me yesterday.*

It is formed with the simple past tense of *haben* or *sein* plus the past participle. Here is a reminder of the forms:

ich hatte etwas gekauft	ich war gegangen
du hattest etwas gekauft	du warst gegangen
Sie hatten etwas gekauft	Sie waren gegangen
er/sie/es hatte etwas gekauft	er/sie/es war gegangen
wir hatten etwas gekauft	wir waren gegangen
ihr hattet etwas gekauft	ihr wart gegangen
Sie/sie hatten etwas gekauft	Sie/sie waren gegangen

Verbs which take *sein* in the **perfect tense**, such as *gehen, kommen,* or *fahren,* do so in the **past perfect tense**, too.

For a list of irregular verbs and their past participles, see pages 184–185.

Note that the **past perfect** is often used with the conjunction , *after*:

Nachdem sie gegessen hatte,	*After she had eaten,*
trank sie einen Espresso.	*she drank an espresso.*

Indirect speech

Konjunktiv I and Konjunktiv II

If you want to report what someone has said you use so-called indirect or reported speech. As you saw earlier in this chapter, German often uses a specific subjunctive form of the verb for this purpose, *Konjunktiv I*. It is formed by adding the appropriate endings to the **stem** of a verb, whether the verb is regular or irregular. The only exception is *sein*:

	spiel-en	woll-en	werd-en	hab-en	sein
ich	spiel-e	woll-e	werd-e	hab-e	sei
du	spiel-est	woll-est	werd-est	hab-est	sei(e)st
er/sie/es	spiel-e	woll-e	werd-e	hab-e	sei
wir	spiel-en	woll-en	werd-en	hab-en	seien
ihr	spiel-et	woll-et	werd-et	hab-et	seiet
sie/Sie	spiel-en	woll-en	werd-en	hab-en	seien

Note that irregular and mixed verbs do not undergo vowel changes.

The other form of the subjunctive, *Konjunktiv II*, can also be used in indirect speech:

Konjunktiv I: Petra hat gesagt, dass Köln sehr schön **sei**.
Konjunktiv II: Petra hat gesagt, dass Köln sehr schön **wäre**.
Konjunktiv I: Anna und Tim haben gesagt, dass sie bald Urlaub **haben**.
Konjunktiv II: Anna und Tim haben gesagt, dass sie bald Urlaub **hätten**.

In the second example, *Konjunktiv II* would be preferred, because the *Konjunktiv I* form happens to be indistinguishable from the standard form of the verb, i.e. the indicative.

Usage

The use of the *Konjunktiv I and II* forms is perceived as relatively formal. In most everyday situations where the context is quite clear Germans would probably use the standard form, with or without *dass* to indicate indirect speech:

Indicative: Petra hat gesagt, Köln ist sehr schön.
+ dass: Petra hat gesagt, dass Köln sehr schön ist.

However, while the use of the *Konjunktiv* forms is declining in modern German, *Konjunktiv I* and *Konjunktiv II* are still very frequent in the media. Often both forms appear together in the same newspaper article or news report, indicating that an opinion is linked to a quoted source and helping the media to preserve a sense of neutrality.

Being able to recognise the subjunctive forms and to identify reported speech will help you to understand meaning.

For more information about *Konjunktiv II*, see Chapter 8.

Mehr Übungen ...

1   Goethe – Testen Sie sich!
Was wissen Sie noch über Johann Wolfgang von Goethe? Ergänzen Sie die Sätze. Alle Informationen finden Sie in diesem Kapitel.

a) Goethe wurde am ...
b) Er verbrachte eine sorgenfreie ...
c) Er studierte Jura in ... und in ...
d) Seinen ersten großen literarischen Erfolg hatte er ...
e) Von 1776 an war er Minister ...
f) Goethe hatte seine produktivste literarische Phase, nachdem er ...
g) Er arbeitete sehr eng mit Schiller zusammen, nachdem Schiller ...
h) Goethe war ein vielseitiger Mensch. Er war gleichzeitig Dichter, ...
i) Sein wohl berühmtestes Werk ist ...

2 Lesen Sie den Artikel „Arbeitsmarkt – Flüchtlinge finden Jobs" und finden Sie alle Verben, die im *Konjunktiv I* oder *Konjunktiv II* stehen und dadurch indirekte Rede anzeigen.

Beispiel

Konjuntiv I	Konjunktiv II
seien	hätten

Arbeitsmarkt – Flüchtlinge finden Jobs

Zehntausende Jobs sind wegen der Flüchtlingskrise entstanden – und viele Migranten finden auch selbst Arbeit in Deutschland, sagte der Chef der Flüchtlingsbehörde Bamf, Frank-Jürgen Weise.

Mindestens 30.000 Flüchtlinge hätten seit Frühjahr in Deutschland vergangenen Jahres einen Job gefunden. Insgesamt seien demnach im Moment mehr als 100.000 Flüchtlinge in

sozialversicherungspflichtigen Jobs tätig. Die Migranten gingen zumeist in Branchen, in denen bei uns Mangel herrsche, sagte Weise weiter. Ganz vorne ständen Dienstleistungen wie Gebäudereinigung. Danach kämen das Gastgewerbe, der Handel sowie Jobs in Kfz-Werkstätten.

Im Vergleich zum Vorjahr gebe es überdurchschnittlich viele neue Jobs in den Bauberufen. Gleiches gelte für Lehrtätigkeiten, dem Objekt- und Personenschutz, die öffentliche Verwaltung sowie für Sozialberufe.

3 Nomen und Verben
Wie heißen die Verbformen? Ergänzen Sie.

Entwicklung	→		Einfuhr	→
Produktion	→	*produzieren*	Ausfuhr	→
Herstellung	→		Entdeckung	→
Export	→		Nutzung	→ *nutzen*
Import	→		Verkauf	→
Investition	→	*investieren*	Beschäftigung	→
Expansion	→		Verzicht	→
Position	→	*(sich)*	Motivation	→

4 Die Wirtschaft in meinem Land
Wie ist die Wirtschaft in Ihrem Land? Welche Branchen sind wichtig? Welche Rolle spielt der Export? Welches sind die wichtigsten Handelspartner? Welche Firmen sind besonders bekannt und was stellen sie her? Wie sehen Sie die Zukunft?

Schreiben Sie einen kurzen Bericht und benutzen Sie die Vokabeln und Strukturen aus diesem Kapitel.

Am Ende von Kapitel 10 können Sie jetzt:

1   über berühmte Deutsche aus verschiedenen Jahrhunderten sprechen?   ❑
    (Seiten 163–165 und Seite 167)

2   eine Präsentation oder einen Vortrag halten?   ❑
    (Seiten 166–168)

3   die Businesskultur in Deutschland mit der Businesskultur in
    Ihrem Land vergleichen?   ❑
    (Seiten 168–172)

4   verschiedene Texte und Audios über Wirtschaftsthemen verstehen
    und zusammenfassen?   ❑
    (Seiten 172–177)

5   das *Plusquamperfekt* bilden und anwenden?   ❑
    (Seiten 167–168)

6   indirekte Rede mit *Konjunktiv I* und *Konjunktiv II* erkennen?   ❑
    (Seite 170)

Vokabeln

BERÜHMTE DEUTSCHE	*Famous Germans*
der Ausspruch (-¨e)	*saying*
der Dichter (-) / die Dichterin (-nen)	*poet*
der Drehbuchautor (-en) / die Drehbuchautorin (-nen)	*screenwriter*
die Leidenschaft (-en)	*passion*
die Schrift (-en)	*here: works, writings*
die Taubheit (no pl.)	*deafness*
der Unterstützer (-) / die Unterstützerin (-nen)	*supporter*
die Verkörperung (-en)	*embodiment*
die Vorstellung (-en)	*here: perception, concept*
die Wendung (-en)	*turn, change*
das Weltbild (-er)	*world view*
die Widerstandsgruppe (-n)	*resistance group*
aus|lösen	*to cause, to trigger*
nach|gehen	*here: to look into, to investigate*
protestieren	*to protest*
revolutionieren	*to revolutionise*
stammen von (+ dat.)	*to originate from*
einflussreich	*influential*
weltbekannt	*world-famous*

VORTRAG, PRÄSENTATION	*Talk, presentation*
die Einleitung (-en)	*introduction*
der Hauptteil (-e)	*main part*
der Schluss (-¨e)	*final part, conclusion*

Nützliche Redemittel, wie man einen Vortrag oder eine Präsentation hält, finden Sie auf Seite 166.

LEBEN UND DEUTSCHLAND	*Living and working in Germany*
die Agenda (Agenden)	*agenda*
die Businesskultur (-en)	*business culture*
die Fachkraft (-¨e)	*expert*
das Fachwissen (no pl.)	*expertise*
der Handschlag (-¨e)	*handshake*
die Kleiderordnung (-en)	*dress code*
das Stipendium (Stipendien)	*scholarship*
die Versorgung (no pl.)	*here: provision, care*
der Vorgesetzte (-n) / die Vorgesetzte (-n)	*superior, line manager, boss*
die Wahlheimat (-en)	*adopted country*

befördern	*here: to promote*
sich bemühen	*to try, to endeavour, to make an effort*
verschwinden	*to disappear*
hilfsbereit	*helpful*
medizinisch	*medical*

MADE IN GERMANY	*Made in Germany*
der Absatzmarkt (-¨e)	*market*
die Ausfuhr (-en)	*export*
der Autozulieferer (-)	*automotive parts supplier*
die Branche (-n)	*here: sector, branch of industry*
der Dienstleistungssektor (-en)	*service sector*
die Einfuhr (-en)	*import*
das Erfolgsgeheimnis (-se)	*secret of success*
der Export (-e)	*export*
der Handelspartner (-)	*trading partner*
der Import (-e)	*import*
die Industrie (-n)	*here: industry, industrial sector*
der Maschinenbau (no pl.)	*mechanical engineering*
das Produkt (-e)	*product*
das Unternehmen (-)	*company, corporation, business*
die Ware (-n)	*goods*
der Weitblick (-e)	*here: vision*
aus|führen	*to export*
ein|führen	*to import*
erweitern	*to expand, to extend*
exportieren	*to export*
her|stellen	*to produce*
importieren	*to import*
sich positionieren	*to position oneself*
anhaltend	*continuing, long-standing*
gesättigt	*saturated*
konkurrenzfähig	*competitive*
mittelständisch	*medium-sized*
unternehmerisch	*entrepreneurial*

NÜTZLICHE AUSDRÜCKE	*Useful expressions*
in den Schlagzeilen	*in the headlines*

Unregelmäßige Verben

This list includes the most common irregular verbs in German, many of which are used in this book. It is not intended to be comprehensive, but will help you become familiar with the most important forms.

 * indicates that these verbs normally form their present perfect tense with **sein**.

 | indicates that these verbs are separable.

Infinitive		Vowel change 3rd person sing. present tense	Simple past	Past participle
ab|schließen	to lock; to finish (studies etc.)		schloss ab	abgeschlossen
an|erkennen	to acknowledge, to recognise		erkannte an	anerkannt
an|fangen	to start	fängt an	fing an	angefangen
an|rufen	to call (phone)		rief an	angerufen
auf|stehen	to get up		stand auf	aufgestanden*
auf|wachsen	to grow up	wächst auf	wuchs auf	aufgewachsen*
beginnen	to begin		begann	begonnen
bei|treten	to join	tritt bei	trat bei	beigetreten*
beraten	to advise	berät	beriet	beraten
bewerben	to apply	bewirbt	bewarb	beworben
bieten	to offer		bot	geboten
bleiben	to stay		blieb	geblieben*
brennen	to burn		brannte	gebrannt
bringen	to bring		brachte	gebracht
denken	to think		dachte	gedacht
ein|laden	to invite	lädt ein	lud ein	eingeladen
empfehlen	to recommend	empfiehlt	empfahl	empfohlen
entscheiden	to decide		entschied	entschieden
erfinden	to invent		erfand	erfunden
erziehen	to bring up, to educate		erzog	erzogen
essen	to eat	isst	aß	gegessen
fahren	to go (by vehicle), to drive	fährt	fuhr	gefahren*
fallen	to fall	fällt	fiel	gefallen*
finden	to find		fand	gefunden
fliegen	to fly		flog	geflogen*
geben	to give	gibt	gab	gegeben
gefallen	to like, to please	gefällt	gefiel	gefallen
gehen	to go		ging	gegangen*
gelingen	to succeed		gelang	gelungen*
gelten	to be regarded	gilt	galt	gegolten
geschehen	to happen	geschieht	geschah	geschehen*
haben	to have		hatte	gehabt
halten	to hold, to keep	hält	hielt	gehalten
heißen	to be called		hieß	geheißen
helfen	to help	hilft	half	geholfen
kennen	to know, to be acquainted with		kannte	gekannt
kommen	to come		kam	gekommen*

lassen	to let, to leave	lässt	ließ	gelassen
laufen	to run, to walk	läuft	lief	gelaufen*
leiden	to suffer		litt	gelitten
lesen	to read	liest	las	gelesen
liegen	to lie		lag	gelegen
nehmen	to take	nimmt	nahm	genommen
nennen	to name		nannte	genannt
raten	to guess, to advise	rät	riet	geraten
reißen	to tear		riss	gerissen
rennen	to run		rannte	gerannt*
riechen	to smell		roch	gerochen
schaffen	to create		schuf	geschaffen
scheinen	to seem, to shine		schien	geschienen
schlafen	to sleep	schläft	schlief	geschlafen
schlagen	to hit	schlägt	schlug	geschlagen
schließen	to shut, to close		schloss	geschlossen
schneiden	to cut		schnitt	geschnitten
schreiben	to write		schrieb	geschrieben
schwimmen	to swim		schwamm	geschwommen*
sehen	to see	sieht	sah	gesehen
sein	to be	ist	war	gewesen*
singen	to sing		sang	gesungen
sitzen	to sit		saß	gesessen
sprechen	to speak	spricht	sprach	gesprochen
springen	to jump		sprang	gesprungen*
stehen	to stand		stand	gestanden
steigen	to climb, to rise		stieg	gestiegen*
sterben	to die	stirbt	starb	gestorben*
tragen	to carry, to wear	trägt	trug	getragen
treffen	to meet	trifft	traf	getroffen
treiben	to do (esp. sport)		trieb	getrieben
trinken	to drink		trank	getrunken
tun	to do		tat	getan
unternehmen	to do sth., to take action	unternimmt	unternahm	unternommen
vergessen	to forget	vergisst	vergaß	vergessen
vergleichen	to compare		verglich	verglichen
verlieren	to lose		verlor	verloren
vermeiden	to avoid		vermied	vermieden
versprechen	to promise	verspricht	versprach	versprochen
vor|schlagen	to suggest	schlägt vor	schlug vor	vorgschlagen
wachsen	to grow	wächst	wuchs	gewachsen*
waschen	to wash	wäscht	wusch	gewaschen
werben	to advertise	wirbt	warb	geworben
werden	to become	wird	wurde	geworden*
werfen	to throw	wirft	warf	geworfen
wissen	to know	weiß	wusste	gewusst
ziehen	to pull		zog	gezogen
zwingen	to force		zwang	gezwungen

Grammatikglossar

This section can be used as a general reference or as an opportunity to check understanding of grammar patterns through further examples.

The glossary covers the most important grammar terminology used in the book. When applicable, there is a reference (→) to the chapter where you can find more details and opportunities for practice.

Adjektive → *Chapter 6*	**Adjectives** Adjectives are used to provide more information about nouns. They can stand 'on their own' following a noun or appear in front of a noun. In German, if an adjective comes *before* a noun it needs an ending: Das Land ist schön. Es ist ein schön**es** Land.
Adverbien	**Adverbs** Adverbs provide more information about a) verbs: Claire ran *quickly* down the stairs and b) adjectives: I was *completely* exhausted. In German, adverbs normally have the same form as adjectives: Deine Arbeit ist **gut**. *Your work is good.* (adjective) Du hast das **gut** gemacht. *You did that well.* (adverb)
Artikel	**Articles** In German, the definite articles are: **der** (masculine), **die** (feminine) and **das** (neuter). The indefinite articles are **ein** (masculine), **eine** (feminine) and **ein** (neuter). However, within the German case system, the forms of the articles change. (See also **Cases**, **Cases and articles** and **Gender**.)
Fälle → *Chapter 5* Genitive → *Chapter 5* Prepositions and cases	**Cases** The four cases in German are: the *nominative*, the *accusative*, the *dative* and the *genitive*. Cases are used in German to express relationships between the various parts of the sentence. **Nominative** – this is the case that indicates the subject of the sentence: **Der Mann** kauft einen Computer. The man *buys a computer*. **Accusative** – this is the case that indicates the direct object of the sentence: Der Mann kauft **einen Computer**. *The man buys* a computer. **Dative** – this is the case that indicates the indirect object of the sentence: Wir haben **meinem Bruder** den Computer gegeben. *We gave the computer to my brother.* **Genitive** – this is the case that indicates possession: Das ist der Computer **meines Bruders**. *That's my brother's computer.* Note that prepositions in German can be followed by the accusative, dative or genitive case.

Fälle und Artikel → *Chapter 5* Genitive → *Chapter 5* Accusative and dative	**Cases and articles** Articles change their endings according to the case being used. This also applies to possessives (**mein, dein**, etc.). Here is an overview:

	nominative	*accusative*	*dative*	*genitive*
Masc.	der, ein, mein	den, einen, meinen	dem, einem, meinem	des, eines, meines
Fem.	die, eine, meine	die, eine, meine	der, einer, meiner	der, einer, meiner
Neuter	das, ein, mein	das, ein, mein	dem, einem, meinem	des, eines, meines
Plural	die, meine	die, meine	den, meinen	der, meiner

Sätze	**Clauses** See **Main clauses** and **Subordinate clauses**

Zusammen-gesetzte Nomen → *Chapter 9*	**Compound nouns** Compound nouns consist of two or more nouns and are a common feature in German. When combining two nouns, sometimes an extra **-s** is added: die Arbeit + der Platz → der Arbeit**s**platz.

Komparativ → *Chapter 6, p.100*	**Comparative** When we make comparisons, we need the comparative form of the adjective. In German **-er** is added to the adjective to form the comparative. Short adjectives often take an umlaut: Berlin ist größ**er** als Hamburg. Dieses Restaurant ist billig**er** als das da. (See also **Superlative**.)

Konditional-sätze → *Chapter 8*	**Conditional sentences** The conditional mood is used to express a hypothetical situation or state which is subject to a condition. For instance, the sentence '*Jonas würde seine Mutter besuchen, wenn er ein Auto hätte*' tells us that Jonas does not visit his mother and that he doesn't have a car (real situations). For him to visit his mother (as yet a hypothetical situation), he would have to have a car (condition). (See also **Subjunctive**.)

Konjunktionen → *Chapter 1* → *Chapter 4* → *Chapter 7* (als *and* wenn)	**Conjunctions** Conjunctions join words or clauses together. In German, a distinction is made between *coordinating conjunctions* and *subordinating conjunctions*. Coordinating conjunctions such as **und** *and*, **aber** *but* and **oder** *or* simply join two main clauses together and do not affect the word order: Amal kommt aus München **und** sie ist 21 Jahre alt. *Amal comes from Munich and is 21 years old.* Subordinating conjunctions include such words as **wenn** *when(ever)*, **weil** *because*, **obwohl** *although* and **seitdem** *since* and send the verb to the end of the clause: Er kann nicht kommen, **weil** er krank **ist**. *He can't come because he is ill.* Other subordinating conjunctions are: **als** *when (referring to past events)*, **da** *as*, **dass** *that*, **nachdem** *after*, **ob** *if/whether* and **während** *while*. (See also **Subordinate clauses**.)

Direktes Objekt	**Direct object** See **Object**
Geschlecht	**Gender** In German, there are three genders, *masculine, feminine* and *neuter:* **der Computer** *the computer,* **die Musik** *the music,* **das Unternehmen** *the company.* In German, nouns have a gender irrespective of sex. For instance, the gender of the word for girl (**das Mädchen**) is neuter.
Imperativ	**Imperative** The imperative is the form of the verb used to give orders or commands: *Help* me, please. In German, there are three main forms of the imperative, reflecting the various forms of address: ***Helfen* Sie mir, bitte! (Sie** form); ***Hilf* mir, bitte! (du** form); ***Helft* mir, bitte! (ihr** form).
Indirektes Objekt	**Indirect object** See **Object**
Indirekte Rede → *Chapter 10*	**Indirect speech** Indirect speech is used to report what someone else has said. In German, both **Konjunktiv I** and **Konjunktiv II** are often used for this purpose. (See also **Subjunctive.**)
Infinitiv	**Infinitive** The infinitive is the form of the verb that you will find entered in the dictionary. In German, the infinitive usually ends in **-en**: gehen *to go,* spielen *to play,* machen *to do,* etc.
Unregelmäßige Verben	**Irregular verbs** See **Verbs**
Konjunktiv I, Konjunktiv II	**Konjunktiv I, Konjunktiv II** See **Subjunctive**
Hauptsätze	**Main clauses** A main clause consists of at least a subject and a verb. It can be a complete sentence on its own. It can also be linked to other clauses in a longer sentence.
Modalverben → *Chapter 2 (in the past)* → *Chapter 8 (with Konjunktiv II)*	**Modal verbs** Modal verbs express concepts such as permission, obligation, possibility, etc. Verbs in this category cannot generally stand on their own. Modal verbs in German are **dürfen** *to be allowed to,* **können** *to be able to,* **müssen** *must, to have to,* **sollen** *to be supposed to, should* and **wollen** *to want to.*
Nomen → *Chapter 6* *Adjectival nouns* → *Chapter 9* *Weak nouns*	**Nouns** Nouns are words like **Schuh** *shoe,* **Blog** *blog* or **Währung** *currency.* They are often called 'naming words'. A useful test of a noun is whether you can put *the* in front of it: e.g. *der Schuh, der Blog.* Nouns in German have one of three **genders** and take a capital letter. So-called **adjectival nouns** and **weak nouns** sometimes have different endings. (See also **Compound nouns.**)

Objekt	**Object** The term 'object' expresses the 'receiving end' of the relationship between a noun and a verb. Look at the following sentence: **Der Hund biss den Postboten.***The dog bit the postman.* The postman is said to be the object of the sentence, as he is at the receiving end of the action. Sentences such as *My mother gave my brother a new smartphone* have both a *direct object* (a new smartphone) and an *indirect object* (my brother) – indirect because the smartphone was given to my brother. In German, the direct object requires the *accusative case* and the indirect object the *dative case*: **Meine Mutter gab *meinem Bruder*** (dative) ***ein neues Smartphone*** (accusative). (See also **Cases** and **Subject**.)
Passiv → *Chapter 7*	**Passive voice** Most actions can be viewed in two different ways: **a** The dog bit the postman. (*active voice*) **b** The postman was bitten by the dog. *(passive voice)* In German, the passive is normally formed with the verb **werden** rather than with the verb **sein**: **a** Der Hund biss den Postboten. **b** Der Postbote **wurde** vom Hund gebissen.
Personalpro-nomen	**Personal pronouns** Personal pronouns refer to persons, animals, things or concepts. In German they are: **ich** *I*; **du** *you* (informal singular), **Sie** *you* (formal singular); **er**, **sie**, **es** *he, she, it*; **wir** *we*; **ihr** *you* (informal plural), **Sie** *you* (formal plural); **sie** *they*. (See also **Pronouns**.)
Plural	**Plural** See **Singular and plural**
Possessivpro-nomen	**Possessives** Words such as **mein** *my*, **dein** *your* (informal), **Ihr** *your* (formal), **sein** *his* and **ihr** *her, their* are given the term *possessives* or *possessive adjectives*, because they indicate who something belongs to.
Präpositionen → *Chapter 1 with locations* → *Chapter 3 with verbs* → *Chapter 5 and cases*	**Prepositions** Words like **in** *in*, **auf** *on*, **zwischen** *between*, **für** *for* are called prepositions. Prepositions often tell us about the position of something. They are normally followed by a noun or a pronoun. In German prepositions require the use of a **case**, such as the accusative, dative or genitive: **a** Dieses Geschenk ist **für dich**. (accusative) **b** Dein Tablet liegt **auf dem Tisch**. (dative) **c** **Trotz des Wetters** gehe ich joggen. (genitive)

Pronomen	**Pronouns** Pronouns fulfil a similar function to nouns and often stand in place of nouns mentioned earlier. **Der Vortrag** war gut. **Er** war nicht zu lang. *The presentation* (noun) *was good. It* (pronoun) *wasn't too long.* Note that in German the pronoun has to be the same gender as the noun which it stands for (**der Vortrag** → **er**). (See also **Nouns.**)
Reflexive Verben → *Chapter 1*	**Reflexive verbs** These verbs take a reflexive pronoun such as **mich** *myself* or **sich** *himself/herself/themselves* which refers back to the subject: Ich stelle **mich** vor. *I introduce myself.*
Relativsätze → *Chapter 9*	**Relative clauses** Relative clauses are *subordinate clauses* which usually provide more information about a noun or phrase in the main clause. (See **Subordinate clauses.**) They are normally introduced by a relative pronoun, a word like *whom, whose,* etc. in English and **der, deren,** etc. in German: **Kennst du *den* Mann, den wir im Fitnesscenter gesehen haben?** *Do you know the man (who/whom) we saw in the gym?* **Die Frau, *deren* Mann mit mir arbeitet, hatte gestern einen Unfall gehabt.** *The woman whose husband works with me had an accident yesterday.* Note that it is not possible in German, as it often is in English, to omit the relative pronoun.
Trennbare Verben	**Separable verbs** These verbs have a prefix such as **an, auf, mit, vor,** which can detach itself from the verb and move to the end of the clause: **ankommen** → Wir **kommen** heute Abend **an**. In the vocabulary sections of this book, separable verbs are indicated with a vertical bar: an|kommen.
Singular und Plural	**Singular and plural** The terms singular and plural are used to make the contrast between 'one' and 'more than one': **Buch/Bücher** *book/books,* **Fernsehsendung/Fernsehsendungen** *TV programme/TV programmes,* **Trend/Trends** *trend/trends.* There are several different plural forms in German. Some nouns do not normally have plural forms and are said to be uncountable: **das Obst** *fruit;* **der Umweltschutz** *environmental protection.*
Subjekt	**Subject** The term 'subject' expresses a relationship between a noun and a verb. In the sentence 'The dog bit the postman', the dog is said to be the subject of the verb *to bite,* because it is the dog that is doing the biting. In German the subject of the sentence needs to be in the *nominative case:* **Der Hund** biss den Postboten.

Konjunktiv I, *Konjunktiv II* → *Chapter 10* *Konjunktiv I* → *Chapters 8, 10* *Konjunktiv II*	**Subjunctive** In German, there are two forms of the subjunctive: **a Konjunktiv I** which is formed from the present tense form of the verb and which is mainly used in indirect speech. Christiane hat gesagt, dass Florian jetzt mit Birgit verheiratet **sei**. *Christiane said that Florian is now married to Birgit.* **b Konjunktiv II** which is formed from the simple past form of the verb and which is mainly used for indicating that an activity, event or state is hypothetical, possible or perhaps not true. Ich **würde** mich freuen, wenn du **kämest**. *I would be glad if you came.*
Nebensätze → *Chapters 1, 4* *Subordinate* *conjunctions* → *Chapter 9* *Indirect questions,* *relative clauses*	**Subordinate clauses** Subordinate clauses are linked to a main clause and normally can't stand on their own: *He goes home **because it is late***. In German, subordinate clauses are usually introduced by a subordinating **conjunction** (dass, weil etc.): Er geht nach Hause, **weil es spät ist**. Other types of subordinate clauses covered in this book are **relative clauses** and **indirect questions**: **Weißt du, wer heute Abend kommt?** *Do you know who is coming this evening?* All subordinate clauses are separated from the main clause by a comma or commas.
Superlativ → *Chapter 6,* *p.100*	**Superlative** The superlative is used for the most extreme version of a comparison: **a** Dieses Poloshirt ist das **billigste** von allen. **b** Berlin ist die **bekannteste** Stadt in Deutschland. (See also **Comparative**.)
Zeitformen → *Chapter 2* *Present perfect* *tense, p.17* → *Chapter 10* *Past perfect tense* → *Chapter 2* *Future tense*	**Tenses** Most languages use changes in the verb form to indicate an aspect of time. These changes in the verb are traditionally referred to as tense, and the tense may be *present, past* or *future*. Tenses are often reinforced with expressions of time: **Present: Heute** bleibe ich zu Hause. Today *I am staying at home.* **Past: Gestern** bin ich ins Fitnesscenter gegangen. / **Gestern** ging ich ins Fitnesscenter. *Yesterday I went to the gym.* **Future: Morgen** werde ich nach Berlin fliegen. *Tomorrow I'll be flying to Berlin.* The German tenses dealt with in this book are the present (**das Präsens**), the simple past (**das Präteritum**), the present perfect (**das Perfekt**), the past perfect (**das Plusquamperfekt**) and the future (**das Futur**).

Verben

→ *Common irregular verbs, pp.184–185*

Verbs

Verbs often communicate actions, states and sensations. So, for instance, the verb **spielen** *to play* expresses an action, the verb **existieren** *to exist* expresses a state and the verb **sehen** *to see* expresses a sensation. A verb may also be defined by its role in the sentence or clause and usually has a **subject**. It may also have an **object**.

Verbs in German can be *regular* (often called *weak verbs*), or *irregular* (*strong* or *mixed verbs*). A list of the most common irregular verbs is provided on pages 184–185.